"十四五"普通高等教育本科部委级规划教材

中央高校基本科研业务费专项资金资助（项目编号：2021RC

环境与生态创新研究书库　丛书主编／李祥珍

U0692153

能源转型与低碳经济学导论

主　编／李祥珍　栾志强　伦　飞

副主编／王建军　郅　红　柴　利

　　　　梁艳春　田英涛

参　编／齐　岩　李上红　刘　冰

　　　　顾卓尔　侯翱宇　陈　俐

　　　　徐　扬　韩艾曦　唐睿航

中国纺织出版社有限公司

图书在版编目(CIP)数据

能源转型与低碳经济学导论 / 李祥珍，栾志强，伦飞主编. -- 北京：中国纺织出版社有限公司，2023.7

（环境与生态创新研究书库 / 李祥珍主编）

ISBN 978-7-5229-0482-5

Ⅰ.①能… Ⅱ.①李… ②栾… ③伦… Ⅲ.①能源经济－研究②低碳经济－研究 Ⅳ.①F407.2②F062.2

中国国家版本馆CIP数据核字（2023）第062292号

责任编辑：郭　婷　　责任校对：高　涵　　责任印制：储志伟

中国纺织出版社有限公司出版发行

地址：北京市朝阳区百子湾东里 A407 号楼　邮政编码：100124

销售电话：010—67004422　传真：010—87155801

http://www.c-textilep.com

中国纺织出版社天猫旗舰店

官方微博 http://weibo.com/2119887771

天津千鹤文化传播有限公司印刷　各地新华书店经销

2023 年 7 月第 1 版第 1 次印刷

开本：787×1092　1/16　印张：15.75

字数：320 千字　定价：58.00 元

前　言

随着世界人口总量的不断增长以及人类社会现代化水平的日益提高，工业革命后的化石能源虽然促进了社会经济的发展，但也带来了一系列负外部性问题，如烟雾、酸雨、雾霾、温室效应等，大气中二氧化碳浓度升高带来的全球气候变化问题已越发严重。加之全球多地气候异常加剧，频繁发生的自然灾害给全人类再次敲响了警钟。

面对如此严峻的全球性生态气候恶化形势，在应对各种深刻变革的同时，如何提高资源利用效率、加强控污减排、有效开发利用新能源，开拓适合各国国情的低碳发展的道路，不仅是专家学者或某些国家（地区）关注的问题，而且已成为世界各国面向未来发展的不二选择。

低碳经济是以人类经济活动的低碳化利用为指导准则，旨在通过全人类合作利用，更大力度保护整个地球的大气系统状态。低碳经济中提出的所谓"低"，就是以相对较少的碳耗费，加强碳循环，降低对生态的危害，以实现人类社会在长期发展过程中，降低二氧化碳排放和世界经济社会可持续健康发展的双重目标。低碳经济的真正含义是资源有效使用、洁净能源发展、崇尚绿色生活的根本问题，核心内容是能源领域的节能和碳减排技术创新、产业结构和经济机制革新，以及人们生活发展观念的根本性变革。

在低碳经济发展的要求和大气环境保护的框架下，煤、原油、天然气等传统化石燃料的使用正受到广泛的管控，传统化石能源面临着日益严重的挑战。因此，很多国家开始加大对可再生能源资源的开发利用，并提出向低碳能源转型的政策目标，全球能源结构向低碳、绿色能源的转变已经势在必行。《巴黎气候变化协定》自2016年11月开始生效，各缔约国对碳排放所带来的温室效应问题达成共识，更多的国家和人民意识到温室气体排放量和环境污染问题产生的严重后果，优先发展可再生能源问题成为全球性的趋势。同时，低碳经济与能源转型相辅相成。全球社会针对人们因大量消耗化石燃料、大规模排放二氧化碳而导致世界气候变化异常所产生的问题，倡导人类通过对自身的用能方式或用能消费习惯做出低碳化的转变，从而降低世界温室气体排放量的核心理念。

尽管能源转型和低碳发展受到各国（地区）和国际组织的高度关注，但针对能源转型与低碳发展的经济学论著与教材较少。经济学本质上是在资源稀缺条件下对私有和公共选择的分析，包括为鼓励围绕价格决定、外部性、健康消费和可持续发展的社会最佳行为所需的政策。而能源与经济系统是一个涉及诸多环节的开放的复杂系统，以满足人类社会和经济可持续发展为目标，受资源、资本、技术、文化、制度等要素的影响，由多元主体（市场、企业、消费者、政府等）参与经济系统各个环节，构成经济发展与资源环境相互作用和融合的整体。

因此，运用经济学原理和方法有助于能源转型与经济发展，并推动以下几个主要方面的分析和研究：

（1）经济学可以运用市场机制和原理，助力构建现代市场体系，提升市场运行效率，推进国家能源转型与新能源产业化体系建设，提升低碳经济发展水平，加强国家宏观调控，逐步完善相关保障机制，构建现代绿色产业。例如通过用电价格机制引导合理用能，按照负荷特性对各时段分别制定不同的电价水平，传递电价信号，能够促使用电侧在低电价时间段多用电，在高电价时间段少用电，使发电系统安全平稳运行，能够有效提高整个发电周期的经济效益，降低整个社会的运行成本，同时也可以为低碳能源消纳提供保障。

（2）经济学可以分析能源危机对环境、气候变化和健康的代价。能源系统具有巨大的资源环境的外部性。可以运用经济学庇古补贴、庇古税、科斯定理，以及政府宏观调控手段等有效管控外部性。例如充分运用经济学原理中对环境负外部性的治理手段，给卖出排污权的企业给予经济补偿，是社会对企业环保行为的回报；对买入排放权的企业迫使其增加成本，为污染行为付出经济代价。这一过程实质上依靠市场机制，将政府对污染治理的行政强制手段变为企业控制污染的自觉行为，进而实现污染排放总量的控制。

（3）经济学可以分析资源的基本特征和分类，研究生产、加工、流通、消费、废弃物处置和可再生/不可再生资源等的最优配置和相关产权问题。例如明晰大气资源产权，合理制定制度，通过产权分配、拍卖等方式，建立专门的大气资源产权交易市场，并运用价格机制来市场化调节大气资源的供需量，是实现污染排放外部性内化解决的有效方式。而明晰的产权与最低交易成本是推进碳排放市场化交易的关键所在。

（4）经济学可以协助分析经济调控工具和财税调控手段等成功和失败的原因，并提供解决方案思路。例如，由于现实经济生活中外部性现象是普遍存在的，因此几乎在每一个市场中存在着程度不同的资源配置失当现象，如具有负外部性的商品或服务的数量过大、具有负外部性的商品或服务的价格过低等问题。政府可以引导政策性商业银行充分发挥金融对于绿色低碳产业的保障与带动功能；充分调动商业银行资源配置主动性，引导其对环保产业的融资支持，并根据高污染行业设置信用退出制度。

（5）经济学可以确定效率、可持续性、健康和社会包容目标之间的协同增效作用。例如，低碳消费不只是简单的消费过程，从原材料采购、生产、仓储、运输、消费者购买、售后，乃至有些商品的报废和无害化处理，整个产业链的每一个环节都需要以低碳为标准，从生产到消费的整个过程，合理运用政策工具，鼓励企业提高能源利用率，生产低碳商品，培育低碳消费习惯。同样，经济学可以帮助设计政策和策略，以最大限度地减少不同目标之间的权衡。

（6）经济学家可以增进对政治决策过程的理解。重要的是要了解整个能源系统内利益相关人和组织的动机，包括因技术进步而出现的利益集团（例如新能源技术，再生农业等）、跨国公司、零售部门和环境团体。

（7）经济学可以为理解稀缺性下的选择和不同系统目标之间的权衡提供多样化和严谨的工具包，包括消费者和生产者行为的微观经济学分析，市场和价值链的中观层次分析，宏观层面的整个经济和全球能源系统作为一个整体。可见，在自然资源、环境、气候和经济发展等领域开展合作比以往任何时候都显得更加重要。

本书共分为十章：导论、传统能源与新能源、低碳约束条件下的能源供给、综合智慧能源、低碳经济学导论、低碳产业与低碳技术、低碳经济与绿色 GDP、碳排放及其交易、低碳经济与政策支持、前沿文献导读。通过一系列的能源系统与新能源、低碳经济与产业政策等的经济学理论和问题实例，尽可能全面地描绘出相关基本理论。本书除了介绍经济学用于处理相关问题的宏观经济学要素外，还阐释了有关微观经济学的基本概念，以帮助读者理解能源转型与低碳经济的关系和相互作用，市场发挥作用的机制，政府部门做出决策的依据。掌握了这些理论知识，读者可以很好地从经济学角度分析能源转型与低碳经济发展的协同关系。

本书主要特点：

（1）实用性强。从实用的角度来探讨经济学知识在能源转型和低碳经济的应用，语言通俗易懂，适合非经济管理类专业使用。

（2）内容全面。不仅介绍了基本的经济学原理，而且将经济学原理与能源供给、智慧能源、新能源、低碳经济、低碳技术、绿色 GDP、碳排放与碳交易、政策支持、可持续发展等多个专业领域的实际问题紧密联系起来。

（3）案例丰富。该书资料详实、新颖，贯穿全书的案例有助于读者了解能源转型、低碳经济现实中存在的问题及其解决方法。

（4）叙述生动。书中大量的图表使经济理论生动易懂，这激发了读者的学习兴趣，增加了文章的可读性。

本书的读者对象有经济学、低碳经济与管理、资源与环境经济学、绿色低碳技术、新能源科学与工程、环境科学与工程、能源互联网、能源化学工程、建筑环境与能源应用工程等专业的师生；对低碳经济、资源经济、能源经济感兴趣的人员；从事与低碳经济、能源、生态、环保工作相关的人员。

本书的编写和出版凝结了全体编者的心血与努力。本书在编写时引用了许多国内外相关领域的最新成果，在此向成果引用涉及的专家和学者致以由衷的感谢。本书能够出版，要特别感谢中央高校基本科研业务费专项资金及浙江嘉兴学院的资助，感谢中国纺织出版社有限公司的大力支持！感谢责任编辑郭婷女士的辛勤付出！

由于编写时间及编者水平有限，书中不足之处和纰漏敬请读者指正。

主编

2023 年 1 月

目　录

第一章　导论

【学习目标与任务】

1. 熟悉《巴黎气候变化协定》的历史背景；
2. 理解《巴黎气候变化协定》中的经济理论应用原理；
3. 了解全球能源现状和发展趋势；
4. 了解碳达峰和碳中和目标的提出背景；
5. 了解能源转型和能源变革的基本历程；
6. 掌握能源互联网的概念；
7. 掌握新型电力系统的含义；
8. 理解低碳经济、低碳能源和低碳发展的关系；
9. 理解低碳经济和国家战略之间的关系。

第一节　巴黎气候变化协定

一、历史背景

从 20 世纪 90 年代开始，全球应对气候变化的会议就正式拉开了帷幕，形成了《京都议定书》，《京都议定书》的签订表明国际对于控制碳排放达成了初步共识。但是《京都议定书》第二承诺期谈判的无疾而终，以及后来在哥本哈根气候大会上各国实际上没有达成一致性的建设性意见，减缓了世界各国对碳排放的进一步控制。2015 年 12 月 2 日，《联合国国际气候变化框架公约》缔约方例会第二十一届代表大会在法国城市巴黎圣母院正式通过《巴黎气候变化协定》（以下简称为《巴黎协定》），《巴黎协定》的签订标志着世界气候治理进程进入了一个新的历史阶段。《巴黎协定》秉承"一致但有差别的职责"和"自下而上"的原理，规定"各缔结国要把世界平均气温增长限制在 2℃ 以内，并在此基础上争取做出 1.5℃ 的努力，同时规定每五年开展盘点"，从此世界气候治理开始了各国自主贡献以及每五年盘点一次的全新合作方式。《巴黎协定》获得国际普遍赞同，截止到 2017 年 3 月，含我国在内的 134 个国家批准了《巴黎协定》。表 1–1 总结了全球温室气体减排的主要会议。

表1-1　全球温室气体减排主要会议及协议

时间	地点及会议名称	达成协议	协议主要内容及意义
1972年	瑞典斯德哥尔摩：联合国人类环境会议	《联合国人类环境会议宣言》	第一次在全球范围内呼吁各国政府维护和改善环境
1992年	巴西里约热内卢：联合国环境与发展大会	《联合国气候变化框架公约》	要求各国对全球环境和资源进行保护
1997年	日本京都：联合国气候变化框架公约参加国第3次会议	《京都议定书》	人类历史上首次以法规形式限制温室气体排放，对温室气体的减排种类、主要发达国家的减排时间和义务额度做出具体规定
2007年	印度尼西亚巴厘岛：气候公约缔约方第13次会议暨《京都议定书》缔约方第3次会议	《巴厘路线图》	明确解决气候变化的紧迫性，并科学建议对比1990年，2020年前应将温室气体排放量减少
2009年	丹麦哥本哈根：气候公约的第15次缔约方会议暨《京都议定书》第5次缔约方会议	《哥本哈根协议》	提出要把全球平均温升控制在工业革命以前2℃的长期控制目标
2015年	法国巴黎：气候公约的第21次缔约方会议	《巴黎气候变化协定》	各方要把"全球升温控制在2℃以内"作为总体目标，并为把温升控制在1.5℃以内而努力

（来源：吕倩，2020）

从宏观经济学的角度来看，全球气候变化问题主要是由大气的公共性质、全球有限理性以及碳排放成本的外部性三者影响，若想达到较好的碳排放目标，需要建立合理的全球协调与合作体系。《巴黎协定》之所以能实现并与世界上碳排放量比例约为98%的各国间取得一致性共识，并不仅仅是因为它巧妙地利用了谈判理论、标尺竞争和声誉理论，更因为《巴黎协定》在谈判时遵循的一致但有差异责任理论、自下而上的贡献目标，以及定期汇总和五年盘点的方式，在上述基础上规定了切实有效的利用全球协调推进全球大气管理政策实施。

二、《巴黎协定》中的理论应用

1. 谈判理论

《巴黎协定》中体现的谈判理论是在传统的价格理论基础上构建起来的，其主要的思想是通过自愿合作能够更有效地促进资源从负担成本低的一方转移到成本高的另一方，从而降低双方交易成本并提高资源配置效率。谈判过程中，谈判各方自愿就碳排放的相关事宜，包括交易对象、价格、质量、数量等信息进行协商，并且在这过程中谈判各方依据确定合作风险值、评估合作剩余及配置合作剩余的具体情况来做出理性的判断，并最终做出是否合作的决定。而在《巴黎协定》中，基于全球气候变暖的事实，各国主体为寻求可持续发展而基本形成了"要通过国际合作来控制全球气候变化"的共识。但是从经济学的观点上看，国际合作是否能够达成一致，重点在于作为"理性人"的各国际主体需要确定合作过程中其所需负担的机会成本，即合作风险值，并且提前预估合作中各行为主体可能获取的福利效益，即合作剩余，通过这些具体情况来做出加入或退出《巴黎协定》的决定。

在经济谈判中，最关键的影响因素就是信息是否对称。"自主贡献"的规定使各国自愿提出自身能够达成的目标，同时对各缔约方的协定进展情况进行五年一次盘点，旨在实现各国承担的责任及协定的实际履行方面的信息共享及对称。

从具体条文来看，《巴黎协定》中规定了在合作过程中协定允许各国考虑自身的实际履行能力，这在极大程度上避免了大部分国家因难以实现协定中所提出共同的控制气候变化的目标而中途退出的情形，保证了因各行为主体在依据自身实际履行能力提出目标的情况下，能够很大程度上提高协定的履行效率。在履行能力的基础上，最终各国际主体在合作过程中能够使各方信息共享，从而实现效益，并且使承担协定失败的预期风险值最小化。

此外，《巴黎协定》关于减碳能力建设领域资助方面的条款，对全球气候治理的合作剩余进行了合理的分配，通过分配提高了全球气候变化治理的合作效益。综上可见，各国资源合作，提出符合国情的自主贡献，在信息共享的基础上进行合作博弈是对谈判理论的有效实践，在一定程度上促进气候治理的国际化合作，并推动了《巴黎协定》全球气候治理机制的构建。

2. 标尺竞争理论

《巴黎协定》中也应用到了标尺竞争理论，该理论作为激励性管制理论的重要分支之一，具体指当受管制产业中存在众多独立性企业（代理人）时，管制者（委托人）为加强各企业与"同性质或近似性质的企业"的竞争，以提高相关企业的生产效率，通常会以其他企业的行为作为比较或者衡量的对象来评价相关企业的行为。该理论的独特之处在于即使在相关规制者对市场中受规制者的信息不完全掌握的情况之下，仍能够运用此种方法形成良好的竞争环境，激励受规制者完成某一目标。而《巴黎协定》正是通过运用这种管制理论促进协定框架下气候治理机制的正常运行与实施。

一方面，由于相关"委托人"无法获知受协定约束的各缔约国（即受管制方）对于控制气候变化的能力等相关信息，因此在此种情形之下协定规定三个执行目标，并在此程度下要求各缔约国提出自主贡献目标。根据在非对称交易资源配置最优机理研究方面的有关研究成果，作为风险中立方的代理人，在奖惩数额不限状态下时，根据标尺竞争的反馈机理可以得到完全信任的最优估计结果。《巴黎协定》气候治理框架下，各缔约方提出各自的自主贡献目标是不受到任何物质、经济以及其他任何因素的影响的以自愿为前提的，与他方不存在相关性，即可以看成是风险中立的，因而在进行五年盘点时，所收集各缔约方的自主贡献目标就具有一定的充分性，这实际上是标尺竞争的报告理论的有效运用。

另一方面，针对各缔约方在完成自主贡献目标以及提高自身能力建设方面所采取的措施上，《巴黎协定》规定了"透明度"信息报告机制，要求发展中国家缔约方定期通报相关规定的执行情况，发达国家缔约方则要求每两年定期对其执行协定的情况以及对发展中国家经济资源上的援助予以通报，同时《巴黎协定》规定定期对各缔约方执行协定目标的进程进行评估。《巴黎协定》的这种透明度建设、通报制度以及定期盘点的规定，是对标尺竞争的绩效理论进行了巧妙的运用。具体来说，在《巴黎协定》中把所有的缔约国分为大致三个类别：发达国家、发展中国家，以及经济不发达地区和小岛屿各国。根据三种类型缔约方的能力，分别构建不同的透明度制度，从而对其分别予以不同程度的信息通报要求，并在此基础之上对各国的执行度分别进行科学并且公平的定期评估。

换言之，这种评估结果实际上是对所有缔约方搭建的一种"排序竞争模型"。标尺竞争的绩效理论就是通过构建这种"排序竞争机制"来实现委托方对各代理方之间的理想管制。简言之，《巴黎协定》所构建的气候治理机制正是应用标尺竞争中报告理论以及绩效理论，通过两者并用来保障协定目标的达成和实施。

3. 声誉机制

经济学中关于声誉机制的研究指出：声誉对于主体的行为有显著性的影响。克瑞普斯和罗伯茨等人对企业家影响力的研究结果指出：在职业声誉处于正面状态下的企业家能够有效提高企业在整个竞争市场的博弈能力和竞争力；反之则会使企业在相关竞争市场中的博弈能力受到严重约束。由此可见，构建声誉机制能够实现企业管理效率的有效提高。

《巴黎协定》总体上虽然并未规定不适当执行协议的惩罚和约束，但是却通过对透明度建设以及定期通报和五年盘点总结等内容进行明确的规定，来保障《巴黎协定》的执行效率，从而确保各缔约方有效执行目标。这是因为有研究表明，一个国际条约是否建立了有效的执行机制在于其是否规定相关的惩罚机制和对条约执行情况的定期评价及总结两方面的因素，因此，《巴黎协定》的设定符合后者，通过对条约执行情况的定期披露评价和总结机制构建了一种声誉机制。《巴黎协定》正是通过这些透明度建设、定期通报、五年的总结盘点等规定，初步确定了声誉机制在气候治理机制中的雏形。

《巴黎协定》中对声誉机制的构建有赖于两个因素的确定：一是对管理对象的某一能力或绩效指标的确定；二是拥有明确的并且可执行的声誉评估体系。在《巴黎协定》中，各缔约国将对协议的履行情况可以视为在声誉机构中执行契约功能或是执行绩效目标，而对上述消息的获取则主要依靠根据条约的透明度建设所获悉的具体数据，内容中包含"信息通告、温室气体库存报表、两年期报表或更新报告中通知的最近温室气体排放数量和比例"等。其中，协定第四条第九款中规定的五年盘点和第十四条规定"缔结方应核算它们的国家自主贡献""应实现环境完全、公正、准确、可比和一致性，避免双重核算"等相关内容，通过规定这些能够合理评价各缔约国的协定目标履行差异，从而实际上形成一种隐形的声誉评估体系。

这个评估体系主要有两个作用：一是通过鼓励会员国努力做出一个比较好的成果，这样使其在国际社会上享有很好的声望，无疑可以使该国得到更多的国际与内部帮助，同时还可以提升国家的国际地位，从而提高了国家的整体形象，有利于提高国家的经济能力；

二是如果缔约成员国在这一评估体系中取得了不好的评价结果，那么其在国际合作中将会形成一种无形的障碍。由此可见，《巴黎协定》对声誉机制的运用不仅能够激励各缔约方有效执行协定规定的内容，同时基于隐形声誉评估体系的规制，可以更好地实现各缔约方之间的相互监督和竞争，从而更好地保障该协定效力的稳定性。

第二节　全球能源现状与趋势

一、全球可再生能源消费状况

由于世界人口数量持续增长，人民生活水平的不断提高和全球经济的持续发展，人们对能源的需求也日益增长。但是，由于温室效应得到世界各国的重视，煤、原油、天然气等传统化石燃料在大气环境保护等方面正受到广泛的监督，在低碳经济发展的要求下，传统化石能源面临着日益严重的挑战。因此，很多国家开始加大对可再生能源资源的开发利用，并提出开始向低碳能源转型的政策目标，全球能源结构向低碳、绿色能源的转变已经势在必行。《巴黎协定》自 2016 年 11 月 4 日开始生效，各缔约国对碳排放所带来的温室效应问题形成了共识，更多的国家和人民意识到了温室气体排放量和环境污染问题产生的严重后果，优先发展可再生能源问题成为全球的共识。图 1-1 所示为全球各种能源的消耗量，从 2020 年的情况看，可再生能源占比依然很低。

单位：艾焦耳

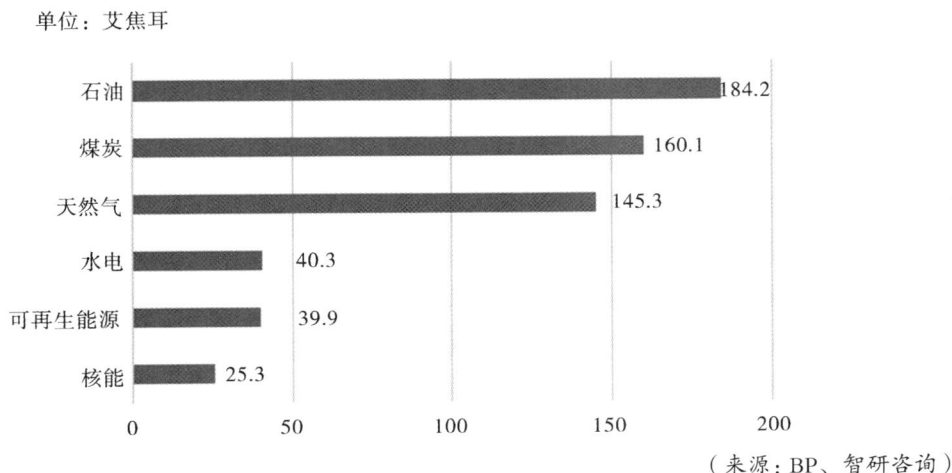

（来源：BP、智研咨询）

图1-1　2020年全球各种能源消耗量

二、全球可再生能源装机区域分布情况

1. 全球可再生能源装机总体状况

由于诸如风、光等可再生能源难以直接利用，一种较好的方式是将可再生能源利用

发电设备转化为电能进行应用，可再生能源发电装机基本上散布在东南亚、欧盟、北美和南美地区。根据国际可再生能源署（IRENA）发布的《2022年可再生能源装机容量统计年报》显示，截至2021年底，全球可再生能源总装机容量为3064吉瓦，占电源装机总量的38.3%；从地域来看，亚洲、欧洲和北美洲可再生能源装机容量位列前三，分别是1527.38吉瓦、675.75吉瓦和480.95吉瓦（见表1-2）。2021年，全球新增可再生能源装机容量257吉瓦，其中太阳能和风能分别为133吉瓦和93吉瓦（与2020年增幅基本持平）；从地域来看，全球60%新增可再生能源装机容量来自亚洲，中国是最大贡献国（新增1.34亿千瓦）；欧洲、北美地区则分别新增0.39亿千瓦、0.38亿千瓦。

表1-2　截至2021年底全球可再生能源装机容量（单位：吉瓦）

区域	水电	海洋能	风能		太阳能		生物质能	地热能
			陆上	海上	光伏	光热		
非洲	37.53	0	7.33	0	10.30	1.08	1.79	0.87
亚洲	594.27	0.26	357.57	27.82	484.93	0.92	56.92	4.69
中北美及加勒比	83.1	0	2	0	3.28	0	30.5	0.72
高加索及土耳其	89.92	0.002	12.65	0	9.7	0.001	30.6	1.76
欧洲	224.07	0.24	194.24	27.81	183.56	2.32	41.85	1.66
中东	16.08	0	10.3	0	7.97	0.44	0.11	0
北美	197.40	0.02	154.69	0.04	104.37	1.51	17.05	5.87
大洋洲	14.45	0.001	99.2	0	19.44	0.002	1.09	1.04
南美洲	178.03	0	297.5	0	19.54	0.11	18.47	0.04

（来源：国际可再生能源署）

2. 各大洲可再生能源装机状况

在亚洲区域，共有9个国家的可再生能源装机总容量超过10吉瓦。其中包括中国925.24吉瓦，印度尼西亚134.20吉瓦，日本10.55吉瓦，哈萨克斯坦101.37吉瓦，韩国19.59吉瓦，巴基斯坦12.41吉瓦，泰国11.99吉瓦，越南35.65吉瓦，土耳其49.40吉瓦，见图1-2。

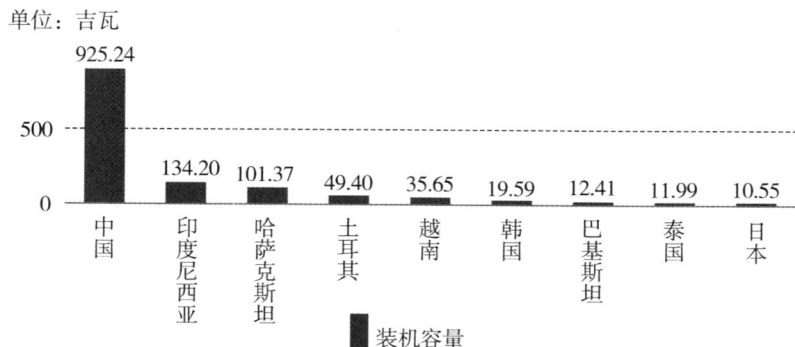

图1-2　亚洲主要国家可再生能源装机状况

（来源：国际可再生能源署）

在欧洲区域，共有 16 个国家的可再生能源装机总容量超过 10 吉瓦。其中包括俄罗斯 54.27 吉瓦，奥地利 21.84 吉瓦，比利时 11.28 吉瓦，法国 55.37 吉瓦，德国 131.74 吉瓦，希腊 10.87 吉瓦，意大利 55.30 吉瓦，荷兰 17.68 吉瓦，挪威 37.21 吉瓦，波兰 12.22 吉瓦，葡萄牙 14.27 吉瓦，西班牙 59.10 吉瓦，瑞典 32.88 吉瓦，瑞士 18.49 吉瓦，英国 47.68 吉瓦，乌克兰 13.77 吉瓦，见图 1-3。

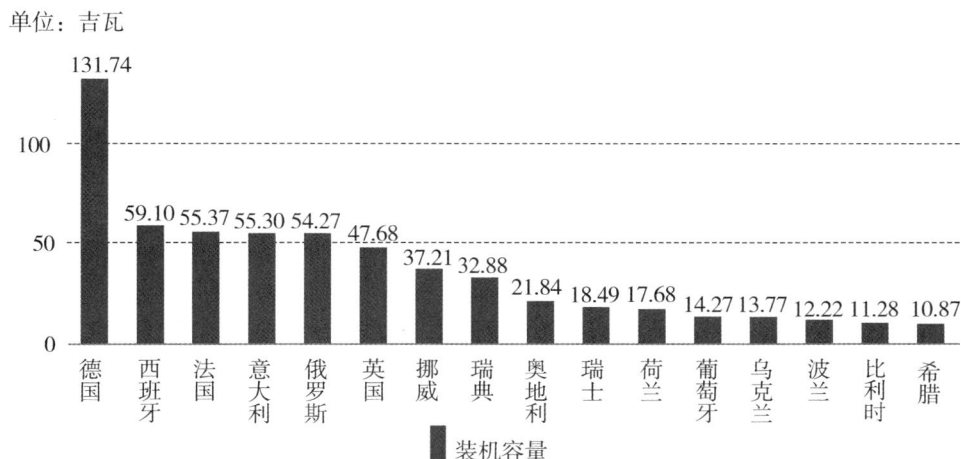

单位：吉瓦

图1-3　欧洲主要国家可再生能源装机状况

（来源：国际可再生能源署）

在北美洲区域，共有 3 个国家的可再生能源装机总容量超过 10 吉瓦。其中包括加拿大 101.19 吉瓦，墨西哥 28.36 吉瓦，美国 292.07 吉瓦。在南美洲区域，共有 5 个国家的可再生能源装机总容量超过 10 吉瓦。其中包括阿根廷 14.07 吉瓦，巴西 150.05 吉瓦，智利 12.79 吉瓦，哥伦比亚 13.55 吉瓦，委内瑞拉 16.60 吉瓦，见图 1-4。

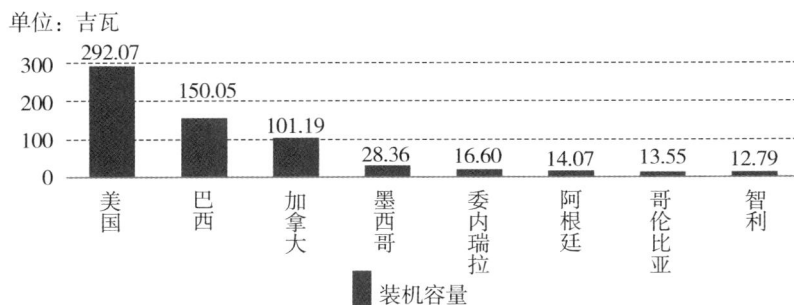

单位：吉瓦

图1-4　美洲主要国家可再生能源装机状况

（来源：国际可再生能源署）

在大洋洲，澳大利亚的可再生能源装机总容量为 35.69 吉瓦。

3. 中国可再生能源装机现状与发展

在全球可再生能源装机中，中国占比约 32%。尤其是在风电、光伏装机中，中国占比分别达到约 39% 和 36%，在世界上遥遥领先。但是，中国在海洋能（0.9%）、光热发电（8.2%）、地热（0.14%）等领域仍处于落后地位。

根据《中国可再生能源发展报告 2021》年的数据，2021 年作为"十四五"开局之年，国家在锚定碳达峰、碳中和目标任务基础上，加强顶层设计，完善支持可再生能源产业发展的体制机制，优化产业发展环境，努力推动可再生能源产业大规模、高比例、高质量跃升发展。据悉，2021 年我国新增可再生能源发电装机容量 1.34 亿千瓦，可再生能源累计装机容量历史性突破 10 亿千瓦大关，水电、风电、光伏发电装机均超过 3 亿千瓦，海上风电装机跃居世界第一；利用水平持续提升，2021 年可再生能源发电量 2.48 万亿千瓦时，同比增加 12.3%，占全部发电量比例为 29.7%，全年水电、风电、光伏发电利用率分别达到 97.9%、96.9% 和 98.0%；科技创新不断加强，单机容量 100 万千瓦级水轮机组、10 兆瓦级风电机组制造及光伏电池转换效率等刷新世界纪录，科技创新从"跟跑、并跑"到"创新、主导"，带动产业进步和竞争力提升，激扬能源发展动力变革；可再生能源政策供给与机制创新持续推进，抽水蓄能价格形成机制、新能源上网电价政策不断完善，重点领域和关键环节市场化改革继续深化，投资主体更加多元，市场活力明显增强；减污降碳成效显著，2021 年中国可再生能源利用规模达到 7.5 亿吨标准煤，占一次能源消费总量的 14.2%，相应减少二氧化碳排放量约 19.5 亿吨，为实现"碳达峰、碳中和"目标奠定了基础；可再生能源国际合作行稳致远，积极参与全球能源治理，在全球能源绿色发展中彰显中国智慧、贡献中国力量。

为实现碳达峰、碳中和，以及能源绿色低碳转型的战略目标，可再生能源成为全国能源发展的主力，进入跨越式发展阶段。预计到 2025 年，可再生能源消费总量达到 10 亿吨标准煤左右。"十四五"期间，可再生能源发电量增量在全社会用电量增量中的占比超过 50%，风电和太阳能发电量实现翻倍。2025 年，地热能供暖、生物质供热、生物质燃料、太阳能热利用等非电利用规模达到 6000 万吨标准煤以上。

4. 全球海上风电装机发展状况

近年来世界海上风电装机增长加速，且重点分布在欧洲地区，其次是东南亚地区。全球风能理事会（GWEC）发布的《2022 全球海上风电报告》显示 2021 年全球海上风电新增并网容量 21.1 吉瓦，为历史最高纪录。中国占到 2021 年全球新增海上风电容量的 80%，其中，2021 年海上风电累计装机 2639 万千瓦，新增装机 1690 万千瓦。截至 2021 年年底，中国海上风电累计装机台数 5237 台，容量达到 2535.2 万千瓦。江苏省海上风电累计装机容量超过千万千瓦，达到 1180.5 万千瓦，占全部海上风电累计装机容量的 46.5%，其次分别为广东 24.6%、福建 9.1%、浙江 7.4%、辽宁 4.2%、上海 4.0%；其余山东、河北和天津累计装机容量占比合计约为 4.1%。

5. 全球光伏发电发展状况

国际能源署（IEA）发布 2021 年全球光伏报告显示：2021 年全球光伏市场再次强势增长，2021 年装机 175 吉瓦，累计装机容量达 942 吉瓦。光伏发电贡献占比世界平均达 5%，其中中国 4.8%，澳大利亚、西班牙、希腊、洪都拉斯、荷兰、智利和德国光伏发电量理论上占到其年电力需求的 10% 以上。在太阳能技术应用领域，总装机排行前三的大国先后是中国、德国和日本。在可再生能源中，光伏太阳能装机增长也是较为抢手的，因为基本上排名较前国家的总装机量都以几十倍或几百倍的速度呈现跳跃式发展。变化最大的国家当属中国、意大利和英国，这主要是因为太阳能材料和发电成本的迅速降低有关。

6. 全球生物质发电发展状况

生物质发电是利用生物质所具有的生物质能进行的发电，是可再生能源发电的一种，包括农林废弃物直接燃烧发电、农林废弃物气化发电、垃圾焚烧发电、垃圾填埋气发电、沼气发电。美国的生物质发电技术起步比较快，生产设备也相对完善，不过在最近的十多年间增长开始趋缓，2011 年，巴西超越美国，成为生物质装机全球第一名。2021 年中国生物质发电新增装机为 808 万千瓦，同比 2020 年增长 48.80%；中国生物质发电累计装机量为 3798 万千瓦，同比 2020 年增长 28.66%。

7. 全球地热发电发展状况

截至 2022 年底，地热发电总装机容量达到 16127 兆瓦，较 2021 年增加了 286 兆瓦。其中，主要的新增来源国是肯尼亚 (83 兆瓦)、印度尼西亚 (80 兆瓦) 和美国 (72 兆瓦)。2022 年全球地热发电排名前十的国家中，美国 3794 兆瓦，印度尼西亚 2356 兆瓦，菲律宾 1935 兆瓦，土耳其 168 兆瓦，新西兰 1037 兆瓦，墨西哥 962.7 兆瓦，肯尼亚 944 兆瓦，意大利 944 兆瓦，冰岛 754 兆瓦，日本 621 兆瓦。

根据国际地热大会和国际能源署（IEA）的统计报告，未来 2023—2027 年的 5 年间，全球地热能发电装机容量增量可能达到 3.4 吉瓦，呈持续稳定的增长态势。到 2040 年，全球地热发电装机容量将增至 82 吉瓦，是当前水平的 5 倍以上，全球地热发电发展空间不可低估。

三、全球可再生能源成本情况

当前全球可再生能源主要发电集中体现在风能和光伏发电上，两者均呈现发电成本逐年降低的趋势。对于风能而言，由于世界范围内风能利用技术不断进步和利用范围不断拓展，风能生产成本明显降低。当前各国先进风能发电技术的合同电费也几乎降低到与化石燃料电费同等程度。美国风能市场已逐渐显现出了很好的经济效益，美国能源信息署（EIA）预测，未来美国风能生产成本仍然持续呈降低趋势。

对于光伏市场而言，从全世界范围来看，光伏度电成本仍然超过煤电，但在欧洲市场上，太阳能光伏发电企业的生产成本已和新建火电项目生产成本基本持平。根据从 2009

年至今的数据估算，每当光电装机翻一番，生产成本就将减少约百分之二十。从这个趋势看，当前光电装机量的持续扩大，将使得光电的生产成本进一步降低。

从上述的风电成本和光电成本上看，可再生能源发展以及相关发电技术的进步将降低发电成本，从而增加利用价值，未来可再生能源将较化石燃料更具有竞争性，特别是风电和光电的生产成本将进一步下降。整体来看，风力成本已降至可再生能源中较低水平。从成本降幅来看，2021年全球陆上风电度电成本为0.033美元/（kW·h），较2010年的0.102美元/（kW·h）下降了68%。2021年全球海上风电项目的度电成本为0.075美元/（kW·h），较2010年的0.188美元/（kW·h）下降了60%。陆上风电是度电成本最低的可再生能源。

据全球可再生能源署预测，太阳能光伏发电的生产成本到2025年将比2015年减少59%，从0.13美元/（kW·h）减少到0.055美元/（kW·h）；而槽式聚光太阳能发电生产成本则将减少37%，从0.17美元/（kW·h）减少到0.11美元/（kW·h）；塔式光热发电成本将降低43%，从0.17美元/（kW·h）降低到0.09美元/（kW·h）。可再生能源发电成本将持续降低，未来有望替代传统化石能源。

四、全球可再生能源发展趋势

随着《巴黎协定》和保护大气温室效应目标的共识，受环保约束因素，各国政府均重视可再生能源的发展，截止到2020年，全世界已经有170个成员国制订了可再生能源发展目标，140多个成员国推出了能源鼓励政策措施（如上网电价政策、配额制等）。

欧盟成员国中，苏格兰2011年制定了在2020年达到100%清洁电力消费的目标。2022年，苏格兰几乎达到了目标。根据苏格兰政府2021年底的能源声明，98.6%的总电力消耗来自可再生能源。德国几次修改了可再生能源的发展目标，最终定为2035年完成100%可再生能源供给，放弃化石燃料；法国提出2030年可再生能源将占据其整体电能消费总额的近40%。北美2030年将电能消费水平中的可再生能源占比提升至20%。南美洲国家中的巴西目标是2030年非水电将占据其电能总体消费量的23%。

我国也提到了可再生能源的长期开发计划，《"十四五"可再生能源发展规划》中提出非化石能源消费比重达到20%左右的要求，到2025年，可再生能源消费总量达到10亿吨标准煤左右，占一次能源消费的18%左右；可再生能源年发电量达到3.3万亿千瓦时左右，风电和太阳能发电量实现翻倍；全国可再生能源电力总量和非水电消纳责任权重分别达到33%和18%左右。从上述国家指定的可再生能源发电的目标可以看出，一旦这些目标都能够达成，将大大推动可再生能源发展，届时风电和光伏发电装机将呈现倍数增长。

据国际再生能源署的资料表明，截至2021年底，可再生能源在全球资源消费结构中的占比达到42%，与此同时，可再生能源发电在世界电力资源中的占比也超过28%，比2015年提升了近5%。预测到2040年，可再生能源发电将超过总开发量的37%，在未来可再生能源发展目标下，这个比率更是达到将近60%，其中，接近10.5%主要来源于风力、太阳能，届时，大多数的可再生能源发电项目将不依赖任何补助。随着世界经济的增长，用能增加的背景下，需要对能源结构进行进一步的调整和改善，这也将在较大程度上促进可再生能源经济发展的高速成长。

从宏观的角度看，国家国民收入与人口的增长都是能源需求增长背后的重要驱动要素。我国已经连续 15 年是世界上最高的能源增长国家。2022 年 6 月 1 日，国家发展改革委、国家能源局等 9 部门联合印发《"十四五"可再生能源发展规划》。提出"十四五"主要发展目标是：①可再生能源总量目标；2025 年，可再生能源消费总量达到 10 亿吨标准煤左右。"十四五"期间，可再生能源在一次能源消费增量中占比超过 50%。②可再生能源发电目标：2025 年，可再生能源年发电量达到 3.3 万亿千瓦时左右。"十四五"期间，可再生能源发电量增量在全社会用电量增量中的占比超过 50%，风电和太阳能发电量实现翻倍。③可再生能源电力消纳目标：2025 年，全国可再生能源电力总量消纳责任权重达到 33% 左右，可再生能源电力非水电消纳责任权重达到 18% 左右，可再生能源利用率保持在合理水平。④可再生能源非电利用目标：2025 年，地热能供暖、生物质供热、生物质燃料、太阳能热利用等非电利用规模达到 6000 万吨标准煤以上。根据 BP 机构的预测，2035 年欧洲对可再生能源的增长规模将被我国所超越。

随着低碳经济发展的共识，可再生能源发电的低碳优点也吸引着全球顶级公司的投资，很多公司均跨界对可再生能源发电领域进行研发，不断涉足可再生能源领域并成为全球高新技术企业发展的潮流，可望重塑全球新能源发电格局。目前，在美国硅谷等地，例如谷歌、微软等公司都开始大量投入可再生能源的研发，同时投资制造建设大规模可再生能源的自发自用基地。据美国波士顿大学可持续能源研究院调查表明，目前涉及可再生能源大型公司包括谷歌、亚马逊、微软、宜家公司、Equinix、玛氏、陶氏化工、沃尔玛、FaceBook 等。我国的阿里巴巴集团也重视可再生能源的投资。这些高科技企业进入能源行业首选的是新能源产业，比如风电、太阳能。另外，英国壳牌等老牌传统化石能源企业也开始大规模投入绿色能源领域，进入英德两国的海上风能市场；而挪威国家油气集团也于 2017 年投入阿布扎比的海域风能市场。因此，在可再生能源领域中，随着越来越多的高新技术企业和海量资金流入，传统能源巨头也需要进行企业调整，全球的可再生能源领域发展竞争也将越来越激烈。

第三节　碳达峰与碳中和、能源变革与转型

一、碳达峰与碳中和

碳达峰和碳中和目标（后文简称"双碳"目标）的实际目的是争取实现《巴黎协定》中的仅比工业化前增温 2℃ 的控制温室效应而设定的目标。随着人类对温室效应的越加重

视，当前经济可持续发展的核心要求之一是减少对大气环境的污染，其中最重要的是二氧化碳的减排。IEA 建议到 2030 年实现二氧化碳排放量高峰值（碳达峰），2050 年达到二氧化碳的排放量与碳捕集、碳储存以及吸收的量（称为碳汇）基本相当，也就是碳中和。

我国根据实际情况承诺 2060 年达到碳中和，习近平总书记在中央委员会政治局第三十六次集体学习中强调，实行"双碳"目标，是落实创新发展思想、形成国家创新战略布局、促进经济新增长的内在需要，是中央政府为统筹兼顾社会大局而做出的重要战略决定。中国政府宣布，2030 年企业国内外生产总值二氧化碳排放量将要比 2005 年减少 65% 以上，在 2030 年前完成碳达峰，在 2060 年前完成碳中和。表 1-3 所示为中国减碳"三步走"路线。表 1-4 所示为"十四五"期间中国减碳目标。

表1-3 中国减碳"三步走"路线

第一步：2021—2030年	实现——碳排放达峰
第二步：2031—2045年	快速——降低碳排放
第三步：2046—2060年	深度锐减——实现碳中和

（来源：人民日报）

表1-4 "十四五"时期中国减碳目标

具体内容	目标
单位国内生产总值能源消耗	降低13.5%
单位国内生产总值二氧化碳排放	降低18%
主要污染物排放总量	持续减少
森林覆盖率	提高到24.1%
制定2030年前碳排放达峰	行动方案

（来源：人民日报）

全球主要煤电国家碳中和承诺时间表如表 1-5 所示。

表1-5 全球主要煤电国家碳中和承诺时间表

国家	占全球煤电总量比例（%）	碳中和承诺时间（年）
中国	50.2	2060
印度	11.0	2070
美国	10.6	2050
日本	3.1	2050
韩国	2.5	2050
南非	2.2	2050
德国	1.9	2050
俄罗斯	1.8	2060
印度尼西亚	1.8	2060
澳大利亚	1.6	2050

（来源：风能专委会 CWEA）

因为我国幅员辽阔、经济差异巨大，所以对于不同区域、不同产业的"双碳"目标完成也因地制宜。具体来说，某些地区、行业、企业可以较为轻松地提前完成，但是对于有具体困难的地区和企业则需要用更多的时间达到碳减排的指标，不必也不应该要求同时达到"双碳"目标。我国在实现"双碳"发展战略的同时也充分考虑到了差异性，并在政府工作报告中指出要有序推动"双碳"目标达成的项目和推进"双碳"目标的行动方案。因此，从大的方面来说，在当前积极稳妥推动"双碳"目标的实现，既需要根据我国"富煤、贫油、少气"的基本国情，同时也要求我国按照不同地区、不同行业、不同类型的企业逐步完成"双碳"目标实现的进程。

现阶段，针对我国基本国情，在煤炭的使用上，除了需要做好控制总量外，还要积极推动煤炭资源的清洁能源优化利用，加强提高对新能源发电投资吸引的力度，在未来需要积极解决有关碳捕获、碳封存、碳循环利用方面的技术攻关问题，从而实现"双碳"的核心内容，即碳排放总量管控问题，尽早构建起国家层面的污染总量管控机制。此外，针对不同地区、不同行业、不同企业可以利用经济学中的市场机制，构建碳交易市场，根据实际情况合理分配碳配额，扩大碳交易的市场规模和市场基础能力建设，与碳排放存量管理相互融合，实现碳资源在不同地区、不同行业、不同企业之间的有效配置。

二、人类发展历程与能源变革

普遍认为人类文明的初始标志是使用工具（例如石器和木棒）和用火，植物和太阳的光合作用产生的薪柴（有机质/碳基化合物）不但使人获得热量、有了熟食，而且有可能制造出陶器、青铜器乃至铁器。从人类发展的漫长历史中所使用的能源变革和转型的角度来看，可以通过能源将人类发展的时代进行划分，上述最早的人类时代按照能源的使用可归结为薪柴时代。

为了追求更高的生产效率，人类需要更高热载量/热效率的能源，煤炭、石油和天然气逐步被发现并开始被人类大规模利用，由于这类能源都源自地质历史时期的有机质并赋存于地层岩石中，故从能源角度称为化石能源时期。在化石能源时期，不同的化石能源主导地位不同，可以按照具体主导能源来决定相应的时期名称，如当煤炭代替了木柴成为工业的主要动力来源时，即进入煤炭能源时代；当石油在能源消费构成中的占比超过煤炭，并成为最主要的占比能源时，即进入石油时期。

化石能源为主导的能源变革和能源转型时期有一个特点，即主导能源的转变并不意味着原来使用的能源逐渐消失，也就意味着在石油时代的时期，煤炭时代依然存在，并且其占比虽然逐步缩小，但仍然不能被忽视。化石燃料时期是世界生产力高速增长的时期，其中伴随大家熟知的工业革命时期。在短短的二百余年中，人们在更加高效的能源利用和技术、经济高速增长的驱使下，使人类文明的发展成就超出了以往的累积成就。

随着文明的发展，以几何级数递增的化石资源利用所形成的二氧化碳，以及其他废物也已经深深地影响着人们所赖以生存的全球生态系统，人类也慢慢地发觉这些生产方式是难以可持续发展的，因此，人类提出在未来数十年的长时期里，要实现从高碳高污染的化石资源为主向以低碳的可再生能源为主的过渡。能源的变革和转型成为人类努力需要解决的共同难题。

三、能源转型和变革的基本认知

在能源转型中，节能、降本、增效是所有经济活动永恒的主题。在能源转型中强调节能有以下几个基本认知。

1. 节能与减少化石能源的关系

由于化石能源时代是由主导能源占比多寡来决定的，因此提高非化石能源的比例主要靠提高该种非化石能源占比的增量来实现，节能意味着在减少使用某种化石能源的基础上，同时使得使用能源总量变少，分子分母的同时变动有可能造成单纯节约化石能源的节能预期效果不理想。因此节能的概念需要转变成尽可能地节约化石能源的使用，而对于可再生能源的使用尽可能地进一步提高，即节约化石能源，"多用"可再生能源，这样才会放大节能带来的能源消费总量，使得非化石能源在总量中的比例增长加快，促进能源向非化石能源转型在短期内的实现。

2. 当前非化石新能源的发展还不够成熟

非化石能源节能增效降低成本的潜力很大。需要通过扩大投资，加强技术创新实现降本增效，降本增效是新兴的非化石能源得以生存、进而达到化石能源替代的根本动力，这也是衡量能源转型路径是否能够最终成功的重要标准之一。

3. 对非化石能源转型的前提是保证经济发展可持续化和生活品质的提升

在以往的粗放型经济发展中，由于对于能源消费不够重视，一般会出现能源消费的增长速度明显大于 GDP 的增长速度，即能源弹性系数大于 1。随着经济技术的不断发展和对能效的重视，以及实现了多种方式的节能，将出现能源消费增长速度降低，而换来经济增长得更快的情景，即能源弹性系数小于 1。

四、中国的能源变革和巨大进步

基于上述的基本认知，意味着当前对能源发展转型的讨论目前多集中在能源生产结构和消费节能的变革和转型上，现在较为普遍的观点认为实现能源加速转型的最佳途径是一方面在供给侧提高清洁能源占比，另一方面在消费侧节约用能、优化产业结构，提高能效，在这方面我国已有较大的进展。2020 年，我国碳排放强度比 2005 年下降 48.4%，超过了此前做出的降低 40% ~ 45% 的国际承诺。每万元 GDP 消耗能源已从 20 世纪 70 年代高达17 吨标准煤降至目前的 1.5 吨标准煤。全国超过 82% 的燃煤发电机组分别实施了低排放改造、60% 的燃煤机组进行了节能改造。当前我国燃煤发电平均供电煤耗降低至每千瓦时

305.5 克，并且已经建成世界最大的清洁煤电供应体系。我国一直注重工业上节能增效的效果，2021 年一季度我国主要制造业产量增长 3.1 倍，产值同比增长 62.1%，而规模以上工业单位增加值能耗同比下降 8.1%，工业节能增效通过多年的努力已经完成了较多的工作，达到了相当不错的效果。

《中国落实国家自主贡献目标进展报告（2022）》指出，2021 年中国碳排放强度比 2020 年又降低 3.8%，比 2005 年累计下降 50.8%。能源绿色低碳转型提速，2021 年，非化石能源占能源消费比重达到 16.6%，风电、太阳能发电总装机容量达到 6.35 亿千瓦，单位 GDP 煤炭消耗显著降低。生态系统碳汇巩固提升，截至 2021 年底，全国森林覆盖率达到 24.02%，森林蓄积量达到 194.93 亿立方米。

由"双碳"目标战略的引领，以及长期低碳经济的发展不断促进中国能源工业和经济发展向低碳转型推进，从而实现经济、社会、能源和生态合作共赢。传统的粗放型的经济增长方式已不能满足新时期经济低碳增长的要求，以低碳为宗旨的能源变革和转化正在加快实施。能源低碳变革和转变是实现"双碳"战略的重要措施。从工业革命至今，世界因化石能源的急剧使用而形成的二氧化碳排放量已累计超过了 2.2 万亿吨，占世界温室气体总排放量的 70% 有余，被认为是造成世界温度上升的主要原因。过去建设在化石能源消耗上面的粗放式发展，被认为是中国二氧化碳大量排放的主要原因。由于中国的高速发展，其燃料需求量呈持续增长的态势，我国长期的化石燃料需求量占能源消费总额的比重居高不下；2020 年，煤、原油和天然气燃料的占比依次为 56.8%、18.9% 和 8.4%，共占 84.1%，而非化石燃料则仅占 15.9%。在"双碳"战略下，中国需要努力增加清洁能源的使用份额，在能源供给侧和需求侧同时促使能源供需模式进行实质性转变。

目前多数专家认为通过电力转型助推能源转型，实现低碳发展，是未来国家能源安全稳定供给的关键，保障电力安全可靠是关乎国家经济社会发展的重要问题，对我国经济繁荣发展、人民群众健康提高、社会长治久安不可或缺。能源转型同时还受到能源安全考虑的影响，我国受自然资源禀赋制约，部分化石能源的对外依存度很高，2019 年我国原油产品对外依存度约为 72.5%。在当前世界地缘政治日益复杂化的大背景下，中国能源安全将面临着更加巨大的考验。因此，我国在实施"双碳"发展战略的过程中，通过构建清洁低碳、资源多样化供给结构，不但能够更好地适应低碳生产消费的需要，更好地促进环境生态净化，而且能有效增加能源的自给量，促进能源生产的自主发展能力，提高抵御挑战的能力。

第四节　能源互联网

一、能源互联网概念的含义

2007 年，美国政府通过《能源独立和信息安全法令（EISA-2007）》，第一次从国家层面明确了智慧电网（SmartGrid）的官方说法，随后智慧电网的新概念在硅谷刮起一阵狂风，随后世界各国对能源技术和信息技术，即 ET+IT 的理念趋之若鹜。2011 年，美国科学家杰里米·里夫金在其新书《第三次工业革命》中更进一步给出了"能源互联网（Energy Internet）"的新定义。在里夫金的概念里，能源互联网是指新一代能源技术与信息技术之间的深度融合，是一个全新的能源利用系统，能源互联的主要链接纽带是电力网络。因此，随着技术成熟、政府扶持、社会资本青睐，大批围绕着电力网络以及信息技术互融的新兴技术企业迅速兴起。能源互联网的概念赋予了能源互联商业模式和技术创新的想象空间，也为那些从事传统能源行业以外，想要进入能源工业的人员提供了新的道路方向。能源互联网正逐渐由理论发展到实际落地，并源源不断地产生着新的行业机遇。

目前能源互联网泛指利用智能电网链接而产生的能源工业、能源服务及相关产业的机遇，例如，电动汽车、综合能源、电力需求侧管理、光伏发电及上网、风电布局及上网、微网供电及上网、储能、虚拟电厂、电力相关资源交换等行业，投资者们纷纷认为上述领域是能源互联网未来发展所伴生的热点。2015 年前后，学界对能源互联网的行业价值产生了许多反思，并归纳整理出能源互联网分为智能能源生产者、智能网络优化者、智能网络消费赋能者三个方面，并提出能量互联网将围绕着物联网、信息技术、能源交换运营三种层次孕育出大批的技术企业和投资机会。而能源互联网的发展过程，被研究者们界定为概念、市场、技术、网络、应用等五个阶段。

二、"互联网+"电力模式与信息技术应用

能源互联网在我国当前体现为"互联网 +"电力的新型电力营销模式，"互联网 +"电力模式是围绕着智能电网、销售服务以及品牌建设等方面，通过能源供给者和电力部门之间的合作，从而为能源消费者进行赋能，是将电网比作互联网相互连接的新的发展模式。除了传统的能源生产者向消费者提供能源外，也鼓励消费者具有一定的发电能力，并且在能源互联网功能层面，即通过信息与通信技术的优化，实现消费者将剩余能源反向上网，参与整个市场交易的功能，从而真正实现能源和信息共享，例如，个人用户可以通过能源互联网售卖在自己屋顶上的光伏剩余电量，主要是依靠能源互联网信息和能源共享层面的创新。

能源互联网伴随的技术包括能源大数据分析、虚拟现实、云计算和物联网等高新技术，通过这些新型信息技术解决有关能源信息共享，利用通信机制对海量电能信息的高效储存与传递，通过各级管理部门收集信息，实现优化调度，是能源互联网工作中首要面临的重要挑战。这些技术需要相关设备进行电网互联通讯，利用物联网技术进行通讯是能源互联网能够实现运行的实体物联基础，其中联网设备包含了智能量测系统、智慧电力终端、储能装置、电动汽车，以及需求侧小型发电设备等。以电动汽车为例，美国的特斯拉汽车、JLMEnergy 公司以及意大利的 Younicos 公司都是其中的杰出代表，这些电动汽车在充电的

时候，其充电信息和电网是互相连接的，理论上也可以利用电动汽车进行反向放电。因此，能源互联网可以看作能源技术（ET）和信息技术（IT）的合并组合应用，其中任何一个排列组合，都可以作为实现能源互联网的一条途径，从而产生能源互联网的一条实质链条。除了美国外，德国、日本也不约而同地进行了对新型能源互联网的应用探索，先后开启了e-Energy 和 DigitalGrid 等项目。

从杰里米·里夫金明确提出"能源互联网"概念至今，"能源互联网"的理念在世界各地的研究中不断被修正，也演绎出了各种不同的实践方向。但是当前的一个普遍的看法是利用电力进行二次能源的转化实现大规模多种类的能源利用。如果要使用电网实现在能源互联下的使用，能源需求与供需反应如果在没有大规模储能缓冲的情形下，就需要进行相当快速的供需平衡，需要借助非常强的硬件设备和计算能力，依靠新型互联网技术进行快速响应管理。

如今，伴随5G、区块链、物联网、虚拟化现实、新型人工智能的日趋完善，能量互联网技术正逐步走向高端化并予以实际落地。随着能源互联网的发展，传统的能源产业价值链逐步被解构，实现新型的能源互联以及能源转型。埃森哲公司预测至2050年，世界能源互联网累计的投资规模将达38万亿美元，并将产生出巨大的应用价值。未来随着能源互联网的发展，无论是智慧电网、供需侧控制、柔性输电在智慧电网中的发展，还是大数据、云计算、人工智能以及新型信息技术的发展，都需要进行融合应用并根据实践的实际情况进行合理布局，能源互联网才能更好地提供低碳能源服务。

三、中国能源互联网的发展与技术创新

我国能源互联网的起步相对较晚，但是在国家发展的各个阶段均有相关政策支持能源互联网的发展（表1-6）。

表1-6　中国能源互联网政策支持

时间	相关政策
"九五"	联合电网、统一调度、集资办电、推广先进技术、提高能源生产效率
"十五"	加强城乡电网建设和改造，建设西电东送的北、中、南三条大通道，推进全国联网
"十一五"	加强电网建设，同步发展输配电网络
"十二五"	进一步扩大"西电东送"规模，完善区域主干电网，发展特高压等大容量、高效率、远距离先进输电技术
"十三五"	推进能源与信息等领域新技术深度融合，建设"源—网—荷—储"协调发展，集成互补的能源互联网
"十四五"	加快电网基础设施智能化改造和智能微电网建设，提高电力系统互补互济和智能调节能力，加强源网荷储衔接

（来源：前瞻产业研究院）

国家电网公司于 2014 年率先明确提出了"坚强智能电网"的架构,可以看成是能源互联网的雏形,该架构可以认为能量网络的实质是"特高压国家电网 + 智慧国家电网 + 洁净电能"。2015 年,时任国家电网公司总经理的刘振亚推出《全球能源互联网》一书,围绕着电网,在供给侧给出了具体的发展方向,即通过建立特高压电骨干网架,以传输洁净能量为基础,形成与世界互联的坚强智慧电网,并强调能量网络的物理互联。在当时,"全球能源互联网"在一定意义上代表着我国对能源网络的看法——能源是人们共同面临的问题,能源和发电资源优化需要在世界范围内加以规划。从世界能源互联的提法中可以看出,我国倡导探索建立世界电力网络,并促进以清洁和绿色的方式解决世界能源需求。2016年 3 月,我国在能源领域自发组建的第一个国际机构——"世界能源互联网建设合作组织"组建,也是世界能源互联网的第一个协作组织机构。

2017 年,沙特阿拉伯政府计划投资约 5000 亿元,兴建一座全面采用洁净燃料的智慧都市"红海新城",旨在通过这个计划作为未来之城的样板作用,但截至目前,全球还未有一个总人口百万以上的城市可以完全利用清洁资源,"红海新城"这个目标高远的项目在执行过程中也遇到了各种问题,并由于 2020 年后的新冠肺炎疫情原因而使得执行过程一直受阻,直至 2021 年 10 月才最终得以完工。中国的华为数字能源和山东省电力公司参与了"红海新城"的建设,华为数字能源将为"红海新城"供应 1300 兆瓦时的储能系统和 400 兆瓦光伏发电设施,山东省电力公司则负责管理全部工程的建设。"红海新城"是目前全世界规模最大的储能工程,山东省供电公司提供"设备 + 管理系统 + 并网技术"的整套微网储能方案,既可以方便并入电网,也可以方便解离电网。"红海新城"的成功落地,是世界能源互联网领域的又一座里程碑,不仅仅代表了光伏技术的实际落地应用,也证实了光伏清洁能源具有一定的经济性,"红海新城"所提出的光储技术生产成本也足够低廉,完全可以打破传统常规化石能源的燃烧方式,让洁净的能源取代了化石燃料。

从最新的能源互联网发展中可以看出,当前的能源互联网依托的电网架构将继续迈向数字化和智能化,越来越多的专家学者以及一线工作人员意识到,能源互联的智能发展急需数字技术创新,低碳化的能源供给离不开电力电子科技,世界电力行业正从资源依赖型迈向技术驱动型。而作为参与公司和电网维护方在能源互联网中关注的视角不同,作为能源互联网中连接的信息与通信技术 ICT 公司,其关注的视角是利用信息管理电力,即实现"比特管理瓦特",也就意味着信息技术和电力电子科技与电力的融入。而作为电网公司,对于能源互联网提供的发展思路是通过电网的物理互联提供智慧供电系统,通过 ICT(信息与通信)的基础设施支撑"数智化"社会发展的重要基础。

从我国提出能源互联网概念近 10 年的发展中,能源互联网的内容在不断迭代、继续丰富,从过去大工业的集中模式逐步向小分布式微网模型发展,使得我国的能源电力互联既具有由国家电网所提倡的国际性，也有相似于"红海新城"的微网地域性特点。可以预见的是：未来的能源互联电力网络已经不局限于"网"，而是一种去中心化的"星系"式生态。在这种生态里，各种可再生能源系统彼此融合，以电力系统运行为核心系统，与天然气网络、交通网络等体系密切耦合，形成大型复杂交叉融合的能源互联网。

我国的能源互联网从技术创新层面而言，通过基于电力能源应用场景的创新，涌现出大批具有新型研发能力的公司和研发中心，围绕着能源互联网的先进技术包括：储能材料与电池制造技术、先进核能、高端风电、先进核电、区块链、交通效能、人工智能、先进复合材料、高端生态能源等高新技术。从政策法规上分析，据清华大学能源互联网创新研究所公布的《2021年国家能源互联网发展年度报告》的数据表明，2014—2020年，我国一共出台了997个国家能源互联网有关法规，足见我国政府对国家能源互联网发展的高度关注。值得一提的是，在需求侧放开的家庭用电市场准入制度是中国能源互联网发展的重要政策支持，具有着特殊意义，需求侧开放准入制度，打破了电力垄断，能够促进能源行业多元化发展，使更多竞争者进入到能源互联行业，并提供技术与制度上的创新。在此背景下，我国能源互联网领域的投资者规模急剧扩大。截至2021年底，能源互联网相关企业接近13万家，能源互联网专利1400多件。预计到2050年，全球能源互联网累计总投资规模约38万亿美元，释放出巨大的市场价值。其中电源投资约27万亿美元，电网投资约11万亿美元。围绕着能源网络建设的新领域，我国相关部门和有关单位已先后批准开展了一批示范工程和示范项目，主要涉及新一代微电网、增量配电网、多能互补综合优化系统、"互联网+"智慧电力建设项目等，有力促进了我国在能源网络领域的健康发展和新型科技的推广与应用。

第五节　新型电力系统

一、新型电力系统的含义

随着能源互联网概念的提出和实践，利用电力系统、智慧电网进行能源互联被公认为是最主流的实现方法，电网公司将结合虚拟现实化、人工智能、物联网、移动互联网技术、新一代人工智能、区块链等新型数字信息技术作为核心推动力，进一步提升信息数字化供电进行决策，通过信息优化进行能源的分配和调度，促进"双碳"目标的实现。随着互联网信息技术、人工智能的发展，通过能源互联加速推进传统电力系统由刚性向灵活弹性的新型现代电力系统过渡，也是面向能源互联、能源转型和低碳转型的必经之路，由此而形成的电力系统称为新型电力系统（图1-5）。

高碳电力系统	→	深度低碳或零碳
机械电磁系统	→	电力电子器件
确定性可控连续电源	→	不确定性随机波动电源
高转动惯量系统	→	弱转动惯量系统

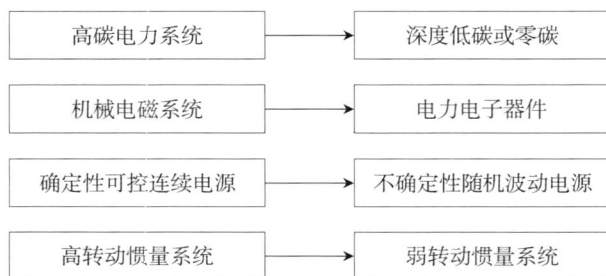

图1-5　新型电力系统带来电网的深刻改变

（来源：华能集团、招商证券）

二、新型电力系统面临的挑战与创新

新型电力系统的一大特点是以能源转型和低碳转型为目标，随着清洁电源装机在电力系统中的所占比重日益增加，由于清洁能源发电的不稳定性，清洁能源发电出力变化对整体能源供需平衡的影响也越来越大，而总体电力相对充足但局部时段用电紧缺的状况也日益突出，即便是在传统电力电量相对充足的地方也可能会存在这种情况。新能源发电易受天气因素影响，稳定供应电源的水平仍然偏低，新能源的电力预期值与现实能发出来的真实结果不可避免地会出现偏离，这是新型电力系统面临的最大挑战和考验。

随着国家"双碳"目标提出，风电、光伏等新能源发电发展将大幅提速，我国经济发展和人民生活水平的逐年提高，能源需求也随之提高，新型电力系统和传统电力系统相比，在需求提高的时候，供给面临的不确定性将使得现有传统供电和抽蓄备用辅助市场上的调度功能耗竭殆尽，传统电力系统的"源随荷动"的均衡方式也无法为继，系统均衡调整水平也亟须进一步提高。供给不稳定和电力能源刚性需求之间的不可调和性是难以用信息化技术和手段从根本上解决的，因此新型电力系统需要配备较好的顶层设计，建立完备的市场机制和政策管理体系，对传统电力系统技术加以改革创新，并逐步加强传统电力系统转型建设投入力度。同时通过加强新技术、新装置等先进技术成果的转化与运用，改进传统电力系统如燃煤电厂的灵活性，来面对在新型电力系统环境下清洁能源接入不稳定所面临的各种现实问题，确保传统电力系统和新型电力系统在低碳经济转型要求形势下的安全平稳发展过渡，保障电网投资能力、电力行业以及我国经济生态可持续发展。

第六节　能源生产与消费

能源是现代社会发展的重要资源。自18世纪以后，煤、天然气、石油以及二次能源电能等的普遍供应与大量消费使用，分别促进了第一、第二次工业革命，使世界经济与社会逐步走向了工业文明，能源也由此成为全球经济社会发展的主要动能，同时也是世界各方利益斗争的重点。随着现代社会发展的化石能源的大规模利用，造成了全球环保、生态以及全球气候变化等方面的诸多影响，产生了很多负面效果。因此积极寻求能源转型突破、促进供需双侧的能源变革发展，已成为当今世界各国的共识。新型能源互联电力系统，将给全球经济增长带来新的动力，并促进全球经济社会由工业文明走向生态发展文明。

一、能源的低碳变革

能源的资源禀赋条件是一国经济社会发展的基础条件，能源资源的获取以及能源生产也是一国经济安全稳定发展的主要因素。针对低碳发展条件下的能源供给体系的变革和全球能源开发的最新发展趋势，能源的生产与消费也逐渐引起相应的变化。从能源生产上来说，能源洁净低碳化的生产已成大势所趋。在人们共同努力面对的全球气候变化大背景下，世界各地政府开始提出面向清洁低碳能源的能源变革策略，提出更高的能效目标，并制订了更为积极的低碳策略方案，以促进可再生能源蓬勃发展，并加强了温室气体污染物减排控制。人类正不断探索廉价的清洁能源替代方法，以促进经济社会向环保低碳可持续发展转型。《巴黎协定》给出了新的要求，给出了"双碳"的总体目标，"双碳"目标的确立将推动以清洁能源和可再生能源为主导的能源供应生产系统尽快地予以建立。随着清洁能源生产的转型，俄罗斯、欧亚、美国等多极的能源供需将形成新布局。而我国、欧洲等发达国家可再生能源的蓬勃发展，将进一步推动全球能源供应结构更加多样化，使得能源供给潜力进一步提升，全球能源供给也较为宽裕。从能源需求消费侧看，目前全球能源需求量已进入一个较为低速的平稳增长时代，主要国家的能源消费数量正在稳中向好或减少，但新兴经济体能源的消费需求量仍将稳步增长，发展中国家能源消费需求占世界整体能源总量比例将继续提高。

二、能源的供应

从我国的能源供应生产上看，由于我国长期受自然资源禀赋的影响，煤炭一直作为我国的基础资源和重点工业原料，保障着我国经济高速增长，在我国的长期发展中起到了关键的作用。受我国自然资源禀赋的限制，当前促进煤炭行业转型建设成为我国能源转变战略的着眼点和重要任务。从能源生产与供应方面来看，一方面，需要对煤炭资源进行集约利用，以多种方式推进高品质燃料逐步替代民用能源散煤，推广煤改气、煤改电技术，提高燃煤的能效，降低燃煤占比；另一方面，在煤炭生产环节，需要逐步建立更规范的煤矿质量标准，进一步降低和全面禁止对劣质散煤的直接焚烧，并着力推进对工业锅炉、企业窑区等整治改造，尽量减少对煤炭资源的终端分散与使用数量，进一步推动实现资源集中使用、利用集中管理，并且发展清洁煤技术是我国未来能源供给转型管制的主要方向。

对于电力生产而言，我国当前的发电仍然以燃煤发电为主，因此在燃煤电厂的电力生产侧需要着力推动煤炭资源发电的洁净使用。通过建立健全煤矿产品质量管理制度，健全煤炭资源清洁储运制度，强化煤矿产品质量全过程监管以提高集中燃煤管控。此外，还需要进一步提升煤电设备质量，有效减少电力煤耗，全面推广高水平的燃煤能效标准，进一步推进对现役煤电机组提升技术改造，在新建大型发电机组应用超临界设备和更先进的发电工艺，打造高效率、超低排放煤电设备，进一步加强碳捕集、碳存储等在电力生产侧的减碳行为，形成全球最洁净的煤电系统，同时积极开展热电联产，提供多种形式能源供给是未来我国主要利用煤电生产的主要发展方向。另外，大力发展清洁能源发电，改善电力生产供应，是调整资源布局、促进绿色经济的需要。促进以清洁能源作为能源增量主体，在能源生产供给侧开启低碳能源供应的崭新时代。"双碳"形势下的能源供给转型将进一步促进能源生产现代化，促进风电、光伏以及其他可再生能源的现代化工作，推进对化石能源开发、制造和使用各个阶段的智能技术改造，加速发展先进储能体系。进一步强化电力系统的智能建设，合理衔接石油管线、热力管网以及其他能量网络，推动多种能流网络的互联互通和各种能量形式协调转换，构建以"源—网—荷—储"为统筹发展、综合互补的新能量网络。

三、能源的需求

从当前我国的基本能源需求形势来看，通过加强碳排放约束性目标管控，同步推动产业结构和能源消费结构的转变，有效贯彻能源消费节约优先原则，全面提高城市优化用能水平，从根本上有效限制能源消费的浪费现象，提高城市能源使用效率，促进构建资源节约型社会是当前中国能源总量在消费侧的管控之道。对于能源消费管理而言，首先是按照"双碳"目标积极管控能源消费总额。以管控能源消费总额和力度为重点，进一步完善政策、加强管理手段，构建规范用能权管理制度，实现政府共享管理的能耗排放总额控制管理，实现能源消费总额和力度"双控"。将能耗消费总量、减排力度目标列为政府经济工作的关键约束性目标，以促进政府实现经济发展提升水平的倒逼机制，从而进一步调整产业结构，促进工业结构调整和能源消费结构调整互驱并进，使能源消费结构调整进入更为绿色、有效的新中高级状态，进而对能源消费结构调整，继续促进传统的高耗能工业转型升级。

第七节　低碳经济与低碳能源

一、低碳经济概念的缘起

"低碳经济"最早见政府文件是在 2003 年的英国能源白皮书《我们能源的未来：创建低碳经济》中，在该白皮书中第一次明确提出了"低碳经济"一词，英国政府在该白皮书中将发展低碳经济认定为 21 世纪初至 21 世纪中期英国能源发展的总体目标。"低碳"意指较低温室气体（以二氧化碳为主）的排放。"低碳经济"其字面意思是指最大限度地减少煤炭和石油等高碳能源供给和消费所带来的经济发展而产生的碳排放，换而言之，也就是提倡以低能耗、低污染、低排放能源供给和消费为基础的经济发展。

低碳经济是随着全球由于温室效应产生的地球天气变暖和人类面临环境问题不断加剧而提出的，随着人口规模的不断扩大以及人类现代化水平的日益提高，工业革命后的化石能源虽然方便了人类的生活，但也带来了一系列环境问题，如烟雾、酸雨、雾霾、温室效应等，大气中二氧化碳浓度升高带来的全球气候变化也逐渐成为共识。同时，低碳经济也是指近年来全球社会针对人们因大量消耗化石燃料、大规模排放二氧化碳而导致世界气候灾害变化所提出的全新定义，是倡导人类通过对自身的用能方式或用能消费习惯做出低碳化的转变，从而降低世界温室气体排放量的一个核心理念。低碳经济以人类经济活动的低碳化利用为指导准则，旨在通过全人类合作，利用更大力度保护整个地球的大气系统状态，低碳经济中所提出的所谓"低"，就是以相对较少的碳耗费，加强碳循环，降低对生态的危害，以实现人类社会在长期发展过程中降低二氧化碳污染和人类世界经济社会可持续性健康发展的双重目标。低碳经济的真正含义是资源有效使用、洁净能源发展、崇尚绿色生活的根本问题，核心内容是能源领域的节能和碳减排技术创新、产业结构和经济机制革新以及人们生活发展观念的根本性变革。

从严格定义上来看，低碳指的是所有温室气体的排放。进入 21 世纪以后，全球的科学研究组织也日益关注对温室气体以及低碳经济的相关研究，以更好地处理世界气候变暖问题。随着低碳经济理论研究的开展和经验的日益丰富，低碳经济的发展趋势已然形成了一个态势，在适应气候变化、推动人类经济社会健康发展等方面，产生了日益巨大的影响。

二、低碳经济的重要特征

1. 低能耗

同传统的经济发展方式比较，低能耗是低碳经济中最明显的特征。在一个城市或区域的社会经济发展进程中，减少对资源所耗费的碳强度，从而减少二氧化碳的排放总量，是对一切社会经济行为的最基本保障。当低碳发展的理念产生以后，随着新型能源利用技术的快速成长，低碳发展所产生的经济及环境的优越性也日益显现，低能耗的能源消费观将不断落实到人们工作、生活中的各个环节，并建立完善的低碳发展的经济学理论模型，在人类经济社会发展的同时实现二氧化碳排放量的降低。

2. 低污染

低污染是低碳经济最终的目的，同时也是低碳经济相当重要的特征，从能源供给结构上看，低碳经济和利用清洁可再生能源为中心的能源转型是一致的。在推动低碳经济发展的进程中，各国政府必须在重视经济社会增长的同时，积极通过能源转型减少碳排放量。

通过新能源替代、能源技术的革新等方法减少碳排放量，以达到低碳排放量与经济效益的协调发展，从而实现经济社会增长中的碳脱钩目标。

3. 低排放

低碳经济发展方式实质是把传统的增长方式转化为兼顾降低碳排放的新增长方式，其主要特征是在人们的经济发展活动的进程中以低碳发展思想为引领，进行经济社会增长途径的改革，把原来的粗放式的增长、靠燃烧化石能源牺牲大气环境促发展的方式逐渐转化为能源消费、低排放、低环境污染的增长途径。低碳发展的实现途径一般公认的是节能减排，提高可再生能源占比，因此，节能减排政策的推行有利地促进了低碳经济的蓬勃发展，是一国实施可持续发展经济政策的保证。

所谓节能减排，通常有两层含义：其一，在保持等效经济收益的条件下，最大限度地缩减能源的占用；其二，在占用同等的能源条件下，取得更多的经济收益。因此，节约能源是指运用先进能源利用科技保障国民经济发展，在自然环境、经济、社会协调发展的前提下合理地使用能源。目前，低碳经济已经成为全球主要的宏观经济发展战略，我国也不例外，不断按照低碳经济的发展目标的变化改变我国能源经济的发展模式。

三、低碳能源的意义

在《巴黎协定》的背景下，利用"低碳能源"，开发"低碳经济"，构建"低碳经济社会"已成为当前能源利用、经济社会建设和生态环境协调发展的主要任务。低碳经济的实质是清洁能源利用、传统化石能源利用和经济发展之间协调发展的根本问题，而发展低碳经济的基础就是在伴随着发展低碳经济时达到利用能源低碳化。在低碳经济发展模式下，通过促进能源生产与使用的模式转变，逐步形成安全、稳定、节约、清洁、低碳的现代能源供给结构。通过树立能源、经济和生态环境统筹发展的现代管理思想，通过建立健全低碳能源经济发展制度，促进能源的低碳化、洁净化，降低温室气体的排放量，保障生态环境，构建"低碳社会"，达到经济发展、能源低碳化与保护大气生态环境的共赢。

四、低碳经济与低碳能源的关系

低碳经济体系可以分成低碳能源体系、低碳技术和低碳产业三个方面（图1-6）。发展低碳经济体系的实质目标是减少能耗强度，提升资源利用效率，建立并扩大清洁能源供给体系，开发洁净化石能源利用技术，寻求绿色低碳发展的经济社会成长模式。低碳经济目标的达到关键是能源利用创新和碳减排技术创新、产业结构和机制创新以及人类生活能源需求理念和行为上的利用能源变革转型。在防止温室气体排放，保护世界气候变化的大背景下，低碳经济运行将预示着我国未来经济社会成长的新格局和经济增长的新目标。

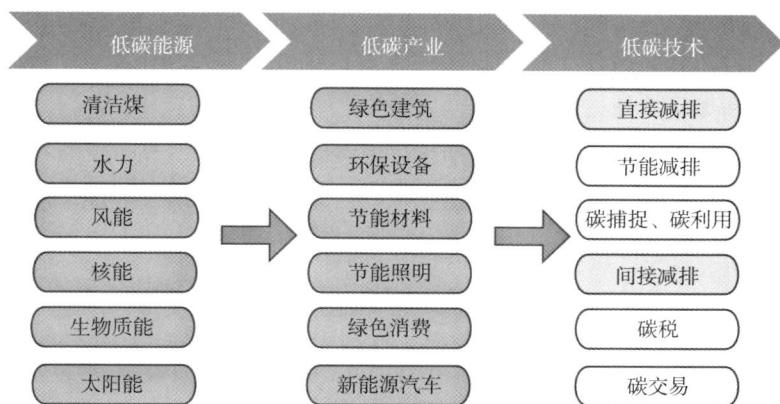

图1-6　我国低碳经济产业链全景图

（来源：中商情报网）

　　建立"低碳经济"模式，是降低温室气体排放量和适应世界气候变化的最有效途径，低碳经济、低碳能源革命、低碳科技开发越来越引起了包括美国、欧洲、我国等国家的关注。而低碳经济与低碳能源革命也有望成为下一个世界产业变革的重要标志，而未来全球的国际竞争也将会演变成为低碳经济发展的国际竞争，可以说谁在其中占据低碳经济科技优势地位，谁在未来的竞争中就有了优势地位。所以，建立"低碳经济"既是中国未来经济的发展趋势，也是我国经济未来的主要战略目标和需要完成的任务。

　　建设低碳经济的基础就是开发低碳能源，有效低碳化地利用能源才是发展低碳经济的根本保障。过去近两百年间，人们使用的能源步入化石能源时代，从煤时代到石油时代，在能源使用规模持续扩大的同时，化石能源的利用结构也在持续改变，随着"低碳经济"的要求，未来可再生能源的比例将持续提高，建设低碳经济体系的重要途径正是要改变当前的能源供给结构，加快由"碳基能源"向"低碳能源"和"氢基能源"转化，使已有的传统的"高碳"化石能源构成逐步向"低碳"的现代能源构成过渡，形成安全、稳定、经济、清洁、低碳的现代能源生产结构。未来低碳能源供给体系的发展目标是低碳洁净、安全多样、可持续性。伴随"低碳经济"，其能源发展变化的基本规律就是从高碳趋向低碳，再趋向碳中和化的能源体系。该传统体系在传统化石能源的基础上，加入可再生能源的供应，包括风能、光能、海水能、地热电力和生物质能等。"低碳经济"需要"低碳能源"相关的先进科学技术的支撑，低碳能源体系是我国"低碳经济"可持续发展路径的重要基础，是我国从工业社会迈向生态文明的重要阶梯。在低碳发展模式下，为促进资源生产方式与使用模式的转变，低碳能源革命将是迄今为止最大的战略机遇。

　　通过利用现代科技手段构建低碳能源体系，既是"低碳经济"发展的要求，也是破解中国未来能源供给难题的一个关键突破口。通过确立绿色、低碳发展思想，改革资源开发模式，促进中国可再生能源开发、清洁发展和绿色发展，由主要依赖以煤为主的化石能源向主动发展低碳能源转化，由主要以化石能源为主的供应向可再生低碳能源供应与使用转化，然后向高质量、低污染的低碳能源供给体系转化。由于我国工业化、城镇化的步伐加速和消费构成不断变化，我国能源需求呈现刚性增长，受国内资源生活水平和"双碳"目标下的碳排放容量约束，和全球性能源安全问题与适应环境转变的制约，能源利用的环境约束日趋强化。既要在当前积极适应"低碳经济"的新形势下保证能源供给，同时也要不失时机地大力推动能源产业结构的调整，以促进能源发展方式改革，为国民经济与社会发展提供稳定、清洁、安全的能源安全保证，仍是当前中国长期蓬勃发展能源工作的基本要求。"低碳经济"发展是国家在工业化、城市化进程中逐步限制温室气体排放量的势在必行。从能源安全、能源产业结构的合理调整、能源供需、城市可持续开发等各方面的影响来看，开发低碳经济，构建低碳能源体系都是我国当前的重大战略目标。低碳能源的供给体系也是中国实现可持续发展的关键手段。低碳能源供给体系护航"低碳经济"，将不断推动我国市场经济社会的绿色可持续发展。

第八节　低碳经济与国家战略

一、人类社会亟须发展模式的新变革

经济发展在给全球各国人民带来了巨大物质财富的同时，伴随着经济发展的能源消耗导致的温室气体总量呈几何型上升致使全球生态系统质量下降、天灾频发、极地冰川消融、海平面上升。由温室气体所带来的全球气候变迁也日益危害到了全球的人类生活环境，尤其是在近海岛屿各国的生活环境。在此背景下，"低碳经济"的概念便应运而生了。低碳经济社会是一个低消耗、低排放量、低污染环境和高效能、高效益、高水平服务为特点的崭新的市场经济社会发展理念，是继农耕文明、工业文明以后的又一场对人类的生活发展模式的新转型，是更完善、更先进的生态文明。各国政府将都在围绕"低碳经济"进行观念创新、机制创新、技术创新、国际减排协调机制等方面着力推动发展"低碳经济"。目前，"低碳经济"发展趋势已成为世界经济发展的一大趋势，引起了世界经济发展的新潮流。

二、国内外的低碳发展战略简介

随着我国经济社会的高速发展，同样也伴随着能源消费大幅度增长，燃烧化石能源带来的环保问题也日益突出。低碳经济的发展思想和"双碳"战略，和我国以前倡导的资源节约型、环境友好型"两型"经济社会构建思想以及生态文明建设的实质是一脉相承的，同时也是中国实现人与自然和谐发展的重要发展方向。发达国家在战略部署、法规架构、投资鼓励措施、低碳科技、公共投入和全球协作等领域中都有可借鉴之处，在推动我国低碳经济发展时，可以通过进一步总结和借鉴发达国家在低碳发展领域的成功经验，以寻找更适宜中国国情的低碳经济发展路径。

推行低碳经济，需要政府主导，包括制定指导长远战略，出台鼓励科技创新、节能减排、可再生能源使用的政策，减免税收、财政补贴、政府采购、绿色信贷等措施，来引领和助推低碳经济发展。构建低碳经济社会需要健全的立法体系进行体制保证，世界各国均把立法体系视为促进低碳经济社会健康发展的主要措施，并紧紧围绕着非化石类能源、污染物控制和废弃物处理、绿色认证、生物能源使用和管理、气候变化，以及进一步发展低碳企业和社区等领域的碳排放问题构建了低碳发展立法框架。2007年，英国政府颁布了《气候法令》，成为首个为气候立法权的国度；2009年，英国政府财政宣布将碳开支列入本国预算，同时又在低碳经济相关领域追加了10亿英镑的投入，成为当今世界上首个政府立法约束"碳预算"项的国家。2007年和2009年，美国参议院分别通过了《低碳经济法案》和《清洁能源安全法案》，旨在加强清洁能源领域与低碳技术研究，以推动美国低碳经济发展，适应世界气候变化。我国也先后通过了《可再生能源法》《再生能源中长远发展规划纲要（2004—2020年）》《中国二十一世纪可持续经济发展行动纲领》等法规和规划方案，已建立低碳经济相关法规的基础框架雏形。

三、低碳经济的主要管理手段

低碳经济的着眼目标是控制温室气体排放，实现手段之一是节能减排。在经济学中温室气体排放属于公共产业，具有外部性，为了改善公共产业出现的负外部特征的"搭便车"现象，按照市场经济原理可以通过消费或征税的补偿制度进行改正。例如，可以对高污染产业实行"谁排放、谁付费"政策，提高污染效率，推动转变经济模式；对实施低碳产业项目予以经费补助，鼓励推进低碳产业。此外，除了惩罚措施外，激励措施同样也是国家贯彻低碳战略可以进行广泛实行的措施，对于低碳经济的推进具有十分关键的意义。另外，政府采取设立碳资金、财务补助、碳排放权交换等方法，鼓励低碳经济蓬勃发展。当前世界各国都对新能源、碳捕获和封存技术、洁净燃料等予以投资补助，大力推动低碳经济发展。对于节能减排行为，属于对于企业或个人主体的理性决策行为，需要依据市场经济的相关原则，也需要政府部门制定鼓励措施以及相应的配套措施，确保节能减排的收益落到实处。

四、低碳发展的国际合作

由于气候变化、温室气体排放量都是全球性的问题，是影响世界范围最高的公共产业，同时存在非排他性和非竞争性，为了防止"公地悲剧"现象❶的发生，单靠一个国家无法实现《巴黎协定》的最终目标任务，因此必须与世界各国通过在经贸、知识、科技与管理等方面的协调合作，通过借鉴国际上先进低碳科学技术成果，并将先进低碳科学技术成果

---

❶　"公地悲剧"指当资源或财产有许多拥有者，每个人都有权使用资源，但没有人有权阻止他人使用，由此导致资源的过度使用。过度砍伐的森林、过度捕捞的渔业资源及污染严重的河流和空气，都是"公地悲剧"的例子。

在世界范围内传播和普及利用，共同分享全球低碳技术转化的丰硕成果，共同建设世界低碳社区。英国政府同八个主要工业强国，以及欧洲伙伴国一起合作研究控制气候变化技术，以达成碳减排目标，同时也支持其他发达国家，特别是发达国家达成的碳减排目标，这也就使得英国政府从中得到了最大限度的经济收益。德国借助在大气环境保护科技和可再生能源科技领域的资源优势，积极推进对气候变化与温室气体减排科技的交流和合作，采用新型低碳科技专业为德国公司进军国外能源环境市场创造条件。日本通过加强低碳技术外交策略，并充分利用召开全球大会等政府研发支持手段，积极推动国际低碳科技交流，以此赢得能源市场份额。

低碳经济已然成为全世界遏制污染、缓解气候变暖、促进经济可持续发展的大趋势，是当前世界各国的发展战略目标之一。发展"低碳经济"是实现人与自然和谐发展的根本策略选择，加强低碳相关的科技研究与运用，促进低碳经济发展是低碳经济模式转型的重要动力和基础，它既是低碳经济发展的科技保证，也关系到低碳经济战略目标能否成功实现。发达国家政府的实践表明，低碳技术的广泛应用，对于降低碳排放量、低碳经济增长起了关键作用。而中国也十分重视低碳创新，在《中国应对气候变化国家方案》中明确，充分发挥低碳科技在缓解和适应气候变迁方面的先导性与基础性作用。当前发达国家政府在低碳创新领域中占据了一定的优势地位，我国政府应该借助其领先科技推动我国低碳型经济社会建设，例如可以加强对洁净能源技术的科技攻关与研究，特别是水电、风力、微生物能等可再生能源的工业化技术研究，进行新能源、材料等方面的科技创新，以提高洁净资源供给；还可以着重研究以改善环境质量为宗旨的能源循环系统；攻克石化、钢材等重污染行业的洁净生产方式的关键技术；积极建设全国的节能减排科学技术交流平台，积极参与国际低碳科技交流，特别是对碳捕获、碳封存和碳利用的国际交流和合作。

思考题

1. 《巴黎协定》中体现了哪些经济学的相关理论？在《巴黎协定》中是如何体现的？

2. 我国的碳达峰和碳中和目标的规划路线是什么？你认为实现碳中和目标的关键点在哪些方面？

3. 我国能源的发展和变革呈现了哪些变化？

4. 我国的能源互联网是以什么作为依托进行的能源互联，其核心技术体现在什么方面？

5. 新型电力系统面临的挑战和创新主要体现在哪些方面？

6. 阐述低碳经济、低碳能源和低碳发展的相关关系。

7. 发展低碳能源的意义是什么？请思考并分析低碳发展国际合作之间的关键点和管理手段都有哪些，提出你的见解。

第二章 传统能源与新能源

【学习目标与任务】

1. 掌握我国能源资源禀赋特征以及新能源的发展规划；

2. 了解传统化石能源的使用特点；

3. 了解生物能源、风能、太阳能、地热能、核能、海洋能的特点；

4. 了解各种储能技术的特点；

5. 了解氢能、水能等低碳能源的特点。

第一节 我国能源供给现状

一、我国的能源资源禀赋特征

由于我国自然资源相对匮乏（表2-1），能源资源禀赋具有"多煤、少油、缺气"的特点，煤炭资源在中国的消费与能源供给的结构中长期处于绝对主导地位。随着我国的经济发展至2014年，我国煤炭的需求都在持续快速增长，"双碳"背景下，随着我国对能源转型的重视以及能源结构的调整，煤炭的供给比例开始逐步得到控制，2015年以后，我国煤炭消费量基本稳中有降（图2-1）。在世界范围内，我国一直都是煤炭消耗大国，2020年，中国煤炭消费量占世界煤炭消费总量的54.33%，超过煤炭消耗总量的一半。

表2-1 中国与世界人均资源对比

资源种类	世界	中国
人均森林面积	0.523公顷	0.128公顷
人均耕地面积	2.946亩	1.423亩
人均水资源量	6500立方米	2100立方米

（来源：张新江，2019）

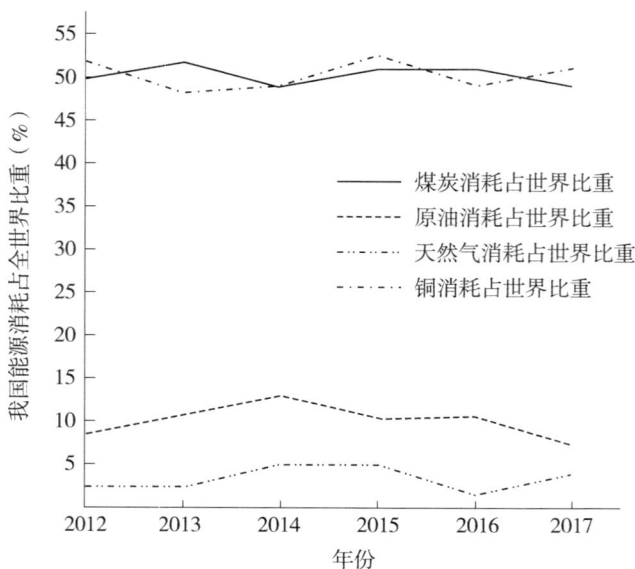

图2-1　中国能源消耗占全世界消费量比重示意图

（来源：张新江，2019）

除了煤炭外，虽然石油是较为优质的化石能源，但是由于我国石油产量及储量相对较为贫乏，石油在我国能源供给结构中位列第二，仅次于煤炭，随着世界能源消耗的形势，我国的石油在近10年间增速较快，保持年均5.3%的增速。此外，我国天然气也十分匮乏，进口天然气近10年年均增长率达13.1%，增长较快。中国8种主要化石能源的表观消费量（以2016年为例）如表2-2所示，化石燃料燃烧的部分参数如表2-3所示。

表2-2　中国8种主要化石能源的表观消费量（单位：万吨标准煤）

项目	原煤	焦炭	原油	汽油	煤油	柴油	燃料油	天然气
一次能源生产量	241631.64		28527.03					17929.32
进口量	16025.73	0.05	54430.65	30.56	518.14	133.41	1677.73	5057.26
境内轮船和飞机在境外的加油量					624.71	35.77	812.56	
出口量(-)	735.58	982.96	420.09	1426.21	1927.46	2244.30	1408.06	442.65
境外轮船和飞机在境内的加油量(-)					605.82	24.25	509.07	
库存增(-)减(+)量	9411.56	1485.25	-2489.81	-226.83	-26.78	420.08	9.19	

（来源：于淼淼，2021）

表2-3　化石燃料燃烧的部分参数

能源名称	平均低位发热量 [千焦/（千克·立方米）]	单位热值含碳量（t-C/TJ）	碳氧化率
原煤	20908	26.37	0.94
焦炭	28435	29.50	0.93
原油	41816	20.10	0.98
汽油	43070	18.90	0.98
煤油	43070	19.50	0.98
柴油	42652	20.20	0.98
燃料油	41816	21.10	0.98
天然气	32198～38931	15.30	0.99

注　碳氧化率表示的是各种化石燃料在燃烧过程中被氧化的比率，即用于燃烧的各种化石燃料最终有多少真正被氧化，被排放到大气中。这样就可以计算出化石燃料燃烧过程中真实的二氧化碳排放量数据。

（来源：于森森，2021）

二、各国的能源消费结构

我国和美国、日本、欧盟及全球平均一次能源消费结构比例进行比较，在中国能源消费结构中，以化石能源占比来看，我国的84.3%与美国的81.7%、日本的87.1%及全球平均水平的83.1%都大致相当，只有欧盟占比71.1%，低于80%。但是我国的化石能源中是主要以煤为主导的，而世界化石能源中煤炭、石油、天然气的占比均衡，其中美国和欧盟以石油和天然气为主。表2-4所示为2015—2021年全球一次性能源消费变化趋势。图2-2所示为2021年全球各地区一次性能源消费基本状况。

表2-4　2015—2020年全球一次性能源消费量及增速

年份	2015	2016	2017	2018	2019	2020	2021
消费量（百亿亿焦耳）	544.41	551.74	561.82	576.13	581.51	556.63	595.15
增速（%）	—	1.3	1.8	2.5	0.9	-4.3	6.9

（来源：中国国家统计局、国际组织和其他专业资源）

单位：百亿亿焦耳

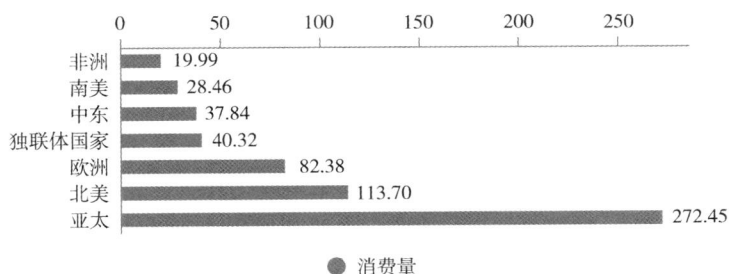

图2-2　2021年全球各地区一次性能源消费

（来源：中国国家统计局、国际组织和其他专业资源）

三、我国的能源进出口现状

2021 年，我国石油进口 5.13 亿吨，对外依存度为 72%；天然气进口 1.2 亿吨，对外依存度约为 45%。我国能源供给基本上是以外循环为主。未来在推进碳达峰、碳中和的过程中，我国将大力发展光电、风电、水电、核电、氢能、页岩气等清洁能源；预计非化石能源发电量占比将由目前的 34% 左右提高到 90% 以上，建成以非化石能源为主体、安全可持续的能源供应体系，实现能源领域深度脱碳和本质安全;同时通过大幅减少炼油、重点发展炼化，进而大幅降低能源进口依存度，形成能源自主自立、以内循环为主体的新发展格局。

四、我国积极开展绿色可再生能源发展

为了实现"双碳"目标，改善我国"一煤独大"的结构，中国积极推行绿色可再生能源供给产业，实施"清洁能源转型行动"，逐步减少化石能源占比。通过中国石油经济技术研究院的相关预测分析显示，从 2035 年到 2050 年，在一次能源消费中，化石能源占比将由 72.8% 下降到 60.0%，其中煤炭占有率将继续呈连续下降趋势，但仍占我国能源消费首要地位。石油占有率下降，天然气占有率上升，油气总占有率基本稳定，从 2035 年至 2050 年两者的消费占有率分别为 30.3% 和 29.6%。如果在碳中和的背景下，能源消费结构将加快向低碳转型，包括煤炭等化石能源将失去其主导地位；到 2050 年化石能源占比可能下降到 34.6%，其中，煤炭、石油和天然气的占比分别为 12.3%、8.4% 和 13.9%。

第二节　化石能源

化石能源（Fossil Energy）已经在全球一次能源消费中长时间占主导地位。尽管近年来由于"双碳"的影响，化石能源消费的份额有所下降，但还将在一段时间内保持其主导地位，继续在一次能源结构中占据主要份额。化石能源是通过自然过程持续形成的，一般需要数百万年才能形成一定的资源量，而消耗量远远大于新生成的化石能源量，通常被认为是不可再生资源。常见的化石能源有煤炭、石油和天然气。

一、煤炭

煤炭是由埋藏在地下的古代植物通过复杂的物理化学和生物化学变化形成的，是世界上最重要的可燃化石燃料之一，是一种固体可燃矿物。煤炭主要用于发电、冶金和化工产品的制造，它也可以通过煤气化和液化转换其物质形态。

煤炭起源于岩层中称为煤层或煤层矿脉中的可燃沉积岩，当枯死的植物物质转化为泥炭时，煤就会开始形成。当枯死的植物物质在地质时间内暴露在高温和高压下时，物质的变质等级依次为泥炭、褐煤、次烟煤、动力煤、烟煤、无烟煤 6 级，如表 2-5 所示。

表2-5 煤炭物质的变质等级划分及特征

等级	特征
泥炭	它被认为是煤炭的前身，作为燃料具有工业重要性，还可用作土壤改良剂
褐煤	是煤的最低等级，几乎仅用于发电
次烟煤	它的特质处于褐煤和烟煤之间，通常被用于蒸汽发电的燃料
动力煤	介于烟煤和无烟煤之间的等级，曾经被广泛用作蒸汽机车的燃料，也用于生活用水加热
烟煤	它是一种致密的，通常是黑色（有时是深棕色）的沉积岩，通常被用于蒸汽发电的燃料和制造中的热量
无烟煤	它是最高等级的煤，是一种较硬有光泽的黑煤，主要用于住宅和商业空间供暖。它进一步可以分为变质性沥青煤和石化油

世界煤炭资源分布极不平衡，各国煤炭储量也有很大差异。中国、美国、俄罗斯等国家是世界上主要的煤炭生产国，而中国是世界上煤炭产量和煤炭消耗量最高的国家。

煤炭的主要成分有碳、氢、氧、硫和氮，此外还有极少量的磷、氟、氯和砷等元素和有机物构成。尽管煤炭为各种不同的工业发展过程提供了最初的原始能源，但它燃烧后产生的污染较强，并不是一种清洁燃料。煤炭的灰烬含有含硫化合物的微量元素颗粒物，此外还有氮氧化物，并伴有卤化氢、二氧化碳、一氧化碳、微量未燃烧碳氢化合物和水蒸气。燃烧煤炭后形成的上述污染物的比例大致为硫氧化物14%、氮氧化物12%、一氧化碳53%、碳氢化合物15%和悬浮颗粒物6%。在煤燃烧后排放到大气的气体中，引起酸雨的硫化物和氮氧化物气体是最重要的污染物，大部分的硫元素被氧化为二氧化硫，随烟气排放，污染大气，危害动植物生长和人体健康，腐蚀金属设备，如果不进行适当的设计和操作，将对生态系统和人类健康环境构成真正的威胁。

利用煤炭进行集中发电，借助在发电设备处添加去硫去氮设施可以将上述污染物的排出进行最大程度的缓解，由于煤炭的等级众多，煤炭质量不同，造成了煤炭特性不同，煤的热值、灰分和水分含量、挥发物、煤的可磨性、硫含量和飞灰决定了煤的热值，即单位质量的煤在特定条件下完全燃烧时所获得的热量，不同的热量会影响发电厂锅炉的性能和效率，此外，上述物质的电阻率对锅炉辅助设备和排放控制模块的选型、设计和运行都有重要的影响。在对煤特性进行评估时，挥发物是评估煤的反应性和可燃性的关键。挥发物含量低的煤的燃尽时间通常更长，灰分和水是燃烧过程中的不燃物，煤水分含量超过设计值会由于炉内水的蒸发而降低锅炉效率，灰分是煤炭完全燃烧后剩下的固体残渣，主要来自煤炭中不可燃烧的矿物质，是重要的煤质指标。灰分的多少也会影响炉灰堆积和结渣率。煤炭一般需要用水清洗以限制不需要的化学成分，如硫、汞等，伴随着清洗煤的过程，这些元素积聚在废水中，在排放或泄漏到水生系统中时造成水污染，这些有害元素，特别是重金属，持续积聚在环境中，最严重的是，重金属可以融入食物链，最终的受害者可能是人类。

如前所述，在煤炭的生产和燃烧过程中，除了含硫和含氮物质等污染物释放到环境中外，还有大量不充分燃烧的一氧化碳，最终氧化为二氧化碳也会被释放，这是由于碳元素是煤炭中的主要元素。因此煤炭是一种碳密集型能源。对比天然气而言，获取相同数量的能量，煤炭燃烧产生的温室气体排放量几乎是天然气的两倍，此外，煤炭开采时释放出的强效的温室气体甲烷也是温室气体的一种。

二、石油

石油是天然存在的一种气态、液态和固态碳氢化合物的混合物。石油是由包括浮游植物和浮游动物在内的有机物的厌氧分解形成的，这些有机物在地质内大量沉淀在沉积盆地，如海底或湖床中。这种有机物在与泥浆混合后，在数百万年的时间里一直被埋在不断增加的沉积物层下，有机物和泥浆混合物在数百万年内暴露于高压和高温下，导致有机物发生化学变化，首先变成一种蜡状物质，存在于油页岩中，也可能存在于页岩和焦油砂中；然后，在更高的温度下随着催化作用的过程，转化为液体和气态碳氢化合物，最终演变成石油。2020年全球石油探明储量地区分布见图 2-3。2021年全球石油产量地区分布见图 2-4。石油通常被细分为原油、天然气、天然气液和天然焦油等。其颜色极为丰富，有深红色、金色、深绿色、黑色、棕红色，甚至透明；石油的颜色一般和其中所含的胶质和沥青质的浓度成正比。石油的性质因产地而异，密度为 0.8 ~ 1.0 克 / 立方米，黏度范围很宽，凝固点在 30~60℃，沸点范围为常温到 500℃以上，可溶于多种有机溶剂，不溶于水，但可与水形成乳状液。

目前，大多数石油是从地下储层中抽出的。石油被提取后在炼油厂加工以产生燃料油、汽油、液化石油气和其他产品，如化肥、农药、药品和塑料。由于石油中的碳含量也很高，伴随着石油燃烧有温室气体的产生，因此石油的使用也是温室气体排放的主要来源，此外，石油燃烧会排放细小颗粒物，例如在汽车尾气中就含有微小颗粒的胶状物质，散落在空气中，可进一步形成雾霾，这也可能导致人类严重的健康问题。此外，伴随着石油开采提取也同时涉及利用能源密集型工业技术，尤其是从地下焦油砂和油页岩等来源提取的较重原油会导致更多的排放和环境干扰。

全球油气资源格局不变，石油储量仍主要集中在中东和美洲地区。截至 2022 年底，全球石油储量增长 1.3%，为 2406.9 亿吨。图 2-3 和图 2-4 分别所示为 2022 年全球石油储量格局和石油产量前十的国家分布。

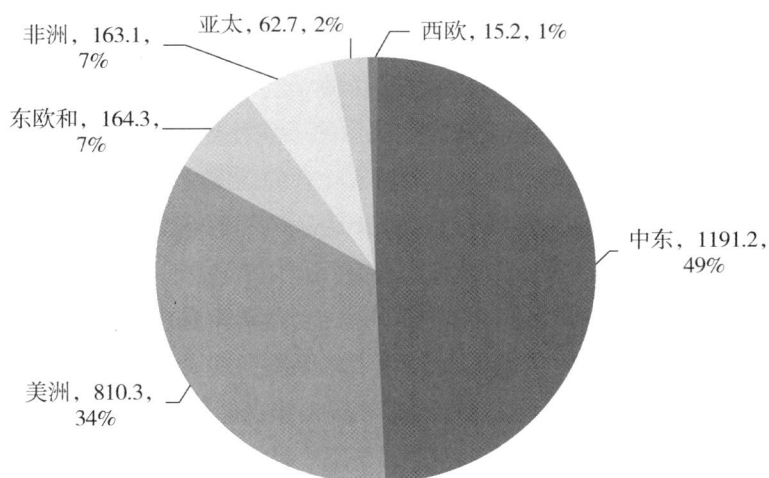

图2-3　2022年全球石油储量地区分布及占比（单位：亿吨）

（来源：石油商报，2023）

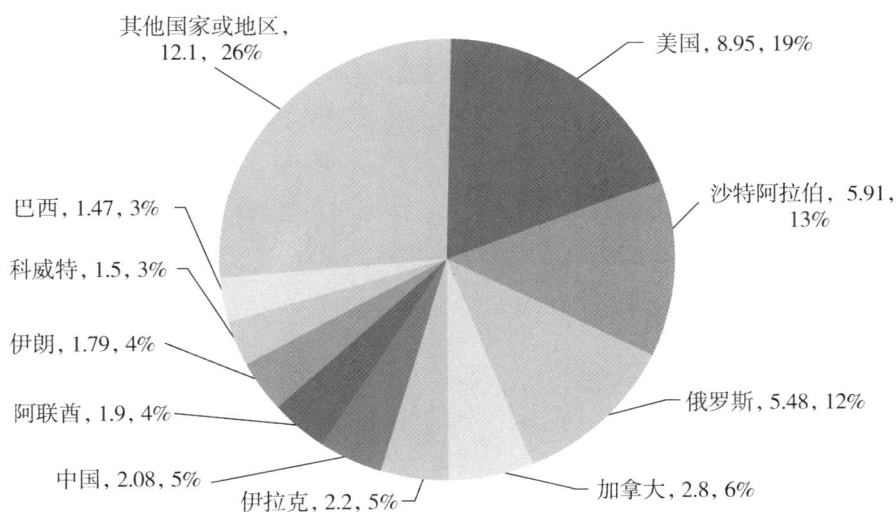

图2-4　2022年全球石油产量前十的国家（单位：亿吨/年）

（来源：石油商报，2023）

三、天然气

天然气是一种气态化石燃料，存在于油田和天然气田中。虽然它通常与其他化石燃料和能源归为一类，但天然气有许多另类的特征。天然气是有机物分解的产物。这些有机物是过去5.5亿年来沉积下来的古代动植物的遗骸，随着时间的推移逐渐被掩埋。在无氧或厌氧环境中被密封起来,暴露在越来越大的压力和未知的热量下,这些有机物经历了一个分解过程,最终形成天然气。

在最纯净的碳氢化合物形式中,天然气是一种无色无味的气体,主要成分是最短和最轻的碳氢化合物——甲烷。但是一般的天然气中除甲烷外还含有较重的气态碳氢化合物,如乙烷、丙烷和丁烷等其他高等烷烃。这些碳氢化合物是高度可燃的化合物,有时还有一小部分二氧化碳、氮气、硫化氢或氦气。二氧化碳和硫化氢通常被称为酸性气体,因为它们在水的存在下会形成腐蚀性化合物。氮气、氦气和二氧化碳也被称为稀释剂,由于它们都不会燃烧,因此它们没有热值。

天然气从地下抽取会经历一系列精炼过程,以除去杂质,如水、其他气体、沙子和其他化合物。一些碳氢化合物如乙烷、丙烷和丁烷异构体,被分离开并单独出售。其他杂质,如硫化氢也被去除并用于生产硫单独出售。精炼后,清洁的天然气的使用一般通过管道网络传输,通过这些管道输送天然气到工业和家庭消费者中。此外,天然气也是许多常见产品的原料,如油漆、肥料、塑料、防冻剂、染料、照相胶片、药品和炸药等,天然气也作为运输工具的燃料动力,如汽车也可使用天然气作为燃料动力使用,但是天然气作为运输燃料的市场份额有限。

2022年全球天然气储量增长2.2%,为211万亿立方米,仍主要集中在中东、东欧及原苏联地区。图2-5和图2-6分别所示为2022年全球天然气已探明储量和产量分布情况。

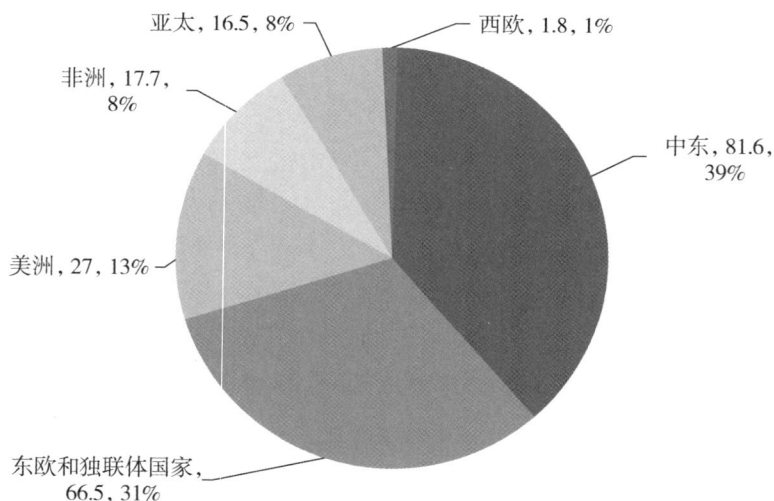

图2-5 2022年全球天然气储量分布及占比（单位：万亿方）

（来源：石油商报，2023）

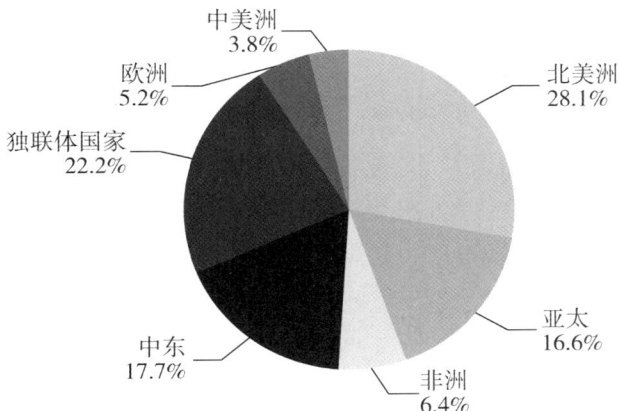

图2-6 2022年全球天然气产量分布占比

（来源：石油商报，2023）

由于天然气可被视为一种清洁的化石燃料，一般除了温室效应气体外，和其他化石燃料相比，很少有含氮、硫物质或微小颗粒向大气中排放，因此，很长一段时间内，天然气被认为是无污染的燃料。随着二氧化碳等温室气体排放得到重视，伴随着天然气燃烧的二氧化碳也开始被考虑。因此，在实现"双碳"目标时，天然气也需要被纳入能源转型的考虑范围内。

第三节 生物能源

一、生物能源的含义

生物能源是指从生物质中获得的能量，由太阳能转换而来，它是人类最早使用的能源，由于生物质中所含的能量是通过光合作用的自然过程捕获的来自太阳的能量，因此可以被认为是自然能源，是绿色能源。理论上，只要使用的生物质量等于或小于可以再生的量，它就有可能无限期地可再生，因此，生物能源是可再生能源的一种形式。目前，生物能源的使用形式包括电力、热量以及固体、液体和气体燃料，这些不同形式的生物能源用于工业、住宅和商业应用。

生物能源可以通过某些先进技术进行转化。它不仅可以转化为电能，还可以生产石油、天然气和固体燃料。因此，在所有新能源中，生物能源与现代工业技术和现代生活的兼容性最大。它可以在不改进现有工业技术的情况下替代传统能源。这些是生物能源在未来发挥重要作用的基础。

生物能源是可再生的。虽然在考虑包含加工过程中的整个生命周期排放时，生物能源系统的碳排放量很可能大于零，但是由于燃烧过程中释放的碳在生物资源循环期间被吸收，其发生的时间跨度足以使资源持续可用，一般认为是最理想的绿色能源。

二、生物能源的分类

生物能源可以根据不同的标准进行分类。根据原料的化学性质可分为以下四类：木质纤维素生物质、油生物质、糖和淀粉以及高水分生物质。

木质纤维素生物质的特征在于其细胞结构，其由纤维素、半纤维素和木质素的聚合链组成。这种结构负责施加植物在高度生长所需的阻力，使其不能向高处无限生长，这种结构的例子多在木质生物质中出现，如锯末、稻草、甘蔗渣和柳枝等。木质纤维素生物质非常适合直接燃烧，可以通过高效的利用技术来产生热量、电力和热电联产。木质纤维素也用于其他热化学过程，如气化和热解。然而，由于难以通过生化过程破坏木质纤维素结构，将木质纤维素生物质转化为交通运输燃料仍然是一个很大的挑战。

糖和淀粉生物质以甘蔗和甜菜等富含糖质的资源，以及谷物、土豆和木薯等富含淀粉的资源为代表，这些生物质可以作为酵母发酵的原料，形成乙醇，乙醇可以直接与汽油混合用于交通运输燃料中。此外，植物油是从向日葵、油菜籽和棕榈树等栽培作物的种子中提取的。它也可能是食品和饲料工业的副产品，也可能是废旧食物，或者厨余的废油中等废物中提取，还可以从藻类中提取。植物油可以直接使用或在间接喷射的发动机中与柴油混合使用，但它们的高黏度限制了它们的使用。因此，植物油通常通过酯交换过程与醇结合，从而产生用于交通运输的生物柴油。目前生产的大多数生物乙醇和生物柴油都来自能源作物，这些作物也用作食品和饲料。从这种原料中获得的生物燃料称为第一代生物燃料，由不与粮食和饲料作物直接竞争的原料生产的称为第二代生物燃料。

此外，利用来自工业和家庭废水处理的污泥，来自牲畜的粪便以及家庭和工业食品残留物进行垃圾分类回收，这些垃圾的高含水量使它们非常适合由产甲烷的细菌进行厌氧消化，利用厌氧消化可以生成富含甲烷的气体沼气，可用于燃气轮机或升级为运输燃料。许多现代污水处理厂和市政残留物处理中心都包括厌氧消化作用，并使用产生的沼气产生工艺热或将其升级为运输燃料进行销售。

三、生物能源的特点

1. 排放过程中对环境污染较小

生物能源虽然在生成物的使用后排放产生二氧化碳，但是生物能源通过光合作用会吸收二氧化碳固能，因此，生物能源产生的二氧化碳可以被等量生长的植物的光合作用吸收，因此可被近似认为生物能源能够实现二氧化碳零排放，这对减少大气中二氧化碳的含量和降低温室效应极为有利。

2. 蕴含量巨大的可再生能源

只要有阳光，绿色植物的光合作用就不会停止，生物能源也不会耗尽。而且只要是有植物的地方，都是能源的生产区，如果大力推广植树、种草等活动，不仅植物将不断供应生物能源原料，还将改善生态环境。

3. 具有普遍性和可及性的特点

生物能源存在于世界上的所有国家和地区，它价格低廉，容易获得，生产过程非常简单。

4. 可储存和运输

在可再生能源中，生物能源是唯一可以方便储存和运输的能源，有利于其加工、转化和持续利用。

5. 具有高挥发性成分、高碳活性和易燃性

在400℃左右的温度下，生物能源中的大部分挥发性成分都能被释放出来，很容易转化为气体燃料。生物能源燃烧后灰分少，不易黏结，可以简化除灰设备。

第四节　风能

一、什么是风能

风能（Wind Energy）是由太阳辐射引起的地球表面各部分的不均匀加热引起的空气流动所产生的动能，在水平压力梯度的作用下，空气沿水平方向运动形成风。风是一种自然发生的现象，从可再生能源的角度来看，可将其视为地球上最大的资源之一。风可以描述为空气以任何速度在地球表面的运动。风的能量随着风速的大小而变化，我国从古代就开始利用风能，如利用风车灌溉以及进行谷物碾磨直至现在的风力发电等。

风能实际上是一种次要的能量形式，依赖于太阳对地球表面的不均匀加热，从而产生温差，在空气中产生密度和压力差。加热的差异通常是由于材料如土壤、水等被太阳加热的不同热容量的结果，此外，岩石、土壤和植被、雪和水的不同反射性质也起着一定的作用。风能利用是通过风力涡轮机将风能转化为机械能、电能和热能的综合性工程技术。

二、风能的优缺点

1. 风能的优点

（1）可持续性。风能是太阳能的一种转化形式，每当太阳照耀和风速达到一定的范围时，能量就可以被利用并发送到电网，这使得风能成为可持续的能源。随着气候变化和全球变暖的到来，空气分子移动得更快，大气中有更多的风能，这也是投资风电场的另一个很好的理由。

（2）分布广泛。风能本身无需运输，且风力涡轮机几乎可以安装在任何地方，例如可以安装在牧场边、垃圾填埋场附近、高速公路和主要道路的两侧。通常好的多风场地不会

与城市发展的核心功能土地产生竞争。风力发电系统根据风能资源可大可小，可就地取材进行开发。

（3）清洁化。风能是一种清洁的能源，在开发利用过程中几乎无污染，也不破坏生态。风能提供电力而不产生二氧化碳，也不排放颗粒物。与风力涡轮机相关的相对少量的温室气体排放是在涡轮机和叶片的制造和运输中产生的。风能较煤炭、石油、天然气或核燃料的传统发电站更加节水，这是因为后者的发电都使用大量的水资源。

2. 风能的缺点

（1）密度低。风能是一种能量密度很小的能源，单位面积只能获得少量的能量。

（2）间歇性强，不稳定。风能是一种难以预测的随机能量，其强度一直在变化。这种不稳定性给风力发电的供给和使用带来困难。

（3）影响生物生态群落。风力发电的生态问题是涡轮叶片会伤害野生动物，影响鸟类等动物的生存环境。

（4）需要占地面积。风力发电需要土地来建设风力发电场。

（5）噪声污染。在风力发电过程中，风力涡轮机会产生噪声污染。因此有必要寻找一些开放的地方来建造，以降低噪声。

（6）需要稀土元素钕（Nd）。现代涡轮机需要特殊的永磁体，这些永磁体由含有稀土元素钕的合金制成。

除了陆地风电外，海上风电技术也成为风力发电的发展方向，在海上有大量的可用空间来安装风力涡轮机，这为开发比陆上风电场更大的风电场提供了可能性。在这种情况下，可以安装的兆瓦级风力涡轮机的数量可以增加。此外，在远离有人居住的地方安装，可以消除环境对噪声排放和传播施加的限制，从而提高叶尖速度。再加上海上对可运输的负载没有陆地上那样严格的限制，使安装更大尺寸和标称功率的风力涡轮机成为可能，从而实现更高的机器能源生产效能。

第五节　太阳能

一、什么是太阳能

太阳能（Solar Energy）是指太阳的热辐射提供的能源，也称为太阳光能。太阳能为地球和大气系统中的几乎所有东西提供动力。太阳能本质上来自于太阳核心的热核反应，其中大部分太阳质量都集中在太阳核心上。从光球层到达地球的太阳光的光谱测量表明，太阳质量主要由两种元素组成，氢约占太阳质量的70%，氦约占27%；剩余3%的质量由其他元素组成。太阳的外层不断通过电磁辐射向各个方向的空间传递能量，覆盖电磁波谱的所有区域。因此，在太阳的核心和外表面之间存在很大的温度梯度。这种电磁能量以光粒子流的形式辐射，沿着正弦波轨迹移动，当太阳的辐射穿过地球大气层时，它被尘埃颗粒、气体分子、臭氧和水蒸气反射、散射和吸收，也就是说，太阳能进入地球和大气系统的辐射能量最终转化为各种其他的能量形式，例如何以使空气和地球表面变暖，并驱动风、洋流、蒸发、云和雨等。

二、太阳能的优缺点

1. 太阳能的优点

从能源转换的角度来看，太阳能的优点如下。

（1）普遍性。世界上的任何地形，只要太阳光线能够到达，就有太阳能的存在，理论上就可以被开发利用，而不需要另外的开采或运输。

（2）无害性。太阳能的开发利用几乎不会污染生态环境，是最为清洁的能源之一。

（3）能量多。每年到达地球表面的太阳辐射能相当于约 130 万吨煤炭，其总量巨大。

（4）长久性。目前从按太阳产生核能的速度计算，太阳上的氢储量足以维持 100 亿年，而地球的寿命为几十亿年左右。从这个意义上说，太阳的能量不会枯竭。

2. 太阳能的缺点

（1）分散性。到达地球表面的太阳辐射总量虽然很大，但能量密度低。平均来说，在北回归线附近，夏季天气比较晴朗的情况下，中午太阳辐射照射度最大，在垂直方向 1 平方米的面积上，平均接收太阳能约 1000 瓦；而昼夜平均只有 200 瓦左右。冬季的能量密度为夏季的一半，阴天的能量密度大约为五分之一。因此，在利用太阳能时，要想得到一定的转换功率，往往需要面积相当大的一套收集和转换设备，成本将会很高。

（2）不稳定性。太阳能除了受昼夜、季节、纬度和海拔高度等自然条件的制约，还受晴天、阴天、云、雨等随机因素的影响，到达地面的太阳照射度不仅是断断续续的，还非常不稳定，这使太阳能的大规模应用增加了困难。

（3）低效率高成本。太阳能利用设备效率普遍偏低，成本较高，小规模利用场景下经济效益与常规能源无法竞争。

（4）太阳能电池面板污染。太阳能电池面板的寿命一般不到 10 年，太阳能电池面板使用寿命结束后，难以被自然分解，会带来相当严重的污染。

三、太阳能转换利用方式

常见的太阳能转换利用方式有三种：光热转换、光化学转换与光电转换。

1. 光热转换

光热转换的基本原理是通过反射、吸收或其他方式收集太阳辐射能，通过与物质的相互作用转换成热能加以利用。由于生产和生活中热能的消耗量占比较大，因此热利用是当前太阳能转化的主要方面之一。对太阳能光热转换技术进行分类的一个重要参数是光热转换设备的工作温度，可以分为以下三种类型：低温技术（工作温度<70℃），如太阳能空间采暖、太阳能池塘、太阳能热水、太阳能作物干燥；中温技术（70℃＜工作温度＜200℃），如太阳能蒸馏、太阳能冷却和太阳能烹饪；高温技术（工作温度>200℃），如抛物线槽、太阳能塔、抛物面盘等太阳能热发电技术。太阳能热发电是利用太阳能热能发电，它是太阳能热能最先进的应用之一，其基本原理是从太阳辐射中捕获热量。太阳能热发电系统通常被称为聚光太阳能发电系统，利用热量来运行传统的发电循环。

2. 光化学转换

光化学转换的基本原理是将太阳能转换为可以储存的化学能，光化学转换包括光合作用以及光解反应等。光合作用过程是绿色植物利用太阳能转化为生化能，从而形成纤维并导致植物生长的一种能量吸收过程，其中从光收集的能量用于产生碳水化合物和氧气，人类通常利用优良的植物和蓝藻的光合作用进行固碳。光解反应是一种光子驱动，在标准温度和压力的水环境中从水中产生氢气的水生化制氢过程。

3. 光电转换

光电转换的基本原理是通过光伏效应，利用太阳能电池直接将光能转化为电能。太阳能电池是目前常见的一种直接将太阳辐射转换成电能的半导体器件，主要是由 p 型和 n 型半导体材料制成的二极管构成的。当太阳光照射太阳能电池时，半导体中的电子获得足够的能量来桥接能量带隙，并且新产生的电荷载流子在 PN 结的内置电位差下自由移动，形成电流。

第六节　地热能

一、地热能的定义及主要分布区域

地热能（Geothermal Energy）指地球内部包含的热能，是来自地球深处的可再生热能，地热能被认为是来源于地球创造过程中剩余的内部热量以及地球大陆地壳中放射性同位素的衰变。

根据研究，距离地球表面每 100 米的地热梯度大约增加 3℃。地壳表面的温度大约为 14℃，而地壳内的温度从 1000℃变为 3500℃，中心的热源提供的温度高于 5000℃。地下水的深层循环和岩浆从非常深的地方侵入地壳，将热量从地下深处带到近地表。热量可以通过地下水和熔岩流入离地面 1 ~ 5 公里的地壳，从而转移到离地面更近的地方。地热的储量远远超过人们使用的能源总量。大部分集中在构造板块边缘。

按类别划分，全球地热直接利用的方式由高到低依次为：地源热泵（地热能利用量占比约为 58.5%）、温泉康养（18%）、空间供暖（16%）、温室供暖（3.5%）、工业应用（1.6%）、水产养殖（1.3%）、农产品干燥（0.4%）、融雪和制冷（0.2%）、其他用途（0.3%）

（图 2-7）。

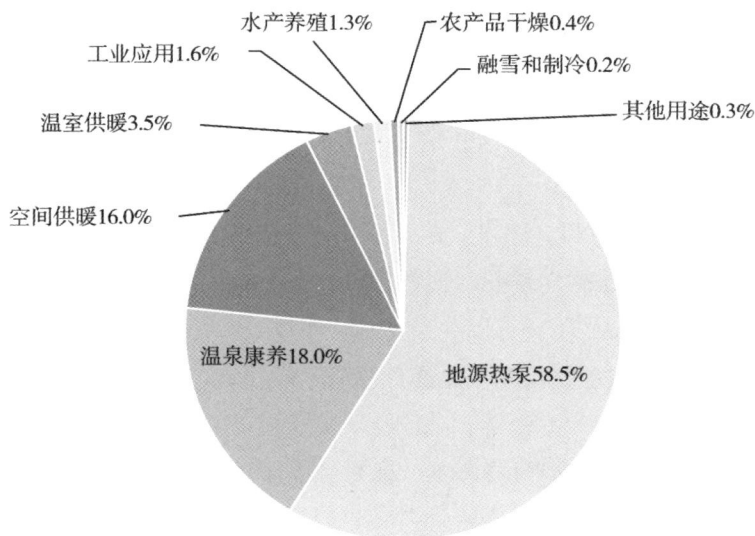

图2-7　全球各类地热能的利用比例分布

（来源：中农富通）

二、地热能的主要分布区域

地热能是一种无污染的清洁能源。地热能遍布世界各地，但可开发的主要分布在构造板块边缘，通常也是火山和地震多发区。世界地热资源主要分布在以下五个地热区：

1. 环太平洋亚热带

世界上最大的太平洋板块与美洲、欧亚和印度板块之间的碰撞边界，即从美国的阿拉斯加、加利福尼亚到墨西哥和智利，从新西兰、印度尼西亚和菲律宾到中国和日本海岸。

2. 地中海和喜马拉雅热带

欧亚板块与非洲和印度板块之间的碰撞边界，从意大利到中国的云南和西藏。例如，意大利的拉德雷罗地热田、西藏的羊八井地热田和云南的腾冲地热田都属于这一热带地区。

3. 大西洋中脊陆生热带

大西洋板块的裂解点，包括冰岛和亚速尔群岛的一些地热田。

4. 红海、亚丁湾、东非裂谷热带

包括肯尼亚、乌干达、扎伊尔、埃塞俄比亚、吉布提等国的地热田。

5. 其他地热区

除板块边界形成的地热带外，在一定的地质条件下，边界附近的板块内也有高热流区，其中可能含有一些中低温地热，如中亚和东欧的一些地热田，以及我国胶东、辽东半岛和

华北平原的地热田。

三、地热能的用途分类

地热能的利用涵盖住宅供暖和生活热水供应、水产养殖、温室供暖、游泳池、温泉、工业热处理、热泵和电力生产等。按照相关用途可分为三类：

1. 住宅和商业用途

空间和区域供热、空间冷却、热泵、水（饮用水，热或冷公用事业等）、沐浴、游泳和温泉、制冷、除冰，以及废物处置和生物转化。

2. 农业及相关用途

畜牧业、水产养殖、温室加热、农产品加工，如干燥、发酵、废物处理和转化以及罐装。

3. 工业用途

纸浆、纸张和木材加工，堆浸以回收金、银和其他矿物，废水处理和生产硅藻土。

四、地热发电

地热发电是地热利用的最重要方式。地热发电和火力发电原理是一样的，都是利用蒸汽的热能在汽轮机中转变为机械能，然后带动发电机发电。要利用地下热能发电，首先需要有"载热体"把地下的热能带到地面上来。目前能够被地热电站利用的载热体，主要是地下的天然蒸汽和热水，按照其载流体类型、温度、压力和其他特性的不同，可把地热发电的方式划分为地热蒸汽、地下热水等发电方式。

五、地热能的优缺点

地热能的利用可以减少对化石资源的依赖。因此，提高地热能资源利用水平，有利于用地热能替代高排放能源。由于地热能系统不会造成声音污染，而且热水生产比传统的能源生产系统更有效，利用安装的地热系统可以低成本生产热水。由于地热发电系统的设计和安装部分很少，可以使整体系统具有较长的正常运行时间和有用的输出。

地热发电系统的缺点是可能引发地震等自然灾害，因为在安装系统期间，地壳的形状可能会扭曲，从而添加发生自然灾害的人为因素，安装发达的地热能系统会进一步破坏地壳的自然结构，使得引发自然灾害的概率变大。

第七节 核能

一、核能的定义与核能发电的原理

1. 什么是核能

核能（Nuclear Energy）是原子核通过核反应释放的能量。核能可以通过三种核反应之一释放：①核裂变和重核裂变释放结合能；②核聚变和轻核聚集释放结合能；③核衰变，原子核释放能量的自发衰变。原子核是由质子和中子结合在一起形成的，负责质子和中子结合的能量成为结合能，结合能可以通过质子和中子质量之和与原子核本身质量之差的计算来确定。我们可以通过采取将大原子核一分为二来提取核能，这一过程被称为"裂变"，或者通过将两小原子核结合为一个较大的原子核，这一过程被称为"聚变"。除了裂变和聚变之外，还可以通过不稳定核的放射性衰变提取核能。

2. 核能发电的基本原理

当今世界普遍利用核能发电是通过核裂变获得的。在核裂变过程中，重原子（如铀—235）的原子核分裂成两个或多个较小的原子核，并释放能量。当被中子轰击时，铀—235原子的原子核通常分裂成钡核等，并释放出两个或三个中子，加上一定量的能量。这些额外的中子将在周围的铀—235原子中引起核裂变，从而引发连锁反应。反应伴随着以热的形式释放热量。热量可以转化为蒸汽，然后在核动力反应堆中转化为电能，就像来自煤炭、天然气和石油等化石燃料的热量被转化为电能一样。

二、核能的优缺点

1. 核能的优点

（1）核能替代化石燃料发电可以在短时间内以低成本实现电力产业的去碳化。核电站产生的热量不会造成排放，而且在核聚变过程中，有害物质被保存在燃料内部，从而减少了向外界散发的污染。

（2）核电站的建设方式可以使其不容易受到气候变化的影响，并且可以帮助运输部门合成燃料，进一步促进减排。人们还认识到，核电站在其整个生命周期中的排放与可再生能源相似，这表明它是一种有助于去碳化和减少其他能源部门对人类健康影响的来源。

（3）核电站发电使用铀为燃料，一千克铀的可用能量相当于燃烧2500吨优质煤，铀广泛分布在海洋之中，资源非常丰富，海水提铀的方法有吸附法、共沉法、气泡分离法以及藻类生物浓缩法等，而一座100万千瓦的核能电厂一年只需30吨的纯铀燃料。

（4）核燃料的能量密度比其他燃料大，相应对环境的影响也小。因此核电站使用的土地较少，与其他资源相比，资源需求也很有限，因此对全世界的生物多样性影响最小。

2. 核能的缺点

（1）核电站运行后会产生高度放射性的废料，需要适当的屏蔽和处置。

（2）核电站会影响水生环境，核电站在运行时需要大量水来冷却，会影响水中生物的生存环境。

（3）兴建核电厂由于核能较为敏感，较易引发周围居民或相关人员的歧见纷争。

（4）核电厂的反应器内有大量的放射性物质，如果在事故中释放到外界环境，会对生态及民众造成非常大的影响。

与使用化石燃料发电相比，使用核聚变发电可以大大减少对环境的影响。聚变能的燃料比裂变的燃料更容易获得和丰富。更重要的是，与裂变能相比，聚变能不会产生长寿命的放射性产物。聚变废物的长期放射性毒性将大大低于裂变反应堆中锕系元素的放射性毒性。

第八节　海洋能

海洋能是指附着在海水中的可再生能源，主要可以提供五种主要的能量转换形式，每种形式都有可能大规模发电：波浪能、海流能、海洋热能转换、盐差能、潮汐能。海洋覆盖地球表面的71%，平均水深超过3公里，可以看成是地球上的最大潜在能量转换来源之一。

一、波浪能

波浪能存在于海洋的运动波中，可用于为涡轮机提供动力。通过捕获波的垂直振荡或线性运动，将波浪的动能转换为电能。利用原理是将运动波上升到一个腔室中，上升的水迫使空气离开腔室，空气移动通过一定的旋转设计推动发电机的涡轮机，当波浪下降时，空气流过涡轮机，并通过通常关闭的门返回腔室，以此反复循环。此外，使用波浪的上下运动也可以设计为活塞提供动力，使得活塞在气缸内上下移动，或者可以直接利用活塞的动力转动发电机。大多数波浪能系统都非常小，主要用于为警告浮标或小型灯塔的微型供电。

二、海流能

海流能是指海水流动的动能，主要是指海底水道和海峡中相对稳定的水流以及潮汐引起的规则海水流动所产生的能量，以动能形式存在。可以利用海流能推动发电机发电。

三、海洋热能转换

海洋热能转换的开发潜力远远大于其他海洋能源类型，由于海洋吸收太阳辐射储存了大量的热能，而且海洋面积覆盖地球表面的70%以上，使海洋成为世界上最有效的储热系统，如果对这部分热能提取，可以作为基本负荷的电力供应源头。利用海洋热能进行电能转换的技术思路是提取海洋中的热能转换为电能。由于海洋表面和深处存在温度差，如果能够利用这个温度差来构建一个热力学循环系统，在系统内置涡轮机，就可以利用温差的旋转运动产生电能。热能转换为电能的转换效率受到水温差的影响，温差越大，效率越高。目前，现有的海洋热能转换系统采用闭式循环作为其主要循环技术，即使用低沸点的工作流体，利用其在低压下冷凝并在高压下蒸发的特性提供涡轮机的动力。

四、盐差能

盐差能是指由于盐水和淡水两种流体之间的盐浓度差异进行能量的转换。一般在江河的入海口处进行盐差能的开发，由于河水的盐度接近于零，而海水的平均盐度约为 35‰，可以方便地利用。目前有两种主要的盐度能量转换技术：压力延迟渗透和反向电透析，两者都基于通过半透膜将河水和海水分开。通过将不同盐含量的水放在该膜的两侧，水将从盐浓度较低的区域流过半透膜，流向盐浓度较高的区域，这一过程称为渗透。在压力延迟渗透中，淡水通过半透膜向海水流动，从而增加了海水室内的压力，然后将该压力用于旋转涡轮机和转动发电机的动能提供上。

五、潮汐能

当潮汐进入海岸时，水可能被困在大坝后面的水库中，当潮汐下降时，大坝后面的水可以形成较高的势能，这样由于高度差产生的势能就像在普通的水力发电厂中一样进行电力的转换。潮汐技术还可以采用由流水驱动的水下涡轮机或螺旋桨。这些技术除了大坝外，还可以部署在溪流和河流中。潮汐能是一种可再生能源，不排放任何温室气体，对环境友好。潮汐能产生的功率可以事先精确计算，预测精度较好，与其他能源相比，它具有非常高的并网发电效率。此外，潮汐发电厂的寿命相对也较长。但是潮汐能发电厂的建设初始成本较高，即建筑成本高，因此维护成本也高，另外对于选址也有较高要求。潮汐发电厂对水生物生活环境有影响，可能影响鱼类的迁徙。

第九节 储能技术

储能技术是通过装置或物理介质将能量储存起来以便以后需要时利用的技术。目前提到的储能技术主要是指电能的储存。电能存储的思路是，在发电资源相对富裕的情况下，从电网吸收多余的能量，然后在电网需求上升时将其输送回去，或者在用户层面进行存储，平衡用户用能的供需。储能对于电力的供需平衡具有一定的缓冲效果。储能技术按储存介质可以分为机械类储能、电化学类储能、热储能、化学类储能和电气类储能。

一、机械类储能

机械类储能的应用形式主要有抽水蓄能、飞轮储能压缩和空气储能三种。

抽水蓄能的基本原理：在非高峰期和可再生能源发电的高产量时期，消耗低成本的电力驱动水泵将水送到高海拔水库，通过这种方式将多余的电能转化为水的重力势能存储。当电力需求增加时，储存的水被释放出来，以驱动发电系统所采用的水轮机使得耦合的发电机来发电，通过控制来自较高储液槽的出口流量，以提供可变输出功率。抽水蓄能目前在全球范围内提供的最大储能发电能力高达 3000 兆瓦。抽水蓄能储能量取决于在高度上分离的两个水库的高度差。

飞轮储能的基本原理：利用大转轮所储存的惯性能量进行存储，并且在需要用电的时候通过转轮的动能再转换为电能的形式。飞轮是将能量存储为旋转惯性的机械装置，在电力富裕的时候，通过电力加速质量较高具有高惯性的大旋转来充电，当需要供电时，通过减速转子从飞轮中提取能量。

压缩空气储能的基本原理：压缩空气储能是一种基于燃气轮机的储能技术，采用空气作为能量的载体，将多余的可用能量存储为压缩空气。通过电机在电力较为富裕的时候，利用电力压缩空气，这些空气通常压缩存储在地下结构如天然洞穴、人造洞穴或地下储罐中，之后，在高峰时段或需要能量时，储存的压缩空气被释放出来以运行涡轮发电机组从而发电。压缩空气储能有很强的调峰功能，尤其适合配合大规模风场使用。

二、电化学类储能

电化学类储能主要包括各种二次电池，有铅酸电池、锂离子电池、钠硫电池和液流电池等，这些电池多数技术上比较成熟，近年来成为关注的重点，并且还获得许多实际应用。

1. 铅酸电池

铅酸电池是世界上使用最广泛的电池之一。将铅酸电池的阳极（PbO_2）和阴极（Pb）浸入电解液稀硫酸中，就会在两个电极之间产生电压。铅酸蓄电池技术非常成熟，结构简单，成本低，易于维护。循环寿命达到 1000 次左右，效率达到 80% ~ 90%，性价比高。

2. 锂离子电池

锂离子电池实际上是一个锂离子浓差电池，它主要依靠锂离子在正极和负极之间移动来工作。充电时，Li^+ 从正极脱离由电解质嵌入负极，此时负极处于富锂态，正极处于贫锂态；放电时则相反，Li^+ 从负极脱嵌，经过电解质嵌入正极，正极处于富锂态，负极处于贫锂态。锂离子电池的效率非常高，可达 95% 以上，放电时间可达数小时，循环次数可达 5000 次或更多，响应快速，锂离子电池是电池中的实用型电池。

3. 钠硫电池

钠硫电池的阳极由液态硫构成，阴极由液态钠构成，中间有一根由陶瓷材料制成的 β 铝管。为了使电极保持熔融状态，电池的工作温度必须保持在 300℃以上。钠硫电池的循环周期可以达到 4500 次，放电时间可达 6 ~ 7 小时，循环往返效率约为 75%。

4. 液流电池

在液流电池中，能量储存在溶解于液态电解质的电活性物质中，而液态电解质储存在电池外部的罐中，用泵将储存在罐中的电解质打入电池堆栈，并通过电极和薄膜将电能转化为化学能，需要时可将化学能转化为电能。全钒氧化还原液流电池是液流电池中最受关注的技术，主流的液流电池技术已比较成熟，寿命长，循环次数可超过 10000 次以上，但是能量密度和功率密度与其他电池相比低，响应时间慢。

三、热能储存

热能储存使用多种隔热容器的媒质来储存热能，储存的热量可以在需要时产生电能。各种存储介质包括热水、高温蒸汽、熔盐和固体储热材料等。热储能可分为显热储存和潜热储存等。显热储存方式中，能量存储在存储材料中引起温度变化，但没有相变，即热量被合理地储存在存储介质中，如水、鹅卵石、沙子或泥土等具有高热容量、高密度、热稳定性和物理稳定性的物质中，存储介质的形态不发生变化；潜热储存是通过使存储介质经历相变来储存的，相变可以是固体到液体，液体到气体，也可以是固体到气体。然而，由于气体是低存储密度，因此固体到液体的转变是最常见的。相变材料通常是水、冰、石蜡、水合盐或脂肪酸。

四、化学类储能

化学类储能主要是指利用氢或合成天然气作为二次能源的载体。氢气是一种易燃气体，可以通过电解水产生，氢气在氧气或空气中燃烧时只产生水，因此是一种非常清洁的燃料。氢气可以用作各种发电系统的燃料，也可以提供交通运输的燃料使用，还可以取代天然气供家庭使用。在电能富裕的时候，可以用电解获得氢气，需要电能的时候可以燃烧氢气发电。此外，氢气与二氧化碳可以生成甲烷即天然气。

五、电气类储能

电气类储能的应用形式主要有电容器储能和超导储能两种形式。电容器储能是利用电容器（通常称为超级电容器）存储静电电荷进行储能。可以通过设计形成用于储能的电容器，从而利用电容器来存储大量的电荷。电容器可以快速地释放电荷，并且设备可以快速地对电源需求做出反应。然而，与上述大多数其他存储技术相比，它们可以提供的能量仍然相对较少。超导储能的基本原理是将电磁能储存在磁场的超导线圈中，在需要电能的时候，将线圈中的电磁能导出形成电能，超导之中的能量可以无限期地储存，几乎没有损失，只有在将线圈中的电能转换为交流电时，会出现一些损耗。超导储能的充放电非常快、功率密度很高、响应速度极快，但是一般超导需要材料在低温条件下形成超导效应，因此技术要求很高。

上述这些过程的存储系统基本都是存储电力的可行方法，其中很多都可以进行商业化的规模生产。每种技术都具有不同的特性，例如电容器储能和超导储能都可以在 5 毫秒内提供电力，飞轮储能可在几十毫秒内响应，压缩空气储能技术可能需要 2 ~ 3 分钟才能提供全功率，抽水蓄能技术的响应时间在 10 秒到 15 分钟之间，储能技术之间的差异较大。

第十节　其他低碳能源

一、氢能（Hydrogen Energy）

氢在地球上主要以化合状态存在，是宇宙中分布最广的物质。氢气的燃烧热值是汽油的 3 倍，酒精的 3.9 倍，焦炭的 4.5 倍，氢的独特之处在于它是元素周期表中最简单、最丰富的现有元素，氢元素的符号是 H。氢在化学上非常活跃，以至于一直作为与其他元素结合的物质存在，而且氢燃烧后的产物只有水，因此是一种清洁能源，很多专家判断，氢能可能成为未来世界能源舞台上重要的能源，氢的制造、储存、运输和应用技术也将成为 21 世纪关注的焦点。

作为能源，氢具有以下特征。

（1）氢是元素中最轻的。在同等体积下质量最小，便于运输。

（2）在所有气体中，氢的导热性最好，比大多数气体的导热系数高 10 倍，是很好的传热载体，具有良好的能量交换效率。

（3）氢是自然界中存在的最普遍的元素，据推测构成宇宙质量的 75%。

（4）氢气燃烧性好，起火快，与空气混合时可燃范围大，且着火点高，燃烧速度快。

（5）氢燃料燃烧时，除了生产最清洁的水和少量的氨外，不会产生一氧化碳、二氧化碳、碳氢化合物、有害铅化物和粉粒等对环境的污染物质。

（6）氢气可作为气体、液体或固体的氢化物出现，并能适应储存及各种应用环境的不同要求。

（7）氢气可以远距离传输，由可再生能源和水产生，其生产、储存、运输和最终使用不破坏环境。

氢气可以用于传统的生产或电力系统，例如运输行业使用的发动机和发电厂涡轮机。与传统的燃烧技术相比，氢气更清洁，更有效；此外，氢气也可以应用于燃料电池，燃料电池在运输和发电行业中具有广泛的用途。

二、水能

水能（Water Energy）是全世界开发最广泛的可再生能源，当前水能的开发主要是水力发电，即把水的势能和动能转换成电能。用水力发电的电厂称为水力发电站，水电站一般位于大坝的下游位置，大坝利用聚水形成的势能通过加压管道转换为动能，推动涡轮机带动发电机产生电能。水力发电的优点是低成本、可连续再生、无污染；缺点是水能的分布受水文、气候、地形等自然条件的影响比较大。水电站除了发电外，还一般具有防洪、引水、养殖、美化环境、旅游等综合效益。水电站的操作、管理人员需求较少，一般只有火电厂三分之一的人员，运营成本低，效率高。而且水电站所在地修成的大坝在改善河流通航相关工程的同时，还可以改善该地区的交通、旅游业和水产养殖。

水电能源是最重要的可再生清洁能源替代品，特别是在世界的亚热带气候带。目前是最可靠、技术上较为成熟和环境友好的可再生能源。水电是一种资本密集型能源，具有较低的运营和维护成本，基本上无须燃料，持续增加包括水电在内的可再生能源的使用，是限制未来气候变化程度的一个关键战略。

思考题

1. 我国能源资源禀赋的特征是什么？如何在当前的能源资源禀赋特征下围绕碳达峰、碳中和发展目标进行能源供给体系的变革？

2. 化石能源的特点是什么？使用化石能源的优缺点有哪些？

3. 针对生物能源、风能、太阳能、地热能、核能、海洋能、氢能，归纳整理这些能源的特点，优点和缺点。

4. 储能技术分几类？各类的特点和优缺点如何？

第三章　低碳约束条件下的能源供给

【学习目标与任务】

1. 理解低碳约束下电网架构重组和传统发电转型的内涵；

2. 熟悉集中式发电和分布式发电的特点和优缺点；

3. 了解我国能源系统转型的几个关键时期和低碳约束下的能源转型特点；

4. 掌握我国能源价格体系的相关特点。

第一节　低碳约束条件下的电网架构重组与传统发电转型

一、"双碳"目标对电网的影响与意义

自"双碳"目标确立以来，世界各国均进行了不同实现"双碳"目标路径的探索，其中最重要的方法之一是增加可再生能源发电占比，并通过电力转换促进新的可再生能源发展。以煤炭为主的高比例碳消耗化石能源的利用一直在中国经济发展中扮演重要角色，在实现全社会低碳转型和重构社会各产业发展模式的同时，需要降低化石能源使用的排放，引入新的可再生能源，由于可再生能源发电，例如风电具有不稳定性的缺点，因此需要连接供需两侧的电网进行重构，即需要构建新的电力系统和重构电网结构进行适应。为了早日达到"双碳"目标，需要逐步使用清洁能源来对传统化石能源完成替代更新，在这个漫长的过程中，电力是将各种能源转化，方便用户用能的方式之一，而电网是能源转型、连接消费和输电转型的中心环节，据估计实现碳中和目标需要非化石能源占到总体能源的90%。未来为了从当前的传统发电模式转变为可再生能源供能发电模式，需要建立一个能够适应能源转型的能源互联网平台，来实现电网架构的重构。

目前我国实现的大规模的清洁能源利用主要是风力发电和光伏发电，这二者已经实现了成本较低的新型发电方式，由于我国风、光资源多在西北部，而负荷的使用集中区域在东部，因此要提高清洁能源发电的利用比率就需要并入电网进行输送，需要完成电网结构的改造，改造后适应新能源系统发电的电力系统称为新型电力系统。电力系统改造的目标是以新能源为主体，使电网成为新的电力通道来早日实现"双碳"目标。

调整电网结构促进新能源发展的意义在于：一是可以大力推广风能、太阳能等绿色非化石能源，降低我国碳排放总量，加快我国生态文明建设步伐。二是能够在能源供应上聚焦新能源，减少对石油、天然气等化石燃料的依赖，充分保障国家能源供给的健康安全。三是通过提高电力能源消费比重，提高全社会能源利用效率，实现全产业绿色发展。

二、电网架构重组的特点与特性

1.电网架构重组的特点

电网架构重新设计和传统电力向混合电力转换的特点如下：

（1）超大容量、超远距离的输电任务还将由大电网来承担，因为大电网一直以来的主要特点就是完成功能长距离电力的运输。

（2）将配电网络连接到具有灵活响应的负荷和储能设施中，如蓄电池等，能够实现负荷侧的灵活响应，甚至反向供电，并在能源运输中发挥相互促进的作用。

（3）通过微电网连接多种电网，增强微网和电网之间的联系，发挥终端能源互动和自动调节作用。

2.电网架构重组的特性

重新组合后的新型电力网络的电网运行特性也会发生变化。

（1）由源随荷动的实时平衡模式、大电网一体化控制模式向源网荷储协同互动的非完全实时平衡模式转变。

（2）可以集成储能实现电力资源富裕时候的电能存储功能，通过集中式和分布式接入实现能量的传输和灵活分配。

（3）由于风能、太阳能等新能源受到自然资源影响较大，系统的运行取决于气候条件，气候条件的影响将增加电网输电的可靠性，需要电网重构后的技术基础进行适应，目前看，需要以同步发电机为主导的机械电磁系统向由电力电子设备和同步机共同主导的混合系统转变。

三、低碳约束条件下的传统发电转型

确保碳达峰与碳中和战略目标的实现，将在能源行业掀起新的变革浪潮，以新能源为主的低碳能源结构逐步取代以煤炭为主的高碳能源结构将是中国能源发展的大方向。从能源供给方面看，含绿色能源多的能源系统具有燃料低碳化和动力低碳化的特点。在能源需求方面，绿色低碳能源体系注重效率化、集成化、智能化，这主要依靠提高终端智能的电气化水平，加快非电场领域，如氢能的发展，以适应能源需求变化，来加快发展低碳经济。同时，为了实现"双碳"目标，也需要优化产业结构，控制能源消费总量，加大节能降耗力度，促进数字能源和综合能源服务发展。

未来将形成清洁主导、电为中心的能源供应和消费体系。具体来看，电力供给呈现多元化的特征，例如供给侧呈现风、光、水、火、核、生物质、天然气等多种能源的发电形式，新能源装机逐渐成为第一大能源，常规能源逐渐成为保障能源，新型的电力系统普遍保持高转动惯量和交流同步运行，交直流、大电网和微电网协调发展，系统储能和需求响应范围不断扩大，发电机输出和电力负荷进一步耦合的特点。

第二节　集中式与分布式发电技术应用

一、集中式与分布式供电系统的特点

传统的供电系统是以大机组、大电网、高电压为主要特征的集中式供电系统，当前全世界约 90% 的电力负荷都由这种集中单一的大电网供电，传统的集中式发电具有大型化、巨型化的特点。例如我国传统的依靠大型火电机组发电并输送到负荷中心的模式，以及三峡水电工程等，都是集中利用资源发电后，通过高压输电线路送到负荷需求端，然后利用配电设备进行降压处理。

对于风电和光伏而言，在集中风能和光能资源较多的区域，例如利用荒漠、矿产废弃地集中建设大型光伏电站，然后将大规模发电直接接入高压输电系统供给远距离负荷，目前看来是新能源发电的主要利用形式。虽然集中式的电站投资大、建设周期长、占地面积大，但是集中式电站具有规模效应，可以降低运营成本，利用规模较大的电站进行发电，促进风、光技术成熟后，可以进一步提高可再生能源发电量占比，在负荷侧尽可能利用一些小型规模的可再生发电资源，如分布式小型光伏系统，也可以在家庭屋顶上发电，满足消费者的需求，多余的能源可以在新型电力系统下进一步并入公共电网，相比普通发电具有投资少、建设快、面积小的优势。

二、分布式与分散式发电系统比较

分布式发电是将发电系统以小规模（几千瓦到 50 兆瓦）分散的方式布置在用户附近，独立输出电能、热能或冷能的系统。分散发电和"小机组"并不是同一个概念，当前分散式发电的主要形式是以内燃机、微型燃气轮机以及通常使用液体或气体燃料的各种工程燃料电池为主。

与传统的集中式电厂相比，分散式发电具有以下优点：由于分散式发电基本靠近负荷侧，因此具有很少或几乎忽略的输配电损耗；无须建设变电站或配电站，可避免或延缓输配电成本的增加，适应热量和电力需求，从而增加年设备利用小时；此外，建设的土建和安装成本低，而且各电站相互独立，用户可自行控制，不会发生大规模供电事故。分散式发电适用于农村、牧区、山区、开发区及商住区供电，降低主网输电的压力。分散式发电还可以满足主网电力供给不足紧急情况的需要，实现能源的综合利用，可以为提高能源效率、提高安全性和解决环境污染做出重大贡献。分散发电的种类很多，根据用户需求不同，也可以分为电力单供方式与热电联产方式（CHP）或冷热电三联产方式（CCHP）等。

与常规发电相比，分布式发电设备安装在住宅区附近的配电网络中，这种方式的供电设备容量小，更适合特定地区供电，或者作为集中式发电网络的补充。目前，我国的配电方式主要有两种：单一和并网。分布式发电具有分散、随机变动等特点，大量的分布式电源的接入，将对配电系统的安全稳定运行产生极大的影响。

第三节　低碳约束条件下的终端能源消费和需求侧响应机制

一、能源消费的历史变迁

柴草、煤炭和石油是伴随着人类历史在终端使用的主要能源。从远古时期到 19 世纪，木柴和杂草作为燃料，为人类生活和生产活动提供大部分的能量。从 19 世纪 80 年代开始，煤炭提供的能源超过木炭，成为人类使用的主要能源。燃煤蒸汽机成为生产中的主要动力。蒸汽动力发电厂的建立及电动机、电灯等电器设备的广泛使用，使煤炭在能源中的地位进一步提高。20 世纪 60 年代，石油成为世界主要能源之后，开始出现了利用燃烧石油进行发电的发电厂，随后，天然气也被用于燃烧发电中，并且石油和天然气也在直接的终端消费中占有越来越大的比重，随着上述能源的使用带来了大量的碳排放。

二、我国能源系统转型和能源结构调整

在"双碳"目标约束下，我国能源系统转型和能源结构调整势在必行，电力系统也不可避免地从目前以化石能源为主的供电方式转向可再生能源系统。"十三五"时期，我国能源结构持续优化，低碳转型成效显著，非化石能源消费比重达到 15.9%，煤炭消费比重下降至 56.8%，常规水电、风电、太阳能发电、核电装机容量分别达到 3.7 亿千瓦、2.8 亿千瓦、2.5 亿千瓦、0.5 亿千瓦，非化石能源发电装机容量稳居世界第一。表 3–1 所示为我国"十三五"期间能源发展主要成就。

表3–1　我国"十三五"期间能源发展主要成就

指标		2015年	2020年	年均/累计
能源消费总量（亿吨标准煤）		43.4	49.8	2.8%
能源消费结构占比	煤炭（%）	63.8	56.8	–7.0pct
	石油（%）	18.3	18.9	0.6pct
	天然气（%）	5.9	8.4	2.5pct
	非化石能源（%）	12.0	15.9	3.9pct
一次性能源生产力（亿吨标准煤）		36.1	40.8	2.5%
发电装机容量（亿千瓦）		15.3	22.0	7.5%

续表

指标		2015年	2020年	年均/累计
发电装机种类	水电（亿千瓦）	3.2	3.7	2.9%
	煤电（亿千瓦）	9.0	10.8	3.7%
	气电（亿千瓦）	0.7	1.0	8.2%
	核电（亿千瓦）	0.3	0.5	13.0%
	风电（亿千瓦）	1.3	2.8	16.6%
	太阳能发电（亿千瓦）	0.4	2.5	44.3%
	生物质发电（亿千瓦）	0.1	0.3	23.4%
西电东送能力（亿千瓦）		1.4	2.7	13.2%
油气管网总里程（万公里）		11.2	17.5	9.3%

注 水电包括常规水电和抽水蓄能，表中能源结构占比变化为累计。

（来源：《"十四五"现代能源体系规划》，光大证券研究所）

"十四五"时期是我国为实现"双碳"目标打好基础的关键时期，必须协同推进能源低碳转型与供给保障，加快能源系统调整以适应新能源大规模发展，推动形成绿色发展方式和生活方式。表3-2所示为我国"十四五"能源现代体系建设主要目标任务。

表3-2 我国"十四五"能源现代体系建设主要目标

能源	目标
煤炭	加强煤炭安全托底保障。优化煤炭产能布局，建设山西、蒙西、蒙东、陕北、新疆五大煤炭供应保障基地
原油	2022年原油产量回升到2亿吨水平并较长时期稳定
天然气	到2025年，天然气年产量达到2300亿立方米以上
水电	到2025年，常规水电装机容量达到3.8亿千瓦左右
核电	到2025年，核电运行装机容量达到0.7亿千瓦左右
风能、太阳能	全面推行风电和太阳能发电大规模开发和高质量发展，优先就地就近开发利用，加快负荷中心及周边地区分散式风电和分布式光伏建设，推广应用低风速风电技术
地热能、生物质能	加强地热能、生物质能等可再生能源在重点工业区域的应用

（来源：《"十四五"现代能源体系规划》，光大证券研究所）

我国在《能源生产与消费革命战略（2016-2030）》中就明确提出，2021—2030年，中国能源消费总量控制在60亿吨标准煤以内，非化石能源占能源消费总量比重达到20%左右，天然气约占我国能源需求的15%。到2050年非化石能源将占能源总量一半以上，到2060年实现"碳中和"的宏伟目标仍需要进一步开发利用非化石能源。

一方面，加强终端部门需求管理，提高终端效率，依靠新能源发电，加强电气化替代速率，是低碳转型的重要对策。在我国当前的终端能源行业中，工业、建筑、交通是终端能源的重点行业。终端能源需求管理有待加强，通过加强节能低碳技术创新和产业化，发展智慧城市基础设施和管理战略，优化资源利用方式，改变人们的观念和生活方式，使人们更有效地节约和使用能源。另一方面，在发展大部分可再生能源系统的同时，通过加强终端能源的电气化，以电力替代煤炭、石油等化石能源，可有效减少终端部门的二氧化碳排放乃至整个国家的二氧化碳排放量。因此，发展以电能为中心的终端用电模式，显著提升电气化率，是加快清洁低碳转型，实现"碳达峰、碳中和"目标的重要路径之一。因此，我国目前在电力终端消费环节正在深入关注以电力替代化石能源，提高电力在终端用电中的比重，打造清洁低碳能源和安全高效的能源系统。

三、低碳约束条件下的需求侧响应机制

低碳环境下，各种能源通过电力进行能源互联，从电力的视角上看将各种能源进行转换相连，实现能源互联的效果。从电力环节上看，整个电力环节可以分为发、输、配、用四个环节，其中发电、输电与配电侧都形成了较为完善和成熟的集中管控运行体系，长期以来的电网以集中式运行方式能够保障发、输、配的协调管控，但是如果想进一步节约能源，达到节能减排的效果，就需要同时挖掘用电需求侧释放出的资源，利用需求侧的响应机制进行削峰填谷，进行电源和电力需求侧相关资源的合理利用。

我国电力能源需求管理的起步可以追溯到 1980 年，当时采用的是能源消耗管理，一旦发生紧急情况，用户会被远程断开电源，从而去除用电负载。20 世纪 90 年代开始，我国开始利用电价信号进行"峰谷电价"政策，利用价格杠杆，引导用户进行负荷的移峰填谷，使电力需求曲线趋向扁平化，这表明将经济因素作为资源优化配置的思想在电力系统中发挥重大作用。现阶段，随着智能电网建设的加快推进，智能电力系统建设纳入能源互联项目的建设进度，对用户侧的智能量测设备和智能电表等的普及也正在加速展开。随着智能能源消费系统的进步，未来更加信息透明的能源消费系统将最大限度地为消费者带来信息，帮助消费者获得更多的利益，也方便整个电力系统通过使用电价市场机制中的电价信号传导进一步提高用电效率，减少能源领域的碳排放，这是现代能源互联系统发展的热点之一。

智能需求响应机制的实现需要将高速通信、智能电表、智能采集、客户终端、需求管理等智能用能技术集成到整个电力系统中，实现智能需求管理的目标。通过智能需求管理系统对电力终端的综合测量和监控，提高用电质量，降低用电成本，提高用电可靠性；同时，该系统能够优化资源配置，保证用电的低碳性并且提高电网稳定性。智能需求侧管理系统能够根据负荷与发电量的预测值来制定并发布灵活的电价政策，以便消费者通过客户终端接收和响应电价信息，避免用电高峰期的高电价，最大化整个系统的负荷；此外，拥有智能需求管理系统的客户对调度中心的工作计划和在线计费反应更灵敏，这增加了客户，尤其是储能客户在电力系统方面的响应程度，这些对于稳定电力系统的负载、降低常规机组的再循环能力、保持常规机组的高效低碳运行、延缓系统发电机组的扩建和节省资金非常重要，而且能够减少资源和化石能源消耗。需求侧管理需要以信息化为基础，增加消费者的互动参与，充分满足能源消费者的主观能动性，从而通过消费侧的参与来改善负荷特性。从全社会角度来看，智能需求侧管理系统能够帮助电力行业实现节能减排、保护环境的目标。在低碳经济中，加强需求响应程度可以整合政府政策指引、法规、能源管理提供

者的专业技术能力和能源消费者的主观和主动需求，为"双碳"目标提供技术支持。

第四节 我国低碳约束条件下的能源价格体系

价格体系一般上也被称为资本主义商品价格结构，目前普遍认为市场机制仍是调节国家经济生活最有效的工具。价格体系理论上是围绕市场供求关系或特定社会地区供求状况的价格关系。它主要体现在各种特定产品价格结构之间的有机联系、相互制约平衡的关系，一般而言，价格体系是一整套包含某种范围内的各种商品价格、劳动力价格和其他社会化生产与服务要素价格在内的统一市场价格体系。因此，低碳约束条件下的能源价格体系既包含能源范围内的价格体系，如煤炭、石油、天然气等以及二次能源电力的能源价格体系，同时也包括围绕着能源使用的劳动力体系、设备价格体系、围绕着能源碳排放的碳价、碳市场上的其余价格体系的统一价格体系。一般指的能源价格体系是狭义的能源品类的价格体系，从能源分类上看，涉及的常规能源价格体系有煤炭、石油、天然气以及电力价格体系。

一、我国煤炭价格体系

改革开放以来，我国的煤炭价格形成机制可以划分为四个阶段，即 1978 年底至 1984 年的煤炭计划经济定价阶段、1985 年末至 2012 年的煤炭价格双轨制阶段、2013 年至 2015 年的煤炭资源市场化定价改革阶段、2016 年至今的新双轨制阶段。

1. 计划经济定价阶段（1978—1984 年）

这一时期，我国制定了国家统一计划经济下的价格指数，主要是奉行煤炭低价政策，煤炭定价主要是与其他主要生产资料进行比较来确定价格，并不是按照市场的情况来定价。这一阶段采用的计划单轨价格的优势在于有效避免煤炭价格由于市场定价规则从而不受控制的变动，可以较为便捷地协调煤炭开采、运输和需求三方关系，保障国家煤炭分配配送计划的安全实施、满足煤炭用户基本需要。但是后果是由于煤炭价格低于煤炭资源价值，煤炭企业利润向其他部门转移，影响了我国总体国民经济的均衡发展，而且煤炭价格长期处于低位，不利于高耗能企业的节能管理，此外，在低煤价政策下，煤矿因长期缺乏盈利能力而失去长期生存能力。

2. 价格双轨制阶段（1985—2012 年）

这一改革期间又大致分为国家统一定价的煤炭价格双轨制实施（1985—1992 年）、电煤价格的煤炭价格双轨制试点（1993—2001 年）和我国煤炭市场化改革探索阶段提出的煤炭价格双轨制方案（2002—2012 年）三个时期。

（1）统一的煤炭价格双轨制（1985—1992 年）。

这一时期，国有的重点煤矿、地方大型国有煤矿集团和国有乡镇煤矿集团代表我国煤炭资源总量的大体资源布局状况。根据矿井产能特点又分出了大规模煤矿和小型煤矿两类，大型煤矿还包括国有大中型重点煤矿企业和少量地方国有煤矿，剩下的则为小煤矿。1985 年以来，国家支持国营煤矿产业的迅速发展，国家一方面要遵循个体煤矿产品的最低市场价格，另一方面国家与国有规模煤矿集团签订了价格总协议。

在计划承包制企业的管理规定下，国有小型煤矿每年首先要足额完成其煤炭产量计划并按当时国家指导价将一定额度的煤炭出售给我国电力、钢铁、冶金、化工、交通机械等多个重要下游制造业，超产定额出售煤炭的企业才被允许在限定产量范围之外加价，从而基本形成全国煤炭计划价、指导价和煤炭市场价三位一体并存市场价格体系，"价格双轨制阶段"就此而拉开了序幕。

（2）电煤的价格双轨制（1993—2001 年）。

从 1993 年开始，国家将定价权下放给各地，随着时间的推移，当煤炭价格逐步放开后，由于电力价格仍然是单轨制，煤电价的利益争端开始变得越来越严重，煤价双轨制超出部分的市场化价格造成如果超出计划用煤外发电的成本非常高，甚至高于电价，发电企业在用电高峰期保证供电时会发生大量亏损，一些小的电力企业没有能力按照国家正常的电力市场价格再购进煤炭，而超出煤炭产量计划的生产优质煤炭的大型企业不愿意按照计划价格进行供煤，电力企业不能按照超出部分规定的市场价格继续购进煤炭，就会引发供电不足的情况。在此情况下，一些地方政府也被迫提出，电力供煤运营企业年度的普通焦炭购买成交煤价还将执行国家指导价。但是该约束并没有很好的效力，当煤炭市场价格部分高于指导价格时，煤炭企业仍然会多次以其他借口不愿意完全以该指导价格形式履行原煤供应协议，每年在电力高峰时段，煤、电双方企业也要重新经历一场煤炭价格协议谈判，每次的讨价还价要通过各级政府部门的人员出面综合协调，最终的订货合同还必须再按政府原定计划进行一个重新分配，按现行规定价格列入国家电力价格和浮动调整价格后，谈判才能告终。大多数这样的情况下，虽然电力企业实行政府统一指导价的形式获得电力煤炭合同，但是有时仍然会出现无法获得铁路运力指数，电力煤炭合同无法生效的矛盾，仍然出现煤电价格矛盾情况。此外计划购煤电价与现实市场煤价间的结构性差异很可能进一步导致煤价投机套利行为的发生。

（3）煤炭市场化探索中的价格双轨制（2002—2012 年）。

2002 年以来，煤炭价格机制已经明确完全放开，由市场制定，并且电煤价格逐步不再由政府负责调控，进行煤炭价格完全市场化的探索，这十年可以看成是煤炭市场化改革的前期，逐步由双轨制价格变为完全市场化价格。在这个过渡期内，国家仍然会在一定程度上调控电煤价格，政府在每年的煤炭订货会上都会有一个协调指导价，这个价格的作用作为信号供市场的人们进行参考，对于由于运输瓶颈制约和电煤价格最终协商不一致的情况，国家会对电煤市场价格进行一定的调整。

3. 市场化定价阶段（2013—2015 年）

2012 年 12 月我国发布的《国务院办公厅关于深化电煤市场化改革的指导意见》明确提出，社会主义市场经济体制也要逐步在中国逐渐成熟的市场中进一步完善起来，资源有效配置机制也应当是社会主义市场的主要条款机制。经国务院批准，自 2013 年 1 月起终止一些重大电煤购销合同，取消现有双轨电煤价格体系，煤炭企业必须与国有电力企业之间自主对接协商制定价格，煤炭企业应当和其他电力企业间自主协调衔接并签订合同，自主谈判协商和确定具体价格，鼓励交易双方共同签订相关中长期经营合同，地方各级人民政府主管部门对大型煤炭企业更应该大胆放开手，让地方煤炭企业真正闯出自己的一片天，煤炭工业协会还负责将对企业签订过的各类合同整合到一块，对协议执行落实情况定期进行现场检查。同时，还要求电煤生产运行模式和供求调节价格机制必须良性运行，必然要切实为我国经济平稳发展保驾护航。

2013 年初至 2015 年，取消部分重点电煤合同定价后，煤炭企业按照相关规定和各电力企业组织去相互探讨有关定价合同的事项，并且希望根据探讨取得的结果重新签订出适合自己需求长期稳定性的价格合同，但是由于这一时期煤炭价格受整个煤炭市场处在长期下行周期通道的影响，大型国有火电企业往往因为煤炭价格走势偏低和发电量的长期考虑会主动放弃兑现长期合同。有些电力公司经常考虑放弃长期合同定价并购买当时煤炭市场上价格较低的煤炭。因此，双方原定 2016 年中期谈判达成的长期煤炭价格方案，受煤炭市场价格的变动，实际并未能够得到严格遵守。

4. 新双轨制阶段（2016 年至今）

2016 年国家发改委又下发了《关于加强市场监管和公共服务，保障煤炭中长期合同履行的意见》。2016 年底，一些大型民营煤矿集团也恢复使用了年度长期合同谈判协议价格和煤炭现货价格挂钩的煤炭双重统一价格体系，并在必要时开始制定更加具体的长期谈判定价机制，当年提出了"底价 535 元 + 浮动价格"定价模式，在长期合同的基础上，利用现货浮动价格处理不确定的用煤需求；大型上市煤炭企业按照该种定价模式，将月度长期焦炭合同销售价格分为长期焦炭合同价格和焦炭合同现货价格两类。

2018 年发布的《关于推进 2018 年煤炭中长期合同签订履行工作的通知》中，对 2018 年新一轮集中签订完成的长期采购合同究竟如何重新定价给出了比较明确详尽的细化规定，规定指出，供需双方将在延续上一年度方法原则的框架基础前提上，相互自行商定并建立新价格机制，并同时根据实际市场供求情况，由合同双方另行商定合同参考的价格，对通过协商最终不能有效达成原则一致购买意见价的，仍需按原则上不得高于上一年度（2017）年度水平定价执行。

经过煤炭价格的改革，煤炭价格已经完全按照市场机制进行定价，但是由于电力价格并未完全脱轨，在电力供应高峰期间，可能会出现市场上高煤价造成的电力企业因为保障社会稳定和社会生产的亏损。在煤电企业中，煤炭价格和电价之间的矛盾长期存在。

二、我国成品油定价机制

改革开放以来，我国对于石油也是实施低价计划经济定价策略，因此成品油用户始终享受到相对低的油价政策，当时国际的石油价格政策往往也是每年只有一次价格调整。1993 年，我国首次成为国际石油原油进口国时，国家规定石油的最低价格制度已经过时，不符合石油市场经济活动的发展规律，矛盾逐渐凸显。1998 年，我国加入 WTO，中石油集团公司和中石化集团公司的一系列联合并购、重组，形成以石油产品为主要经营的大型国有企业标志着我国市场化油价供应体制改革的开始。1998 年后，国内原油市场价格和企业成品油价格调整的改革进程大致经历了三个发展阶段。

1. 原油、成品油价格初步与国际市场价格动态接轨的过渡阶段（1998—2000 年）

1998 年 6 月 3 日，由国家计委制定，国务院出台颁布的《原油成品油价格改革方案》国家标准规定了未来十年国内原油、成品油价格要按照新加坡的国内市场油价水平相应调整予以正式确定，原油价格调整自 1998 年 6 月 1 日时起全面正式执行，成品油价格于1998 年 6 月 5 日起正式执行。至此，我国的石油价格按照新加坡国内市场上月平均价格确定，每月一调，而汽油和柴油则实行国家指导价，中国石油、中国石化集团在此基础上可上下浮动 5%。

2. 国内成品油价格与国际市场水平之间完全接轨的过渡阶段（2000—2008 年）

在第一个阶段调整期内，我国的成品油价格完全随着国际市场油价走势而变化，时低时高，尤其是 1999 年 4 月后，国际油价开始上涨，国内油价也常常突破限制，国内炼油企业更是生产经营困难。这轮涨势期间，每次调价吨油在 200 元上下并不鲜见，致使提价过高，影响了成品油生产经营的正常安排。在第二阶段中，从原来的每月一调改变为按照国际市场油价波幅不定期调整，此外，成品油价根据新加坡、荷兰鹿特丹和美国纽约三个市场间的石油市场价格进行相应动态调整，而并不是简单笼统地根据新加坡的市场价格确定我国成品油的价格。

3. 国内市场成品油价格与国际接轨进一步完善的阶段（2008 年 11 月之后）

此阶段形成了我国现行的国内成品油价格及定价机制。该机制是由中国国家发展改革委员会（简称发改委）专家组牵头于 2008 年 11 月 25 日左右调研后最终拟定通过并实施的国内市场成品油价格与其形成机制的改革初步方案。2008 年底进行的成品油价格和燃油税费改革，使成品油和原油的价格关系能够进入正轨，能够进行良好的协调发展，建立国内成品油价格与国际原油价格间接挂钩的价格机制。新定价方式下，若国际油价连续22 个工作日日均涨跌幅超过 4%，应调整国内成品油价格，使成品油价格更加符合实际，更加敏感地反映出市场供需关系，合理利用资源，促进公平竞争。2013 年 3 月 26 日，我国发布的《关于进一步完善成品油价格形成机制的通知（发改价格〔2013〕624号）》对调价周期进行了修订，将成品油计价和调价周期由22个工作日缩短至10个工作日，并取消了上下4%的幅度限制。

三、我国天然气定价机制

早期的天然气价格为政府制定的指导价，政府制定了天然气的档位和上下限。2011年，我国在广东、广西开始进行价格机制的改革试点，提出按照市场净回值法进行定价，该定价方法是以商品的市场价值为基础确定天然气的供货价格，而天然气的市场价值按照竞争性替代商品的当量价格决定，可以使得天然气价格和可替代能源价格进行挂钩并调整。我国现行的天然气市场定价机制主要方法也是要依据其替代品价格分析研究的基础上而得出价格的，通过将天然气销售价格与天然气相竞争的可替代能源（主要是石油、煤炭、液化石油气LPG等）的价格相互参照，进行挂钩，在此基础上倒扣管网的运营成本和相关税费后，进而能够确定天然气价格。

四、我国电价形成机制

电价能够通过市场反映能源和电力的价值，带动优质电力的发展，由于电力生产关系社会稳定和民生，用户需求的种类众多，而且电力属于二次能源，其发电成本和一次能源的特性和转化效率有关，因此，电价的种类繁多，并且电价的定价较为复杂，例如仅在需求侧就分为大用户电价、工业电价、居民电价、商业电价等类别。从电价的大体演变趋势上来说，目前，我国正在率先在"厂网分离"的基础上，积极推进"输配上网"的市场改革，进一步建立电力市场机制，规范电力供需，逐步从市场竞争中确定电价。

1. 有关制度规定

根据中共中央、国务院2015年颁发的《关于进一步深化电力体制改革的若干意见》通知指出，我国可借鉴一些国外经验，在已经实施完成的"厂网分离"工程基础上，需要进一步研究规范实施电力市场规范化的建设工作。为了加快促进地方电力市场环境的开发建设，有关各部门已经相继颁布了《电力中长期交易基本规则》《关于深化燃煤发电上网电价形成机制改革的指导意见》《关于印发电力市场运营系统现货交易和现货结算功能指南（试行）的通知》《省级电网输配电价定价办法》《区域电网输配电价核定办法》《国家发展改革委关于全面放开经营性电力用户发用电计划的通知》等文件，来帮助电力市场的进一步建设。通过电力市场改革的推进，当前我国电力市场主要由中长期电量交易市场和现货电量交易市场构成。中长期电量交易市场是以年、月、周等日以上时间周期的电量交易为主，包括可中断负荷及调压等辅助服务交易。现货电量交易市场则以日前、日内、实时为时间节点开展电能量交易为主，也包括备用和调频等辅助服务交易。中长期电量交易市场基本已在全国各个省（市）建立，而现货电量交易正在部分省市进行试点工作。

2. 优先生产和购电制度

在市场体制方面，我国创造性地建立了优先生产和购电的制度。该系统优先用于公益性和调节性的发电，在市场体制中，规定联网时优先使用清洁能源，加大节能减排力度。电力市场的参与者通常是各种发电公司、售电公司、供电公司和电力消费者。在电价的形成机制方面，我国对发电电价大体分为合同电价和现货交易电价，其中合同电价多用于中长期电力交易中，电价由买卖双方商定并签订合约，现货交易电价由电力市场中的交易决定，通过在电力市场上参与交易的企业或消费者的用电量，以及发电商的报价进行确定，根据各地实际情况，现货电力交易市场可选择分区结算电价或节点边际结算电价进行成交清算。

3. 电价的主要类型

（1）上网电价。

电力系统中的上网电价是非常重要的一环。上网电价都是发电公司按各种发电产品类型自行确定售出价格，在本轮电价改革前，上网电价主要由政府监管进行定价，主要考虑用于进一步补回中小型发电企业的运营维护成本和税后利润。各种类型能源产生电力的成本不同，上网电价也可能存在差异，如煤电、水电、核电、风电、光伏分布式发电产品和其他气态能源。随着整个电力市场改革发展的逐渐深入，电价体系逐渐由市场形成，电价异常波动因素对实际用电成本影响已越来越明显。2019 年元旦之前的"标杆电价"方案，在国家电力市场建立完毕后，除能保障居民、农业等用电安全的低价机组外，全部通过市场竞争来形成稳定上网标杆电价。目前，各类发电能源的年上网总量的占比中，火电能源的比重是最大的，达到约 66% 以上，水电、风电、光伏的发电比重总和约为 26%，核电比重更接近了 4%。清洁能源平均上网电价（含补贴不含税）将明显高于纯火电，从而能够在价格上体现一定的对清洁能源的考虑，有利于在发电侧降低碳排放。

上网电价形成机制主要有：一是 2004 年以前投产的机组，按补偿成本、合理收益的原则核定经营期电价；二是 2004 年以后新投产的燃煤火电机组，执行按社会平均成本核定的标杆上网电价；三是水力和燃气发电机组核定上网电价的方式来进行指定电价；四是跨区跨省送电上网电价除政府定价以外的，可由供应方和消费者进行商量最后确定上网电价。同时，为适应电煤价格放开，建立煤电价格联动机制，如果平均煤价变化 5% 以上，则调整电网电价和售电价格。此外，引入电价补贴制度支持可再生能源发展，对风电、生物质燃料发电等进行补贴；为鼓励燃煤机组实施烟气脱硫，明确了脱硫加价补贴办法，对脱硫上网电量每千瓦时加价 1.5 分给予补助。

（2）输配电价。

输配电价统一采取"准许成本＋合理收益"的现行政府强制定价执行机制。平均的输配电价应等于全部输配电价格准许的总收入和除以准许总销售的电量，其中的输配电成本准许销售总收入分别为准许成本、准许销售收益总额和输配电税金等的相加总和。我国推进输配电价的综合改革目前最主要的思路是继续按照国家标准提出的"合理收入 + 合理成本"基本原则自主确定输配电的总价格，并将企业输配电服务价格逐步与公用电网领域内确定的服务电价、工商业用电和居民电价相对分开。

（3）销售电价。

我国公布的现行电力年度销售电费价格大致由向各地电网公司申报购电营业成本、输配电装置损耗、公共资金和输配电价格四部分组成。购电营业成本应包括由电网企业直接购买自用电能并向当地发电生产企业自行支付电量的各项费用收入支出（上网电价）和有关税金两部分；输配电费损耗成本是企业在正常输配电运营过程中发生损耗电量而产生的正常损耗，该损耗成本转移给用户承担；公共资金是指各地依照国家现行有关财税法律、行政法规执行或国务院批准的售电资产和附加费；输配电价格，即最终的上网销售电价是政府根据目前社会生产用电及产品类别特点而有分别地组织制定电价表格决定的，包括大集体工业、私营工商业产品电价及其他居民、农业等用电价格四类产品和销售用电的电价，各类用户电价根据电压等级进行细分。一般而言，除居民用电价格外，电压相对较低等级的用电价格高一些。针对主要的工业用户，目前是使用用电成本计价的基本形式，其中包括单一制电度表电价制和两部制电价，两部制电价体系是直接由电度电价表和生活用电的基本制度电价表构成的。此外，还在生产销售及服务的环节内又引入考虑到了电价峰谷的分时计算价格法考虑到旱、夏、枯、秋等季节电价，高可靠性和可中断电价等多种计价形式，如此繁杂的电价计算体系目的是使各类用户能够合理地安排好用电计划。

4. 电力体制改革与可再生能源电价机制

新一轮电力体制改革的主体思想是"管住中间，放开两头"，未来随着新一轮电力体制改革设计目标得以实现，未来的发电和售电都根据市场来进行定价，中间的输配环节由国家有关部门进行牢牢地掌控，输配电价由政府部门制定，并且调整周期较长，输配电价由政府制定能够在一定程度上保证国家输配电基础设施的安全。

新的一轮电力体制改革中，在可再生能源电价机制上进行了设计。我国在新一轮的输配电价改革中确立了"准许成本加合理收益"为基准核定各类输配电价的原则，省内电网的输配电价是通过分配法准入得出的。省与省之间，区域和区域之间专项工程和区域电网输电价格要分别进行计算。区域电网容量输电费通过省级电网输配电价回收；跨省跨区专项工程和区域电网电量输电费通过实际交易结算电量回收。为实现可再生能源的大范围消纳，使可再生能源具有价格竞争力，跨省跨区的输配电价设计是其中的关键，由于在我国配电系统基础设施的基础建设仍处于初级开发阶段，新能源项目的政府补贴远不能完全地满足需求，绿证制以及电力配额制供电价格还尚不能做到完全地覆盖社会需求水平的前提下，考虑通过跨越区域及省进行相应的输电电价折减征收，同时以市场价格调节为手段，在促进可再生能源发展的基础上，建立对应的可再生能源的定价系统，激励可再生能源发电的消纳。

上文提到的绿证制是指国家规定对于可再生能源发电生产企业（非水电能源）产生的电力，会颁发绿色证书。绿色证书是指一种具备独特性编码标识的绿色电子证书，也是我国给予产生非水电可再生能源发电企业使用的另外一种独特性凭证，并且规定这种凭证可以进行交易，或者选择兑换为货币。同时，其本身也完全可以用来作为一种独立于其他部分且针对可利用再生能源的计量工具。此外，该绿色凭证在企业对外进行绿色可再生能源技术转让合同时，可以用来作为取得一种具有环境效益等方面的所有权的交易工具。2017年7月1日，规定相关电力企业可重新开始办理关于绿色电力证书的现场认购手续工作，在认证交易时，其最终价格的上限不高于绿色电力证书对应实际消费的绿色可再生能源发电量对应的电价金额，在此条件下，卖家和买家双方分别通过市场竞争、协商定价或者进行协商后来确定其最后价格。风电、光伏太阳能发电经营企业办理出售国家可再生能源绿色电力证书后，相应的电量不再享受国家可再生能源电价附加资金的补贴。国家能源局在2019年1月7日，发布了国务院关于今后大力推动风力发电、光伏发电不享受电量补贴，以平价上网的相关工作通知（发改能源〔2019〕19号）。总体看来，该通知着重激励以低价的方式，促使风电和光电上网，并通过绿色证书交易获得相应的补偿。2019年5月10日，《关于建立健全可再生能源电力消纳保障机制的通知》（发改能源〔2019〕807号）还分别提出针对国家不同省份及行政区分别设立不同类型的关于分布式可再生能源电力的消纳权重。同时，通知中明确表示对于企业间自愿认购的绿证对应的电量（可再生能源发电），可以用来记为消纳电量。2020年1月20日，财建厅〔办函2020年〕第4号提出要抓紧全面推行绿色电力证书交易。从2021年1月1日起，在配额制改革原则引导下，实行全国绿色能源电力产品认证交易，优先考虑燃煤电厂、优先按规定安排并保障企业煤炭进口与绿证制度有效挂钩，持续适度扩大国内煤炭绿证市场整体交易规模，并进一步积极推动通过多种市场化等方式来全面推广现有绿证交易。企业可通过绿证交易获得的差价收入等来逐步替代一部分财政补贴。

为加快适应碳中和长远发展的目标，需要逐步加大全国新型并网能源规模化建设，加快发展配套能源市场和能源价格体系。未来我国将着力深化电价市场化结构变革，充分发挥市场对电价的重要作用，营造市场电价预期有效信号，进一步规范完善销售电价目录机制，保持市场销售电价总体公平稳定，更好地引导消费者参与去峰填谷制度，同时改善农村电力供需，支持鼓励新能源消费，发展清洁新型的电力。能源系统运行以建设新能源为核心组成部分。目前，在进一步使用电价的机制中，针对上述改革目标，在电价体系的设计上，有如下优化措施。

（1）完善峰谷电价机制。在科学划分高峰期和低谷期的基础上，综合考虑当地电力供需、系统用电负荷性质、新能源装机占比、系统调整能力等因素，收紧系统供需、高边际供电成本，通过合理的峰谷电价，引导消费者节能减排的行为，未来在可再生能源发电装机比例较高的情况下，峰谷时段的划分和价格的制定还要充分考虑新增发电量的波动和净负荷曲线变化的性质。

（2）建立年度尖峰电价机制。尖峰电价机制是在峰谷电价的制度基础上，根据前一两年当地电力系统中最高峰负荷的95%及以上峰值用电负荷运行的时段定义相关的尖峰用电时间，指定尖峰电价，提高用电成本来指导市场节约用电。尖峰用电时间的确定还要考虑到当年电力供需情况、天气异常变化影响等诸多因素进行灵活调整，尖峰电价原则上不得低于峰时电价的20%。加强尖峰负荷可以充分挖掘发挥市场需求价格侧稳定调节能力。

（3）完善企业季节性电价。由于用电特性和季节相关，因此，电力供需水平间存在比较明显的季节性差异，因此，要平衡各季之间不同的供需，达到合理用电的目的，可以结合地区实际情况完善季节性电价机制，例如，可以结合负荷峰谷情况将一年分为若干个周期季度，确定季节性高峰价格和季节性负荷峰谷周期电价幅度差异。此外，可再生能源发电的出力和季节也有关系，因此，季节性电价也需要兼顾风能、太阳能、水能等多种能源的发电出力情况，因地制宜地调整完善季节性电价浮动高低机制。对于北方冬季取暖而言，鼓励北方地区结合实际研究调整联合制定区域季节性电热价格政策，应适当延长供电需求低谷期，进一步降低大部分地区居民清洁生活用电成本，为北方地区居民提供更为合理有效的冬天清洁能源及取暖保障。

上述电价机制方面的所有改革目的是通过用电价格机制引导合理用能，按照负荷特性对各时段分别制定不同的电价水平，传递电价信号，能够促使用电侧在低电价时间段多用电，在高电价时间段少用电，使发电系统安全平稳运行，能够有效提高整个发电周期的经济效益，降低整个社会的运行成本，同时也可以为低碳能源消纳提供保障。截至2021年底，我国已有29个省份实施了峰谷电价及分时电价机制，各地峰谷分时电价机制在具体执行上有所不同。大部分以天为单位，在此基础上划分为三个阶段，分别是谷、平、峰，并按照这三个时间段实行不同的电价安排，个别省份在这三个时间段的基础上增加了一个尖峰段，如四川省，这是由于四川电力供应与水流量相关，以月为单位可以划分成枯水期和丰水期两种时刻，对电力供应紧张的枯水期进一步执行枯水电价；上海等地按季划分夏季、非夏季，对盛夏用电高峰期执行更高的季节性电价。总体来看，虽然全国各地采取不同的电价机制，但是电价确实能够有效缓解峰谷之间的差量，从而在一定程度上缓解电力供需两端的矛盾，确保了电力系统运行的稳定性，从而提高了整个社会上的电力系统的经济性。

思考题

1. 为什么在低碳约束的条件下，电网架构需要重组？

2. 电网重组后和以前电网有什么不同？

3. 集中式供电和分布式供电的特点和优缺点是什么？

4. 我国终端能源消费的发展历程以及低碳约束下终端能源消费会产生怎样的变化？

5. 请凝练提出我国现行的煤炭价格体系。

6. 请凝练提出我国当前成品油的定价机制。

7. 请凝练提出我国当前天然气的定价机制。

8. 我国当前的电价机制有哪些？电价机制和发电用的一次能源之间的价格机制存在怎样的关联和制约？

第四章　综合智慧能源

【学习目标与任务】

1. 掌握综合能源的概念、特点和服务对象；

2. 理解合同能源管理的概念、特点和模式；

3. 理解分布式能源和清洁能源的含义和利用模式；

4. 了解区域多能联供和互补的管理要点和对策；

5. 理解区域能源互联网的定义和特点；

6. 理解电力市场的市场机制；

7. 理解虚拟电厂的概念和特点；

8. 了解综合能源服务的概念以及商业模式。

第一节　综合智慧能源的内涵

一、综合智慧能源的发展背景

随着"双碳"战略目标的确定，可再生能源发电技术以及围绕着能效提高的节能技术得到了前所未有的发展。从电力用户侧的视角上看，分布式清洁能源、多节能多联电供电技术、智能电力微网新技术得到快速推广发展。智能微电网新技术一般部署在用户侧，针对用户的用能特点，结合节能技术和分布式发电，依托智慧能源管理在用户侧形成综合智慧能源系统，这种用户端实现高比例绿色能源的使用模式，在我国已经逐步开始走向市场化。在"双碳"背景下，对绿色节能环保减排观念的一致共识与市场对全球能源需求多元化能源的强烈需求将使整个综合能源市场容量需求量非常庞大，资源消耗与环境间平衡的问题、能源结构问题都吸引了整个行业、国家甚至全球的普遍关注。

从宏观层面上看，能源发展的整体转型发展方向是向绿色、低排碳的能源供给领域发展；从微观层面上看，在接近用户供给侧，以终端用户需求为主要中心内容的新型分布式综合能源多元化能源供给，也是实现综合能源利用的一种手段，同时也可以催生小规模靠近用户侧的能源市场。此外，清洁生物能源生物发电利用技术、冷热电物联供应技术、多种能源分布式利用、发电以及相关能源产业链得到不断快速发展，使我国不同经济种类能源系统之间电能的快速生产、转化、交换运输变成了可能，随着当今物联网、信息技术的进一步发展，能源产品之间会有更多密切的信息传递和技术联系，这也为综合智慧能源的发展提供了有力保障。

"双碳"背景下，接近电力用户供应侧、以能源用户生活为主要中心，就近地生产能源和方便消纳能量的绿色综合型智慧能源模式会日益成为国家能源制度改革深化和未来发展中的重要研究方向之一。综合能源的发展能有效推动提高工业能效、降低社会碳排放强度、促进大量清洁替代能源有序消纳使用并持续降低能源用耗能置成本，综合能源的普及还将进一步对加快推动新型能源向供给侧结构性的改革，也将持续推动全球能源领域与相关技术产业能效利用技术升级。

二、中外综合智慧能源的发展

目前关于综合智慧能源的实现，各国的理解并不一致，以下是主要国家综合智慧能源的具体实施探索过程。

1. 欧盟

作为全球传统的优势工业区，欧洲从哥本哈根联合国气候大会开始就一直尝试进行绿色减排的工作，欧盟当前对清洁智慧综合使用能源方面的主要思路是：要求通过进行能源系统信息化基础设施的综合改革，完善和应用在综合能源使用的创新管理，从而显著提高欧洲能源系统的综合利用与效率，欧盟在实现综合智慧能源的探索中，集中强调依靠现代信息技术应用，构建盟员国之间的综合能源资源信息共享，从而在绿色低碳化社会发展用能模式方面发挥碳减排作用。

2. 日本

日本由于受其独特地理位置限制，能源主要依靠进口，日本政府早在 2009 年 9 月就公布了 2020 年、2030 年和 2050 年的碳减排目标，提出要对日本的能源结构进行优化，建立覆盖全日本领域的分布式综合替代能源系统。2010 年 4 月，日本在经济产业省开始启动了"智慧能源共同体"示范计划，主要包含了 4 座重点城市中实施"智慧城市"的建设，从而实现日本对于综合能源的智慧应用。

3. 中国

2010 年，我国专门成立了办公室国家能源委员会小组，旨在积极推动在能源领域内的改革创新协调发展体系及能源综合协调智慧能源系统体系框架的加快建设，同时要加快我国能源体系改革，创新现代能源系统发展运行模式。在上述国家层面，我国陆续制定实施并审查通过备案了国家若干重大有关建设综合分布式智慧能源系统建设的国家级重点和研发规划项目，国内众多相关国家能源企业开始积极推进布局，同时还与多家国外政府相关专业机构深入开展深度合作，加快共同推动中国综合分布智慧能源系统研究在关键技术、服务与模式方法等方面进行的突破创新，以助力建设我国清洁、安全、可持续应用的高效综合智慧能源体系。当前我国的综合分布式智慧能源系统建设仍处于初步阶段，已开展试验的分布式综合应用智慧能源主要以综合智能电网、配电网技术为载体，实现在横向的"电、热、冷、气、水、氢"和"水、火、核、风、光、储"等能源多品种环节之间，纵向的"源—网—荷—储"等能源的多种类供应生产环节之间有机地协调生产加工协同、配送物流协同、需求消费协同以及能量供给生产和能量消费过程间协调的互动。

从近年来我国能源的综合及智慧应用发展变化历程特点上可以看出，在用户侧综合智慧能源发展的重要内涵首先是利用综合及智慧能源为核心满足能源终端客户对多元化产品的能源需求，我国的综合智慧能源主要以分布式发电、储能技术为主要核心，在进行充分调研预测和评估分析用户附近拥有的电力资源禀赋条件和电力用户负荷特性情况的分析基础前提上，综合考虑用户在生产、传输、存储、消费能源过程的各个重要环节，利用现代大数据、云计算、物联网、移动智能互联网应用和计算机人工智能系统等技术，实现能源系统供给环节与生产消费过程有机统一协调管理和动态优化和组合，为用户供能。

三、综合智慧能源的特点和服务对象

1. 综合智慧能源的特点

目前从综合智慧能源实施的成功经验上看，综合智慧能源的特点包括：

（1）综合性。综合能源的思想是在"电、热、冷、气、水、氢"等能源多品种之间实现横向协同，在"源—网—荷—储"能源多供应环节之间实现纵向协同。

（2）就近性。尽量能够保证各类能源要素在靠近用户侧合理地进行生产，实现就地消纳。

（3）互动性。实现各种不同类型能源主体之间良好的信息互动，在综合能源系统中，实现能源产销的灵活互动。

（4）智能化。充分利用现代大数据、云计算、人工智能系统等多项现代化新技术提供智能灵活安全的新型综合信息能源服务。

（5）低碳化。降低碳排放，使用尽可能多的清洁能源。

2. 综合智慧能源的服务对象

综合应用智慧能源管理系统在我国的主要服务对象一般有：集中工作区域、工业园区、科技园区以及大型民用公共配套建筑群等。

以我国各类工业生产园区的用户为例，园区内常是国内大型规模工业用户的产业聚集之地，整体能源的消耗效率较高，因此在用户侧采用综合能源管理可极大降低各类园区用户单位对外的用能需求，减少远距离传输能源产生的损耗，并且降低综合运营投资成本。此外，综合能源可以根据每个客户企业不同行业的特殊用能资源需求，提供定制化综合智慧能源方案。另外，大型城市公共建筑用户在电力能源及消耗资源上每年都能有大量的用能需求，公共建筑用户的类型包括住宅商业办公用楼、学校、医院公共建筑等，因此，对一些能源用量特别大、消费层次高一些的公共用户，可以考虑自建综合智慧能源系统优化用能布局，进行多种能源应用间能源的功能互补、梯级利用。

四、综合智慧能源类型

综合分布式智慧能源管理系统中涉及的智能综合的能源类型具有复杂多样的特征，应用场景和需求场景也具有多样化、广泛化的特点。其具体应用领域可大致包括分布式综合能源供电系统及分布式多能混合、分布式的可再生能源清洁及再生能源的能源利用、分布式能源产品的再利用、分布式生物质发电供热、能源互联网技术以及其他能源相关行业应用中的多种智能综合的智慧能源应用管理等。

其中综合能源区域多能联供的方式可以实现较大区域内的综合能源共同利用，一般是对于某一个城市区域内部的多种分布式能源系统利用综合分布式智慧能源系统网络实现综合能源的多效联合高效供应，例如对于区域居民日常生活用能，尤其是城市居民的夏季制冷和冬季取暖用能，在国家"双碳"发展目标要求支持下，以石油、天然气、风、光、火、电等形成"冷源—热源—电能"的三联直供体系为主，以达到多种能源有效的循环梯级循环利用，目前从试点上看，综合智慧能源利用率基本都能达到70%以上，通过互联网运营的电、热、冷、气、水供应等多功能网络，提高综合能源的利用效率。

综合能源在促进清洁能源及综合利用的思路一般是加大绿色清洁替代能源装备的示范使用，建设以水能、风电、光热、储能设备（电、冷、热）系统等为互补能源的高效综合梯级能源开发利用综合项目，实现综合能源梯级利用率效益最大化，促进分布式能源快速就地高效生产、转换、消纳，以进一步减少分布式能源系统在长距离运输使用途中出现的电能损耗。

五、综合智慧能源发展趋势

未来将实现通过现代互联网技术平台和现代能源信息系统的相互融合，促进更大区域的综合能源设备节点和所有系统终端之间的互联，未来会形成新一代综合集成智慧能源生产控制运营平台，将整个能源设备生产、传输、消费管理等所有环节上的海量数据进行智能化实时在线采集查询及跟踪监控，提升新能源行业全价值链间的智能数据、信息共享交互功能和信息化协作，使整体能源生产、使用、运营效率大幅度提高，能源生产与运营服务智能化的程度进一步提高，服务领域的能力多元化提升，能够为客户提供价格智能分析调控、价格信息预测、能源数据价值挖掘利用等多种技术服务，实现全国区域的大型综合能源系统。在上述的应用中，凭借电力能源转型的能源互联的低碳转型是实现全球碳减排目标的重要一步。能源系统互联转换后实现的绿色能源结构转型，能充分有效地在脱碳与减排转化任务执行中发挥更积极的作用。

第二节 合同能源管理

一、合同能源管理的概念和特点

1. 什么是合同能源管理

合同能源管理机制是当今市场上一种相对较新的能源服务管理模式，能源服务公司通过与用电客户，一般是企业，共同商议签订企业能源技术管理及服务合同，为客户提供能源管理服务、节能服务或能源减排专项技术服务。公司按国家相关能源合同规定，同能源服务公司一同分享由客户企业承担节能责任或者实施减排改造项目后带来的各种实际投资收益。合同能源管理机制的好处一是客户能够利用能源服务公司的专业技术，在极短期内快速达到节能减排增效与减排的经济社会效益；二是可以及时地从企业自主实施节能投资与增效减排项目的相关工作中抽离出来，将主要经济精力和资金集中地投放在公司自身及主营的核心业务产品上。

2. 合同能源管理的特点

（1）投入少。对客户而言，相关能源服务公司进行相关项目的实施，使得客户投入的资金和精力较少，并且采用全新的社会化服务理念有利于能源管理项目的实施。

（2）互利性。能源服务公司通过项目可以获取一部分项目实施收益，客户从中也相应节约一些节能直接投资的成本，两方获益。

（3）节能减排效果明显。合同能源管理实施的项目模式真正地实现了规模性节约减排投资成本的目的，间接具有社会效益，通过合同能源管理实施能效提高和节能减排项目，能够使得碳排量大幅度地减少，随着这一新兴社会服务的方式，能够促进国内的有效推行，能够使得我国环境问题进一步有效缓解。

（4）前景广阔。随着合同能源管理的技术性能水平持续地提高，碳排放也可能会越来越少，最终促进"双碳"目标的实现。我国需要实施绿色能源的企业数目较多，碳排量的市场份额很大。因此，发展合同绿色能源运营管理服务具有十分广阔的商业应用潜力。

二、合同能源管理的意义

截至 2020 年底，全国可从事环保节能专业服务和业务发展的合同能源管理企业数量超过七千家，节能综合服务类产业总产值实现近 6000 亿元，直接节能转换能力超过 4000 万千瓦时，相当于实现碳减排近亿吨，我国合同节能综合服务示范产业已从政策跟随者逐步迅速成长转化为节能理念的输出引领者。国内合同能源管理机制建设已经正式成为国家"政府支持、企业认可"的四大市场化新型节能创新机制模式之一，逐步深入人心。推行合同能源管理具有以下重要意义：

1. 适应加强我国生态文明体系建设进程的客观需要

合同能源管理，尤其是节能清洁服务能源管理是我国节能环保服务产业布局中战略性的组成部分，对推动构建我国经济高质量跨越发展模式及生态环境保护协同健康发展将起着举足轻重的作用。尤其是推行分布式合同能源运营管理技术对推动我国能源绿色集约化发展战略转型实施有着极为重要深远的积极推动支撑作用，推动国家传统动能及战略性新型节能基础设施技术的全面高质量的发展也是全面加强我国生态文明现代化建设战略的一项客观需要。

2. 减少能耗和提升能效

节能投资服务公司是我国以企业市场化投资机制为主实施大规模节能和减排能耗技术改造的企业主力，合同能源的管理运行机制逐步得到了社会用能节能机构的普遍认可，在高效节能管理市场化运营机制下，合同能源管理能够将低碳技术进行合理的配置。节能工程服务及合同能源管理机构通过大力实施合同节能应用技术项目，为提高我国地区及服务全球范围的高效节能及碳减排管理水平做出了很多积极贡献。

3. 助力产业结构快速调整转型升级

合同能源资金管理运行机制也被纳入政府市场化公共资源交易监管机制，可以做到最大限度高效利用现有社会资本，对及时解决我国各级地方财政资金结构性短缺方面的资金矛盾等有着重大积极借鉴作用。合同能源管理充分有效发挥了其本身在资源节能产业领域独特的战略资源配置机制作用，能直接助力中国产业结构快速调整转型升级，有效快速提升资源利用率。

4. 促进节能新产品新技术应用

合同能源管理的机制设计是现阶段促进企业节能与新技术产品开发应用转化的三个主要实施途径形式之一。很多的节能项目建设投资均由节能投资服务担保公司进行支付，消除了接受合同能源管理单位投资无效的顾虑。由节能环保服务技术公司专门担任节能技术方案项目的前期设计开发及工程实施服务工作，能够有效解决目前用能设计单位职工对能源新技术项目不了解情况的普遍问题。

5. 提供实现"双碳"目标的重要支撑

合同能源管理是以节能为目标及原则的，根本目的是提高综合用能效率，是我国实现传统能源管理模式转型现代化的根本前提和理论基础。合同能源的管理运作机制创新为保持我国绿色经济持续中上高速平稳增长发展提供了重要有力支撑，开辟出来了一条坚持以清洁能源与节约能源并行的新型节能工业化、城镇化发展道路，为未来我国新型经济社会转型发展进程带来了相当可观的政策综合效益。国际能源署分析认为，如果真要想把目前全球的温升范围控制在2℃内，2050年前的节能水平和持续提高的能效将对实现全球二氧化碳平均减排总量的总贡献比例超过37%。在此之前，节能技术及继续提高系统能效还将是解决全球能源系统二氧化碳平均减排难题的首要途径。据此，围绕合同能源管理实施的节能服务作为推进节能改造与持续提高行业能效项目，是实现我国"双碳"战略目标的重要支撑。

三、合同能源管理模式

合同能源管理模式主要分为效益分享型、节能设备用量保证型和合同能源费用托管型。目前，节能效益高的分享型能源费用管理节能项目为市场上的主流项目，所占市场份额约50%，节能用量较少的保证型管理节能项目其次，大约占市场比率的40%，能源费用托管型、融资性和租赁型及其他节能运营模式的市场占比较低。合同能源费用管理新模式目前已初步变成中国加速推动节能环保减排产业工作进程的"绿色加速器"政策，随着近几年国家发展节能环境保护产业及相关经济政策法规的不断出台、修改和进一步完善，合同能源管理的各类模式已经比较成熟，适用于符合我国社会现阶段实际的各项经济发展水平，其定能得到更好的发展。

第三节　分布式能源与清洁能源综合利用

一、分布式能源及利用

1. 背景及意义

随着我国"双碳"目标的确立，在此战略背景下，需要进行节能降耗，降低能源消费总量，减少碳排放，助力双碳目标的实现。能源发展的重点在于节能降耗，需调整用能结构，减少化石能源的消耗，以清洁能源替代。为了加大清洁能源的进一步消纳，除了在资源较为丰富的地区开展大规模的集中式的清洁能源转换外，还需要发展靠近负荷侧的分布式、多能协调互补的综合能源服务，实现能源梯次循环利用，使能效最大化，满足用户多样化的能源需求。

分布式能源是通过电气装置向就近用户提供能源供应的能源供给方式，无须进行远距离输送，而且可以满足用户电、冷、热、气等多种用能需求，同时可以实现能源的梯级利用相对独立。可以根据用户的能耗特点以及所在区域具有的能源资源，通过设计符合用户的能源供给方式，对含可再生能源的各种能源进行合理配置与使用，促使能效利用最大化。随着分布式能源的进一步发展，分布式能源占比将大幅增加，随着互联网和信息技术的进一步发展，分布式能源未来向多能协调互补方向发展，能够为用户提供多样化的能源供应，将实现更灵活的用电模式，用户将会更加适应分布式综合能源，未来的市场规模将更大，发展前景将更好。

2. 分布式能源的优点与利用模式

分布式能源具有投资规模较小，与集中式系统相比拥有更短的工期的优点，此外，它可以以模块化的设计来满足不同的应用。分布式能源是应用于用户负荷中心的生产和消费为一体的能源供应模式，可以为用户提供多样的能源供应，基本涵盖了家庭、社区和工业园区的供能需求。

对分布式能源的利用多是在一定区域内利用管网系统和电缆向供区内提供电、冷、热、气等综合能源，实现冷、热、电、气多联供，促使能源可以得到合理的梯级利用。一方面，与传统的供能体系相比，采用光伏等清洁能源的分布式能源可以显著减少碳排放；另一方面，由于可再生能源能流密度低、分散性强，分布式能源系统能够更灵活地进行部署利用。分布式能源利用多是以多能互补的方式，由于风、光等可再生能源的不稳定性，其能源供给和电之间的转换，或是和储能设备之间的转化，不但存在着不同能源的互补利用，而且还存在同一类能源不同时空的互补利用，因此，多能互补利用的模式是分布式能源发展的重要方式，可以使得能源之间实现有机整合、优势集成。多能互补并非光伏、风电、燃气发电、储能等能源的简单拼凑，需考虑负荷的性质、大小、地理位置，进行优化配置，这样才能使得分布式能源利用可以优化各种能源，利用互补的能源和技术实现较高的系统转换效率。

二、清洁能源及利用

1. 什么是清洁能源

清洁能源其实并没有一个较为统一的概念，早期的学者们认为清洁能源是可再生资源，能够持久使用，如水能、风能、海洋能等。目前的学者们提到的清洁能源多指的是新能源，主要是指通过新技术开发的可再生资源，如太阳能、风能、地热能等。从清洁能源的本意上讲，清洁能源实际上强调的是"清洁"二字，除了上述的低污染能源外，如果以新技术为依托对化石、非化石能源进行洁净的利用也可以将传统能源转化为清洁能源。从广义上说，新能源、可再生能源、非化石能源、新兴技术实现的低排放的传统能源都可以看作是清洁能源的一种。

2. 清洁能源的发展利用

随着"双碳"战略目标的提出，各行各业非常重视清洁化用能、节能降耗的相关工作。构建以节能降耗为基础能源体系，绿色低碳实现能源的使用，积极探索节能减排模式已经成为清洁能源发展的主要思路。构建清洁能源开发利用管理体系一般是通过电力进行互联转化，使得太阳能、风能等新的清洁能源转化为可方便利用的电能进行利用。在电能使用较多的高能耗工业，可以使用电能替代，加大企业对于清洁能源的使用，降低化石能源的消耗；此外，针对农业领域，也可在提高农业电气化水平的基础上加大电能替代建设力度；再有例如城市发展电动汽车，降低燃油消耗也能促进节能减排工作的实施，降低汽车尾气排放和碳排放，使空气质量提高。

未来从国家到区域、从区域到分布式能源利用，通过综合能源利用的大平台对水电、风电的开发与利用进行进一步的优化，利用电力实现清洁能源和传统能源之间的互补互联，使各种能源进行协调供给，针对用户用能进行供能系统的综合优化布局，确保提高清洁能源的消纳比重，优化能源供需结构。

第四节　区域多能联供与互补

一、区域多能联供

1. 区域多能联供综合能源系统基本特征

多能联供综合能源系统主要是指依靠电网综合平衡用户用能（含电、燃气、热、冷）的需求，借助区域内多能源互联系统，将传统的能源以及可持续再生洁净能源、储能、压缩清洁空气、输油、天然气管道等能源等有效整合起来，以实现同一区域能源内有效的能源梯级合理利用，通过能源协同调配供应能力及区域能源高效综合梯级化利用模式达到提高能效、实现低碳能源供给的目的，多源能源联供主要有以下三个特点。

（1）多能互补。多能分布式联供的综合能源系统主要是利用传统的化石能源与多种可再生能源组合（风、光、水、地热、生物质）和分布式储能设备之间的高效能源转化，可以实现分布式供换能，能够增加可再生清洁能源的消纳。

（2）供需互动。多能联供综合能源系统重点是以需求侧作为重点，使用多能互补和"源—网—荷—储"优化运行等技术来应对用户多种多样的需求，与此同时，还可以保证能源安全性、经济性、环保性、舒适性的协调与共存。

（3）信息调度。多能联供综合能源系统是在能量信息数据融合平台的基础上实现的，该平台是以分布式多元智能信息体系为基础，来快速达成在综合能源系统网络中的多能效尺度、多能源数据信息融合下能源调度。借助于信息平台中的计算机算法对各种实时数据、历史和运行记录数据以及管理过程数据进行的智能整理及分析，进行各种系统性、智能化分析提案，以帮助处理各种多元化的能源物资生产、传输、存储、消纳过程之间的相互调度问题。

2. 区域多能联供综合能源系统构成

区域多能联供综合能源系统构成按照能源供需的链条可以分为下列三个构成部分。

（1）供给侧设备。供给侧设备主要包括分布式能源自动转换站及其系统成套设备，以及高效分布式综合循环系统供能的工程配套设备，如分布式能源供给设备、光伏发电、分布式风机、热泵、余热回收及大容量恒压水直流发电机组设备、供给侧的储能装置、生物质发电设备系统等。

（2）输送侧设备。连接供需两端的设备包括微电网、热（冷）泵机组和供热燃气管网、输电和配水管网、压缩空气网架系统等管网设施，这些配套设施能够保障及时稳定的能源有效供应，来满足用户系统中的能源、用电以及不同时段的用能需求。

（3）需求侧主体。需求侧主体面向的群体一般是各产业园区终端用户，主要需求领域包含热、冷、电以及需求侧储能设备等的各类能源产品。

（4）能量信息数据融合平台。能量信息数据融合平台将供需两侧和连接两侧的设备进行深度有效耦合的支撑平台，由能源需求供给侧的能源实时远程监测系统、预警系统、需求侧分布式能源智能生产管理应用系统、能源实时安全运行预警控制系统、系统故障快速诊断分析系统、综合智能需求侧响应及调度支撑平台系统和能源交易平台系统构成。

3. 区域多能联供综合能源系统关键技术

（1）基于不确定性原理的负荷预测技术。传统综合调度能源系统中常用预测系统无法做到精确预测系统中的风、光、冷、热等多种能源的发电出力以及需求负荷波动，需要利用不确定性原理技术来科学处理上述波动带来的不确定性，包括短时随机波动和能源系统长期运行能效带来的不确定性。当前较为前沿的技术是基于深度神经网络学习方法的负荷预测分析模型，该模型可以考虑多种相关的不确定因素，如可以考虑气象因素中气温、降雨等因素对系统负荷影响，提高负荷分析预测模型的节能精度，未来会随着相关的研究为多能联供能源系统提供强大数据建模支撑。

（2）"源—网—荷—储"动态协同优化技术。多能联供综合能源系统中的能源设备类型高低各异，能量物质流动形式复杂，设备自身与其他设备类型之间有时本身就含有或多或少的能量耦合关系，可以将其抽象为"源—网—荷—储"的模式，其中需要利用相关的动态协同优化基础来决定能量供给源头的多能出力情况，并且和需求相匹配，对于储能设备，需要进行储能充放电容量的决策，利用决策结果进行网络之间的控制调度，本身是一个巨大的复杂优化问题，并且随时间的推移需要动态连续的进行优化决策，因此需要发展"源—网—荷—储"模式下的动态优化技术。

（3）多能联供综合能源管理平台技术。多能联供综合能源系统服务支持平台需要采用现代互联网技术和计算机技术的支撑，当前，云计算、大数据、人工智能系统等新型数字化支撑技术均不同程度地集成在该平台中，为客户数据资源自助配置服务、数据资产托管运营、数字应用协同、设备安全诊断评估等综合性数字业务运营，实现多能联供一体化服务、能源信息交易集成服务、综合数字化能效提升服务，支撑国家综合电子化能源站点服务、公司数字经济业务产品创新模式和服务商业模式创新等。综合多能联供综合能源系统管理和支撑各类平台系统构架，由各类能源平台、不同平台阶段和具体管理平台功能的组件在系统间相互作用。

多能联供综合能源平台基础服务能力和平台智能化综合应用服务的总体组织架构可分

为基础数据源层、数据服务信息接入的系统层、中间层和综合智能化平台服务应用层 4 个技术层次。数据源层是数据基础，此层结构中包含了大量必要的产业园区数据源，通过服务信息接入的系统层提供给企业客户服务所需的数据，解决客户实际经营问题时需要的深度信息洞察，保证了企业中间层和综合智能化平台的快速智能化分析决策部署。其中，中间层通过处理与分析用户从应用底层系统获取过的各种数据，为用户服务层数据提供各种可调用信息或获得进一步应用分析过程的最终结果，其系统主要处理功能包括为用户数据的传输、数据的访问、应用系统调用、应用数据分析过程等。在用户末端还存在着数据采集接入数据层，通过利用新一代物联网数据技术接入智能电表、智能水表、智能气表等的携带各类电子传感器的智能量表以获取用户末端数据，并可以将各个不同信息来源上的传感器数据信息进行智能清洗等处理，最终自动转化输出为更加适合于数据收集分析的格式。综合智能化平台是通过计算机对各中间层信息的采集处理运算及可视化分析整合之后而获得相应的动态能源数据，并对应输出客户能源需求的相关服务，例如：基于多元空间尺度能源数据融合应用后建立的产业园区能源数据实时在线及可视化动态监测，实时动态能源信息协同和集成调度优化，为各区域能源管理人员提供综合应用、完善决策优化与综合分析服务功能。

（4）需求响应资源管理。基于多能联供综合能源平台中获取的海量客户行为数据，对多能联供综合能源、节能、供热、供冷、用电的能源需求特点、用户用能行为等数据进行综合量化分析。在计算多能联供优化方案基础前提上，平台利用用户侧数据能够充分地考虑用户基础电价和综合用能政策的刚性需求、政府用电限价、补贴、多品分能和联供等能力特征指标变化和当前用户历史综合耗用的能源数据，经过优化调整设计构造出较为灵活有效且丰富多样的用户综合使用能源套餐形式供用户充分选择；通过对算例结果的统计分析，对比综合能源套餐项目启动实施前后的用户整体的能效值和提升值情况，提供更好地促进综合能源套餐项目实施的备选指导方案，促进用户响应，引导用户侧资源的进一步释放。综合能源套餐标准系统的打包设计的制定规则是：将系统各种混合能源品种分别按照一定标准或数量进行包装设计，并通过组合比例来进行合并打包，原则上要以标准系统中最优生产比例中的电、燃气、冷汽气（或热）、煤、油、压缩空气的生产组合比例来确定为其系统最优产品的生产打包比例，在打包比例方案的推广上，考虑各类工业用户系统的复用的功能特征与运行时空特性，如系统用能用电的分时性、季度性、可承受中断电源的负荷、工业用户对系统的日常生产或操作等行为控制、能源清洁性要求等多方面因素，尽量实现系统为区域内各用户提供综合能源多样化、个性化、可定制性套餐方案。

二、区域多能互补

1. 区域多能互补的发展背景

近年来，随着我国各类高新技术工业园区能源网络建设的快速推进发展，伴随着微网建设改造工程与分布式新能源发电（主要是光伏）和储能等应用产品市场的日趋广泛和普及，企业更加注重如何提高用能资金的投资有效性，以及能源利用的能耗率，引进利用新的能源技术提高用能效率、提高企业经济价值回报能力的企业管理理念进一步加深。为更充分有效地保证"双碳"目标下的能源生产的新能源结构的合理供给，在终端发展多能互补，即传统能源、风、光互补的新概念背景条件的含储能多能一体化的集成分布式供能系统和多风光电互补等储能应用系统成为企业考虑投资的一个方向。

2016年起，国家能源局就开始部署推行全国多品种能综合互补和集成系统优化重大示范应用工程平台建设，推动多区域能源多品种能联合互补重大技术产业化应用，构建能源互联网形式下的分布式智慧能源体系。

2. 多能互补新技术应用场景

多能互补技术不断推广和发展，近年来较多见的可运用于用户侧的新技术主要体现在以下两个方面。

（1）主要面向终端用户的电、热、气源等方面各种实际能耗需求，因地制宜、统筹和开发、互补地利用好传统的能源基础设施和分布式新能源，建立并在实践中不断完善补充的能源一体化及集成综合供能基础设施，例如利用天然气、热电和冷三联供、分布式和可循环再生利用能源系统等各种方式，对社会多用能的协同配套供应体系进行能源高效综合利用、梯级优化利用。

（2）积极利用现有大型分布式综合循环能源基地太阳能、水能、天然气利用等的资源与组合等优势，大力研究发展太阳能、风、光、水、火双储与多功能发电互补一体化系统平台建设。后者的多能互补发电概念在形成之前，实际上就已经有了大型分布式城市和综合清洁能源站改造等一些相关应用示范工程项目。当前，我国也逐渐在新型分布式燃机应用与分布式能源梯级再利用研究方面开始进行实验示范效果的验证。

3. 区域多能互补关键技术应用

区域能源多能互补关键技术主要有能量管理、协调优化控制体系和储能技术三种。

（1）能量管理。能量管理技术的研发重点就在于能够保障现有的多能互补储能系统能源持续稳定地运行，多能互补系统应用中包括电能、可直接再生清洁能源、储能系统等多种能源，需要研究多能源系统耦合的优化利用，其中电能多作为多能互补的中间桥梁，电能的管理及程序均较为复杂，例如，在含光能的多能资源互补发电系统建设中的能量耦合管理需要利用多能量耦合管理分析装置来对白天和夜晚、有光和无光的能源系统管理进行以日为单位的统筹分析，决定转化电能和储能的多少，优化多能源利用，达成如何把多种互补能源系统结合起来应用的效果。

（2）协调优化控制体系。考虑到在多能源互补技术系统环境中可能会存在多区域能源系统之间的相互影响，这些影响都会对整个系统产生相互耦合性影响，为了充分保证多个区域能源系统多能协同互补应用系统之间能够保持安全、稳定合作及系统高效稳定运行，需要系统建立综合协调的优化智能控制系统。该优化系统设计的目标是为尽可能提高系统对各种区域能源系统的有效融合并得到合理协调控制，让区域多能联合互补利用技术得以进一步整合发挥，并释放出更多用途。其中，能源路由器可以直接助力应用于能源需求的合理再分配以及和其他用户端产品的协同优化或匹配，能源路由器中的优化分配体系在用户用能协调优化和控制体系过程中都起着相当重要的作用。首先，系统将通过对能源路由器进行分析以确定其用户需求侧的用能需求信息来源；其次，在切实保障用户合理用能的需求侧的需求前提下，优先选择一个成本低、环境比较友好的方案；最后，实时在线监测用户能源在一次调动及多种用户能源混合使用等过程中的情况，并能适时对系统供能方案参数在有必要时（如出现异常情况）进行适当修正调整。这种动态的实时管理能在保障提供服务质量的同时提供相应的运行监测功能。

（3）储能技术。区域多能互补能源项目中是为了充分利用可再生清洁能源，如分布式太阳能、风能、地源热泵装置等能源，这些能源受地区周边能源环境条件差异的影响，一般具有不稳定性的特点，因此供能的差异幅度较大，多能互补系统的实际投资运营或工作使用时，如果直接利用可再生清洁能源则容易发生能源供能间歇性问题，其中一个有效的解决方案是配置一定的储能设施进行缓冲。分布式辅助储能系统技术从系统功能大类方向上大致划分为：机械储能技术、电化学辅助储能技术及电磁耦合储能技术等，在分布式的区域多能互补实现中，可以根据各种储能设施的特点，在区域多能互补能源项目中选取配备。储能设备可以帮助系统进一步实现峰谷电价差套利、平滑调配出发电力、参与系统调峰、调频等功能，并通过利用动态存储系统，达到弃风、弃热、光电余量最小化。当前，储能发电在多区域能源与多用能源互补应用系统领域中较为广泛的应用模式包括通过开发冷热电两用联合式储能电源系统打通多种发电能源和电热能源联络互补通道，利用蓄电蓄储换热分离技术等解决可再生能源发电等。现阶段，随着储能技术的进一步成熟和推广，国内也开始借助计算机网络中云存储的概念，实现一种新型分布式的储能云系统的实现方式，利用对移动和互联网技术融合的创新思维，建立分布式的储能云系统，通过互联网技术连接可连接的储能设备，以有效减少储能成本，增加多能互补的调度能力。

三、区域能源优化管理对策

1. 做好宏观层面的统筹分析规划

当前区域能源的使用中，基本都是对本区域内的用能需求情况以及能源可供情况进行分析测算，使用和管理维护等活动部门往往相对区域封闭而独立，存在某些区域能源供给过剩，而有些区域资源的供应相对不足的区域封闭情形，从宏观方面上看没有充分利用整体性的能源供给，降低了一定的能源使用效率。因此，区域能源优化需要顶层设计，例如在国家层面，在充分综合考虑平衡地方的未来产业布局及各地方城市规划的前提下，统筹与推进各地区能源需求和能源供给的区域能源建设项目,根据整体新能源的资源分布情况,进行分布式多能电力互补系统的规划建设。从国家的层面上,通过信息技术建立一个以提供区域电能高效集中化输送及服务的总体规划平台,通过"源—网—荷—储—售—云"进行国家层面的规划。从全国层面,全面系统性地提供区域综合的能源计划和供给、能源集中输送、需求地侧平衡管理、储能系统建设及能源网络及销售运营平台搭建的指导意见,以提高各地区能源系统平均能源使用效率,给各地区碳减排统筹规划提供管理指导意见,通过做好项目的前期宏观层面的统筹规划提高全国能源总体上综合利用程度与效率。

2. 深化电力体制改革,建立完善冰蓄冷项目等优惠政策

伴随着电力行业的发展,当前电力价格的定价机制较为复杂,电力价格既有保障民生的低价需求,也有社会服务的相关需求,各种交叉价格机制下呈现的问题是价格交易定价机制不够清晰,这往往会导致发电资源总体利用起来效率低的情况。发电经营企业与终端用户之间没有完全形成规范的直接交易电价模式,对于多能互补综合能源在富裕情况下的反向供电价格的市场化定价形成的交易机制需要进一步完善。因此,应当继续更加积极注重我国电力调度等相关能源体制环节的深层次改革,完善分布式风、光发电、储能多能互补项目等市场化电力交易定价机制,以及相应的政策支持力度,提供多能互补的优惠政策,为能源多品种能用互补型项目能得到更加灵活有序发展运行提供良好合适的投资环境。

3. 加强区域内的多能互补技术推广应用

区域电网内分布式多用能源互补应用技术与应用方案的实施基础之一是多种能源系统平台和综合信息系统,在信息系统的管理内,利用数据加强多种能源生产、输送、使用效率等相关环节的合理有效地控制,优化多种能源体系的能源配置,保障用户正常使用能源生产需求的同时,提高其他清洁利用能源技术的总体使用效率。强化试点区域内电网连接的能源多质能化互补,保障电能协调及优化利用体系中的能源正常有序运行,同时跟踪研究及分析区域内多能互补项目整体建设与运行质量状态,不断地改善优化现有多能互补技术路线,最终加强区域内分布式多能互补技术协同发展,从而实现更快更好的推广应用。

第五节 区域能源互联网

一、区域能源互联网的定义

区域能源互联网指通过对区域供电、供热、供冷以及能源系统的集成来满足区域内的能源需求。在区域能源互联网内,能源供应的形式有很多,比如冷热电联产、燃煤锅炉、热泵、燃煤热电联产、风能、光伏、储能等。能源互联网有两个主要特点,第一个是可再生能源的互联,第二个是与互联网信息技术的结合。区域能源互联网有利于促进清洁低碳能源和传统能源协调统筹优化,能够促进能源工业可持续发展。区域能源互联网的概念目

前并不统一，各界聚焦的方向不同，有的关注多元能源的耦合，因为多元能源耦合可以提高能源系统的综合效率和可再生能源的吸收能力，有的则倾向于第二个特点，即倾向于关注不同能源信息的收集与调度配合。

二、区域能源互联网的主要技术

区域能源互联网主要利用的技术有两个，一个是多能源供给之间的耦合技术，另一个是智能能源的调度技术，通过这两种技术可以为区域内进行冷、热、电等能源需求的供应。区域供能体系实际上是随着区域经济发展和人民生活逐步形成的，随着供能体系的完善，最初可能也会存在不同程度的能源互联，例如早期的电网就具有电能互联的形式，然而，这里提到的区域能源互联网是区域供能发展的高质量阶段形式，指的是多能源耦合能源互联网技术，其架构较传统架构更加复杂，参与能源互联的能源品种更加多样化。

三、区域能源互联网的特点

区域能源互联网以开放互联为主要特点，包含信息层、以多能量耦合为主要特点的物理层和以用户为主体进行价值创造为主要特点的业务模型层三层架构共同实现。

具体表现在横向的冷、热、电耦合以及纵向的源—网—荷—储相互作用上。区域能源互联网旨在促进能量流、信息流和价值流的互相结合，有助于提高能源利用率，增加可再生能源的消费比重。可以说，区域能源互联网概念的出现主要是为了大幅提高区域能源效率，以及提高可再生能源的利用率而产生的。

第六节 电力市场与虚拟电厂

一、电力市场

许多国家已经正式启动并逐步推进电力市场化改革，目的是取消传统的电力系统发、输、配、用的垂直一体化服务监管体系、打破垄断、引入市场机制，促进资源的合理配置。实践表明，电力市场化改革是合理配置发电资源的主要有效措施之一。电力市场机制有利于更加合理地实现资源整合，提高资源利用率，促进电力工业、经济、社会、环境等方面的协调发展。我国的电力市场改革经历了电力体制改革下的电力公司重组、企业式的商业化经营、法治化管理、厂网分开、输配分离，最终实现电力市场化式电力体制改革的终极目标。

1. 电力市场的市场机制与政府干预

电力市场机制最主要的是市场竞争机制，一个具有竞争性的电力市场有五大要素：市场的主体（售电方、购电方）、市场对象（交易对象）、市场规则、市场载体、市场价格。

电力需要依靠电网进行传输，而电网具有自然垄断特性。由于电网的垄断地位，电网企业有足够的市场力量进行上游（发电侧）和下游（售电侧）的垂直整合兼并，从而进一步扩大垄断地位。为建立能够反映市场供需关系和能源使用影响环境负外部性的定价机制，削弱垄断企业、政府对价格的强制干预，电力市场化体制改革迫在眉睫，我国电力市场化改革的目的是逐步形成控制中间同时放开两端的电力市场，即政府管制电网的输配定价，并增加发电侧和售电侧之间的市场化竞争。

为解决气候变化和环境污染等问题，在"双碳"目标的指引下，近几年很多国家的能源和电力系统都在不断向清洁低碳转型。这使电力市场扩大，参与主体的竞争更加充分，资源优化配置更加高效，电力市场建设能够平衡好上述关系，并且使资源有效配置，已成为世界的共识，可再生能源的加入以及提高清洁能源的消纳需要形成新型电力市场。这些年，围绕着电力市场化，各国在多能参与市场机制上进行了新模式的探讨，区域价格耦合（PCR）机制也在不断丰富改善，欧洲电力市场的耦合已经实现。另外，在美国中西部（MISO）、西南部（SPP）和其他地区，电力市场的多能互补系统运营和交易之间实现了配合协作，在联邦能源监管委员会的监督下得到了深层次的进展。

2. 电力市场的类型

电力市场体系目前大致有四种基本类型。

（1）跨国电力市场，如电力市场在欧盟的形式。

（2）全国统一的电力市场，如新西兰电力市场、澳大利亚电力市场都属于这种类型。

（3）区域电力市场，在一个国家内跨州（省）的区域交易电力市场，如美国 PJM 电力市场。

（4）州（省）电力市场，它存在于以州（省）为基础的一个区域内，是比较特殊的，如美国的得克萨斯州以及加利福尼亚州电力市场。

我国电力体制改革遵循了《关于进一步深化电力体制改革的若干意见》（中发〔2015〕9号）的指导，在上述电力市场运行机制的基础上提出了一种新型的市场结构，结合了区域和省域电力市场的特征，此外，包含更多的时间跨度，含年度、月度、月内、日前、日内现货交易等，另外在交易标的方面，电量以及辅助服务等都包括在电力市场的交易品种中。

二、虚拟电厂

1. 什么是虚拟电厂

虚拟电厂（VPP）是指对各种各样模式的发电资源进行集结，使得电力系统内的资源利用率和经济性得到充分的提升。此外，虚拟电厂还能够提供辅助服务帮助电网运营效率的提升，虚拟电厂的模式指的是通过信息技术和计算机技术，对需求侧可中断负荷、供需两侧的储能系统以及各种发电厂等各自相互独立的实体进行资源分析，经过控制中心的处理，抽象集成为一个协作的整体，参与电力市场的交易，虚拟电厂的参与能够进一步发掘可再生能源的发电和储能容量，能够进一步提高可再生能源的利用效率。

2. 虚拟电厂的特点

虚拟电厂与传统电厂有很多不同的地方，具体总结为以下几点。

（1）虚拟电厂由多个分散的资源共同工作形成一个抽象的集合体，本身可以没有任何实体设备。

（2）与传统情形下的虚拟电厂相比，新的虚拟电厂可以提供储能服务，清洁能源相关的碳减排服务。

（3）与传统电厂相比，虚拟电厂由于其灵活性更适合参与辅助性服务以及作为备用容量。

3. 与虚拟电厂有关的技术简介

当前的虚拟电厂引进了区块链、人工智能、物联网等先进信息技术，可以从信息交互等方面进一步确保含可再生能源发电的电网运行安全可靠，并能够准确结算碳减排量。

（1）区块链技术。区块链早期是用于虚拟电子货币的对账技术，其基础是区块，它可以记录状态结果和交易，是一种记录簿数据结构，它串联记录的原则是交易的先后顺序，使得一切记录有据可查。在虚拟电厂中，可以将管理虚拟货币的技术和思想很好地转移到虚拟电厂中来，利用区块链技术记载能源的来源以及去向，进行包括碳减排在内的能源交易的相关核算，这一优点主要依托于其去中心化而且开放的体系结构，可以使得传统交易中遇到的相关问题得到有效的解决。表现如下。

第一，虚拟电厂与区块链技术去强制中心、所有节点平等运作的系统结构非常吻合，利用与区块链结合的特点，可以实现测控信息传输的可靠性。

第二，开放性以及共享性是区块链数据的两个主要特点，它们利于交易结算。因为虚拟电厂内的交易结算由所有用户共同承担，信息的可靠性将大幅提高，并且开放性和共享性能够方便进行碳减排方面的核算，使碳资源交易更加透明可信。

第三，虚拟电厂以区块链为根基，不仅可以反映交易市场的相关数据，甚至还可以呈现共享透明的运营情况。监管指令由交易控制中心下达后，监管中心将独立完成清算任务、公开发布价格信息等，这样就会使信用成本大大降低，与此同时，运行效率也会逐渐提高。

（2）人工智能。人工智能指的是利用计算机对人类意识和思考的模拟，通过人工智能、深度学习、跨场景应用、人机融合等，使机器模仿人类的辨认、研究、决策等活动。它对虚拟电厂运营内部模式的更新升级甚至是交易策略会提供很大帮助。在虚拟电厂中，应用人工智能侧重于决策层的各种功能，具体表现为以下几点。

第一，关于电力供需预测，应用人工智能的长处，同时根据当前和历史天气、时间、用户负荷等，呈现更准确的拟合方法，能够更加精准地预测内部用户负荷，并确定相对有效的控制模式，实现虚拟电厂对分布式能源发电、用户能源保障和系统经济运营之间的平衡。

第二，未来电力市场情景下，虚拟电厂可以和人工智能进一步进行一体化的集成，可以利用人工智能根据成熟的市场运行、能源供需、历史价格等相关信息，将虚拟电厂、用户参与市场和市场价格不断分析，深入研究然后进行交易，能够达到对外获得最大经济效益、内部收益分配公平以及提高虚拟电厂效率和用户参与度的效果。

（3）物联网技术。物联网是利用无线通信以及射频识别等物联先进技术，将所有实体对象使用的传感设备接入互联网，达到智能识别以及信息互联共享的效果。未来进一步物联网情形下的信息交互会更好地为虚拟电厂提供素材，通过用户层物联网的数据源形成高级虚拟电厂，使 VPP 的感知范围逐渐扩大，实现更全方位的环境管理，提供较为准确详细的数据并以此实现虚拟电厂更广范围的设备管理和预测等附加服务。另外，在物联网的初始数据采集上，可以直接在物联网端进行聚合、清洁、融合，将有效数据进行选择，使网络能耗得到降低，解决网络负载不平衡的问题。

第七节 综合能源服务商业模式

一、综合能源服务的概念

综合能源服务是以电网为主体，通过物联网技术，集合多种能源的供需互动，围绕客户用能安全和满足用能等需求提供的商业服务模式。综合能源服务包括很多领域，比如能效诊断、配电网升级、智能运维和综合能源系统搭建等。具体业务包括提供太阳能发电的相关设备、分布式储能的建设，建设地源热泵、蓄冷、蓄热等能量转换装置，并且包含提供上述能源建设后通过峰谷差价的相关运营服务，实现多能互补，绿色吸收，降低能耗，实现达到提高能效水平的效果。

二、综合能源服务的商业模式

目前，综合能源服务有以下四种主流的商业模式。

1. 财务投资型

财务投资型综合能源发展属于比较早的商业模式，2012 年，我国相关部门推动的利益共享合同能源管理（EMC）就属于典型的财务投资型项目，后面根据相关业务发生了模式的扩展，财务投资型综合能源项目是将资产投资核算的概念应用于能源行业基础设施建设，通过投资综合能源中的固定资产项目，收取服务对象的相关服务费用进行盈利的模式。具体有两种，一种是能源零售型，例如在综合能源项目中，通过投资光伏发电设备、售卖光伏绿色能源，从零售价差中获取相关利润的项目就属于这一类型；另外一种是设备租赁型，例如通过投资冷暖站、铺建冷暖管网、衡量能源使用量等方式来收费，与居民水费电费的收取方式类似。其中，财务投资型由于贴近其他商业模式而较容易被社会接受。

2. 线下服务型

线下服务型主要是指由用户投资综合能源系统中的固定资产，而通过综合能源服务商根据其管理经验帮助用户进行综合能源系统资产运维优化的一种服务模式。早期线下服务型的概念来自劳务派遣式运维，这种模式的特点是将一部分劳务外包出去，在电力系统中其实很早就有这种模式，例如公司不聘请电工类技术人员，由第三方公司派遣以满足公司运营和值班的要求，提供线下服务；再如电力公司和第三方公司签协议，将与配电运维相关的业务外包出去，在常规运行时候的检查、更换零件、小修等这些情况都由第三方公司承担。类似于上述外包线下服务的模式，综合能源服务也可以使用这种模式，将综合能源系统的运维服务外包出去，由专业的公司进行综合能源的运营。线下运维服务本身对于综合能源服务商的利润水平没有财务投资型高，一般会作为财务投资型的附属服务。

3. 在线数字化型

在线数字化型的服务和线下服务类似，只是将线下的相关运营服务能够转为线上的部分进行在线运营。在线数字化型服务需要依靠互联网技术和高级信息技术，目前，在线数字服务模式由于受到信息技术的限制，在实际应用中还不太成熟。当前开展的在线综合能源服务大多数只是利用综合能源集成管理的内部平台，以此来达到能源管理的信息化效果，实质上并不是一种商业模式。随着综合能源服务的进一步推广和集成，未来升级调度、监管运行以及控制营运的信息技术将进一步增强，综合能源服务可能会开始从"线上＋线下""线上＋线下＋储能"逐渐地过渡到线上为主的模式。就未来发展前景来说，为了最终碳中和的实现，在线数字型综合能源服务最后的趋势可能是以能耗管理为基础的更多的碳资产管理的在线管理模式。

4. 综合服务型

上述的单一模式的组合服务就构成了综合服务型，实际上综合能源服务在不断发展的同时，服务商们普遍意识到一个问题，那就是相对而言更重要的创新其实是"服务形态的融合"，而不是"综合"二字代表的"能源形态的融合"。目前主要的综合服务型主要有两个方向：第一种是比较传统的模式，即"投资＋运维"的形式，就是前面谈到的第一种和第二种模式相结合，当前普遍光伏发电综合能源服务商采用的"投资＋运维"一体化都属于这一类；未来随着互联网技术、物联网技术和信息技术的进一步融合，将可能出现三种服务模式综合开展的情况。

思考题

1. 什么是综合智慧能源？其特点和服务对象有哪些？

2. 我国和国外的综合智慧能源各自的特点是什么？

3. 什么是合同能源管理？并思考合同能源管理各种模式的优缺点。

4. 区域多能联供的优点是什么？如何使区域能够多能优化互补协调发展？

5. 什么是区域能源互联网？区域能源互联网的主要技术有哪些？

6. 电力市场的类型有哪些？

7. 什么是虚拟电厂？虚拟电厂的关键技术有哪些？

8. 什么是综合能源服务？其商业模式有哪些？

第五章　低碳经济学导论

【学习目标与任务】

1. 熟悉低碳经济学的背景及基础；

2. 了解低碳经济学的分析与计算方法；

3. 了解低碳经济学的产业形态；

4. 熟悉循环经济理论、可持续发展理论。

第一节　低碳经济学的背景及基础

一、低碳经济产生的背景

人类进入工业革命以来，由于机器的大量应用，能源消耗不断增大，尤其是化石能源的使用大量增加，这在促进人类社会发展的同时，也造成了资源环境问题，且这一问题已经从小到大，成为全球共同面临的挑战。特别是进入 21 世纪之后，全球面临着大量温室气体排放所导致的气候变化问题，如何更好地实现社会经济的可持续发展，走人与自然和谐相处的发展道路，已经成为世界性的热点话题。随着全球碳中和、碳达峰目标的提出，如何在减少碳排放的前提下，更好地促进社会经济的发展，已经成为我国未来社会经济可持续发展的重要挑战。

低碳经济作为新兴的经济增长方式，可以很好地在减少碳总量时促进当前国民经济的可持续发展。随着低碳经济发展模式的出现，国内外学者总结了低碳经济产生的背景条件，其中我国学者陈美球等指出低碳经济的产生立足于以下四个大背景。

1. 气候变暖对人类生存与发展造成了严峻的挑战

人类发展，尤其是工业化发展对整个生态系统产生了巨大危害，也深深破坏了环境，从而反噬人类自己的生存与发展。如今世界气候变暖正在加速，南北极冰川消融将导致海平面提高、极端气候活动频繁导致自然灾害、生物多样性锐减、农业产量损失、疾病频发等，这些问题甚至会不可逆转，进而危及人类的生存与发展。

2. 能源枯竭严重制约了社会经济的发展

人类的生产生活依赖能源，然而现有能源正面临枯竭的威胁。据专家们预测，在当前的发展条件和利用强度下，煤炭和天然气分别能够再供人类利用二百余年和四十多年。如何更好地减少人们对不可再生资源的依赖，缓解其对人类社会经济发展的影响，已经成为人类社会所面临的严峻挑战。

3. 社会文明对经济调整与增长的必然选择

在工业化发展的历程中，也出现了人类大规模消耗电力、天然气和化石燃料的历史阶段，虽然城市化、工业化得到了巨大飞跃，但不免给生态环境和人类可持续福祉带来了破坏，由此人类意识到发展中保护的重要性，诞生了许多低碳经济政策，逐渐摒弃 20 世纪的传统增长模式，推动了经济发展模式的巨大变革，从而实现可持续发展。

4. 国际社会对低碳减排与技术进步的重大需求

在当前的国际背景下，适应气候变化和建设低碳经济也已变成了国家与民族之间对发展空间的竞争，既是挑战又是机会。中国是负责任的大国，为了承担全球义务，建设低碳经济，稳定大气中温室气体含量，已是大势所趋，不可避免。今天，中国作为发展中的国家，也处在工业化、城镇化高速推进的重要时期，庞大的能源需求和人才紧缺的问题，促使建设低碳经济成为中国可持续发展的需要。

二、低碳经济的定义

低碳经济（Low-carbon Economy）的概念最早见于 2003 年的英国能源白皮书——《我们能源的未来：创建低碳经济》，而系统地讨论低碳经济的定义，则应追溯至 1992 年的《联合国气候变化框架公约》和 1997 年的《京都议定书》。

国内专家陈美球等综合了国内外低碳经济内涵，并将低碳经济定义为"低碳经济是指在可持续发展理念指导下，通过技术创新、制度创新、产业转型、新能源开发等多种手段，尽可能地减少煤炭、石油等高碳能源消耗，减少温室气体排放，达到经济社会发展与生态环境保护双赢的一种经济发展形态"。而薛进军（2011）提出，低碳经济应该包含以下八个方面：①低碳生产（Low-carbon Production）；②低碳能源（Low-carbon Energy）；③低碳技术（Low-carbon Technology）；④低碳交通（Low-carbon Transportation）；⑤低碳消费与生活方式（Low-carbon Consumption and Life Style）；⑥低碳建筑（Low-carbon Housing and Building）；⑦低碳农村（Low-carbon Farm）；⑧低碳城市（Low-carbon City）。

三、低碳经济的特征

低碳经济实质上是指通过开发低碳技术、商品和技术服务等经济手段，以实现改变资源结构，提升资源效率，从而在实现国民经济稳定增长的同时最大程度地降低温室气体排放量的一种经济发展模式，具备了经济性、技术性和目标性三个特点。

1. 经济性

低碳经济作为一种经济发展方式，首先需要立足于市场的原则和运行机制，才能正常运转，并且低碳经济的发展不应使人们的生活福利明显下降。

2. 技术性

通过研发低碳科技，在提升资源利用率的同时减少温室气体的污染程度，达到碳排放量最低。

3. 目标性

发展低碳经济的主要目标，是通过降低经济发展过程对大气环境中温室气体浓度的影响，以促进经济可持续发展。而在各个时期、区域中，低碳经济的建设目标都呈现出阶段性、相对性、动态性、差异性的特性。

四、低碳经济的核心要素

低碳经济包含 4 个核心要素：发展阶段、资源禀赋、低碳技术和消费模式。

1. 发展阶段

发展阶段是一个国家向低碳经济转型的起点和背景。主要体现在工业化、城市化、现代化以及 GDP、产业结构、人口状况等方面。处于不同的发展阶段，在低碳经济发展进程中所遇到的技术问题、路线选择以及减排的成本也会不同。

2. 资源禀赋

资源禀赋是实现低碳经济的物质基础，主要包括一个国家的水资源、化石能源、土地资源、技术与人力资源、清洁能源等。其中清洁能源是重要的低碳资源，低碳资源越丰富，越有利于低碳经济的发展。

3. 低碳技术

低碳技术是发展低碳经济的关键因素。体现在由于科技进步和技术革新而带来的在各种能源生产过程和技术中的碳利用效率的提升，通过科技进步可以在资源效率、低碳技术的先进性、管理效率、资源结构等各个方面促进低碳化的经济发展进程。

4. 消费模式

主要是指在各种消费行为和社会生活模式下对碳的要求或排放量。人们所有社会经营行为最后都要反映为实际或未来的消费行为，所以所有能源及其排放量在实质上均受到了整个社会中所有消费行为的驱动。消费行为方式与行为习惯对排放量产生的影响也不容轻视，但同时，由于经济全球化所造成的社会生产行为和实际消费行为在时间、空间上存在差异，也导致了一国实际的消费排放量现象被贸易中的转移排放量问题所遮蔽。所以，通过从国际消费视角，深入研究国民实际消费行为所产生的碳排放量，就可以全方位了解一国碳排放情况，也可以从比较公正与合理的视角在根源上促进国家低碳发展。

五、低碳经济的构成要素

低碳经济发展模式，是在"三低三高"（低耗能、低污染、低排放、高效率、高效能、高效益）的基础上，以低碳经济发展为重要发展目标，以节能减排为经济发展模式，利用低碳经济理论组织生产经营活动，并以碳中和技术为重要发展手段，低碳技术、低碳资源、低碳产业、低碳市场和低碳管理是低碳经济的五大基本要素。

1. 低碳技术是低碳经济发展的动力

低碳技术是低碳经济核心竞争力的一项重要表现，是解决日益严重的资源短缺、能源利用效率低和生态环境恶化问题的根本途径。低碳技术作用于低碳经济的整个生产过程中，将成为低碳经济发展的直接生产力和最关键的基础条件与巨大动能。

2. 低碳能源是低碳经济发展的核心

低碳能源，是指可以达到最低碳排放甚至零碳排放标准的清洁燃料、可再生能源以及除石化燃料之外的新动能，如核能、风能、氢能、核聚变能、潮汐能、生物能、地热能等。低碳经济的实质是以低能耗、低排放、低污染确保国民经济和社会的可持续发展。建设并发展低碳经济是要彻底改变原有不合理的能耗构成，逐步由"高碳"能耗构成向"低碳"能耗构成的转变。

3. 低碳产业是低碳经济发展的载体

低碳产业，是指以低碳能源和低碳技术为基础的新兴产业，一般由"能源效率化和低碳消费领域""化石燃油低碳领域""低碳服务领域"和"可再生能源领域"等组成。经济发展在各个时期都有不同的载体，而低碳经济发展的载体就是低碳产业。低碳产业的承载能力、效益以及产业质量决定了低碳经济的发展水平。

4. 低碳市场是低碳经济发展的温床

低碳市场是指低碳商品、低碳生产技术以及低碳服务的消费市场。随着经济社会的发展和技术的进步，低碳生产和绿色消费的观念也开始深入人心。低碳市场已经成为21世纪中国新兴的经济增长点，其关键在于低碳产品技术开发、低碳产品生产与生活设备制造、低碳服务的消费核算，以及低碳交易公平竞争。

5. 低碳管理是低碳经济发展的保障

低碳管理包含确定政府、产品和产业的发展战略，健全规章制度，创新政策体制，促进创新，涵盖制造、物流、市场等活动的各个环节。如何把自己的实际条件和所面临的问题，与发达国家低碳治理的先进经验相结合，科学建立和健全国家低碳制度框架，带动政府部门、组织和个人积极实施低碳行动，对低碳经济的推进至关重要。

六、低碳经济的科学内涵

发展低碳经济是一次世界性变革，包括了生活和消费模式、生产机制、价值观念和社会经济利益等多个领域，是一项将政治、技术、经济、社会、生态系统交织在一起的综合性课题。

1. 低碳经济是一种发展理念，更是一种发展模式

低碳经济首先是一种以"三低三高"（低能耗、低污染、低排放、高效能、高效率、高效益）为前提，以"实现经济增长与稳定大气中温室气体含量"为目标的经济发展理念。它是在"后工业时代"，人们在社会经济增长与环保"共赢"的理念指导下的经济社会发展方针。同样，低碳经济也是一个在确保经济可持续发展的条件下，最大程度地限制温室气体排放量的经济发展方式。

2. 低碳经济是一个经济问题，更是一个社会问题

发展低碳经济不仅是一个要通过调整产业结构、促进技术创新、增加碳汇能力等经济调控措施来实现的经济问题，更关键的是它同时是一种社会问题，在实质上也应该是整个社会共同支持的结果，要求社会各界、政府部门、企业以及个人进一步增强对低碳观念的认同，既要求在生产、流通、居民消费、管理工作等各个环节中认真践行低碳观念，也要求在社会经济发展模式、社会习俗、消费行为等众多领域对低碳观念的积极适应。

3. 低碳经济是一个科学问题，更是一个政治问题

低碳问题的解决有赖于科技的创新，科技是低碳经济发展的强大驱动力。然而发展低碳经济已经变成了一种政治问题，而发展低碳经济也已演变成了一项环境、经济与政治的外交"大拼盘"，而围绕着《联合国气候变化框架公约》而产生的许多全球重大事件，就是纷繁复杂的全球政治经济、环境外交问题的一个缩影。

七、低碳经济的相关专业名词与概念

1. 碳源与碳汇

碳汇（Carbon Sinks）与碳源（Carbon Source）是两个相对的概念。《联合国气候变化框架公约》对"碳源"的定义为向大气中释放 CO_2 的机制，对"碳汇"的定义为从大气中清除 CO_2 的机制。碳源是指 CO_2 气体成分从地球表面进入大气（如秸秆焚烧的过程向大气中释放 CO_2），或者在大气中由其他物质经化学过程转化为 CO_2 气体成分的多少（如大气中的 CH_4 被氧化为 CO_2）。碳汇主要是指草地、耕地、林地、海洋等吸纳并贮存 CO_2 的能力，其中最主要的是森林碳汇。

2. 碳捕集与封存（Carbon Capture and Storage，CCS）

碳捕集与封存也被译为碳捕获与埋存、碳收集与储存等，是指把大型工厂中生成的二氧化碳提取出来，通过某种方式贮存以防止其直接释放到环境中的一项科学技术，分为捕集、运输及封存三个步骤。这项技术也被普遍视为是对未来大幅降低温室气体排放量、减缓全球变暖最经济高效的方法。商业化的碳捕集技术已经发展得相当完善，但碳的封存技

术目前各国都还在试验阶段。二氧化碳的捕集办法大致有三种：燃烧前捕集、富氧燃烧和燃烧后捕集。二氧化碳封存的办法也有很多种，但一般来说都可包括地质封存和海洋封存两类。

3. 碳生产力

碳生产力（Carbon Productivity）是指单位二氧化碳排放量所产生的国内生产总值（GDP），碳生产力的增加表明其以较低的污染物和能源消耗产生了较多的社会效益，通常应使用国际通行单位计算，如美元/公斤、美元/吨、美元/摩尔等。它是低碳经济的主要衡量指标之一，是评价一个国家和区域发展质量、环保管理水平、社会公众和企业环保道德观念和个人环保意识水平的主要指标。相类似的概念还有污染强度、排放密度、人均排放等。

4. 碳标签与碳足迹

碳标签（Carbon Labelling）主要是为减缓气候变化，降低温室气体的排放量，通过推广降低碳排放量的技术，将商品在制造过程中所释放的温室气体排放量，在商品标签上以定量的指数形式显示出来，以标签的方式告诉用户商品的碳信息。也就是说，通过在产品表面加注碳足迹（Carbon Footprint）标签的方法引导消费者和用户购买更少碳排放量的产品，以此达到降低温室气体的排放量、缓解气候变化的目的。碳足迹的定义包含两方面的内涵：一是产品和服务的制造、供应与消耗的整个生命周期释放的二氧化碳和其他温室气体量，被称为商品碳足迹；二是仅为整个公司制造活动产生的温室气体的排放量，又称为公司碳足迹。产品碳足迹比一般公司碳足迹所包含的范畴更广一些，既涵盖了在生产中消耗（及处理）所排出的温室气体，也涵盖了制造商品的所有必要成本。而国际贸易领域的碳足迹指的是在国际贸易商品的制造与运输两个环节中所产生的温室气体排放量，由于贸易的商品不但在制造阶段中会排出温室气体，在运输阶段中也会产生温室气体的排放量。

5. 碳交易

《京都议定书》将市场体制机制视为处理以二氧化碳为代表的世界温室气体减排难题的新渠道，并将二氧化碳排放权视为一种商品，由此产生了对二氧化碳排放权利的交易，又称碳交易（Carbon Trade），是指为了推动温室气体减排，并降低全球二氧化碳排放量而采取的市场机制。其基本原理是，碳排放权的买方必须通过支付另一方，从而取得温室气体排放额，才能将取得的减排额用于减轻温室效应，以便于达到其减碳的目标。碳交易市场称为碳市场（Carbon Market）。

6. 碳税

碳税（Carbon Tax）是一种政府按照二氧化碳排放量而征收的税种，其主要以环保为目的，并期望通过减少二氧化碳排放量来缓解全球气候变化。碳税通过对燃料和天然气及其下游的汽车、飞机燃料、煤气等化石燃料产业，按照其碳含量的一定份额征税来达到降低化石燃料能耗和二氧化碳排放量的目的。与总量控制和排放交易以市场竞争为基础的温室气体减排制度有所不同，征收碳税只需另外支付非常少的行政管理成本费用就能够完成。由于碳税包括的是政府针对燃料消费征税的所有税种，因此人们在很长一段时间以来都相信，碳税是降低燃料费用并大幅度降低碳排放量的最有效措施。因为将全球气候变迁连接到一起，碳税从概念上被设定为是一种全球化的国际管理制度，以确保最优产出，但这并不是必然的。一些国家或区域在设定排放限值和减排目标的前提下，从国家或地区的层面实施碳税有着相当大的优势。

7. 碳关税

碳关税（Carbon Tariff），是指对进口高耗能商品收取特定的二氧化碳排放量关税，它主要针对进口商品中的碳排放量密集型商品，如铝、钢材、混凝土、玻璃制品等产品所收取的关税。碳关税的最初目标，是为了要求欧盟针对为履行《京都议定书》的所有成员国课征商品进口税，以防止在欧洲碳排放交易体系实施时，由欧盟成员国所提供的货物面临着不平等的国际市场竞争。

8. 碳泄漏

碳泄漏（Carbon Leakage）是指由于一国（或区域）实行减排优惠政策而造成的本国（或区域）之外的各国（或区域）的排放量增多的现象。即假如某个国家实行二氧化碳减排政策措施，当地境内某些生产（尤其是高耗能产品）者迁移至另外尚未实行二氧化碳减排政策措施的国家，从而导致别国碳排放量增多。碳泄漏的形成途径，可以概括为四种类型：①竞争力驱动的碳泄漏；②能源密集型企业国际转移产生的碳泄漏；③化石能源价格渠道形成的碳泄漏；④低碳原材料价格上涨所产生的碳泄漏。

9. 碳排放

碳排放（Carbon Emission），是对于温室气体总排出的一种统称或简称。由于温室气体中最主要的成分是二氧化碳，所以人们常用碳（Carbon）一词作为表示。尽管并不精确，但为了让人们最快明白的办法便是单纯地将"碳排出"理解为"二氧化碳排放"。1997 年在日本京都举行的《联合国气候框架公约》第三届缔约国会议上批准的《京都议定书》，连同 2007 年《联合国气候变化框架公约》缔约方第十三次会议和《京都议定书》缔约国第三次会议批准的"巴厘岛路线图"，均为全世界各国的二氧化碳总排放规定了标准。但因为各方在温室气体减排领域有着共同但有差异的责任，加之资源禀赋与经济社会发展水平差别很大，在共同承担减排义务时承担的代价不同，从而在有关减排的国际谈判中都必须兼顾相应的国际共同利益，从而导致整个谈判过程变成了一个由不同大国及其利益集团之间在政策、经济社会、自然资源、环保等领域利益博弈的复杂过程，执行的意义和效果并不显著。

第二节　低碳经济学基本理论

低碳经济学涉及的基本理论主要包括：循环经济理论、可持续发展理论、公平与效率、外部性理论等，其中循环经济理论和可持续发展理论见第五节和第六节，本节讲述公平与效率、外部性理论有关内容。

一、公平与效率

对于公平与效率之间关系的不同看法，通常是对公平与效率概念的不同认识所造成的。

在经济学上，使用较为普遍同时又是争议较少的效率概念是"帕累托效率"。这是意大利经济学家帕累托对经济学发展的伟大贡献。在《政治经济学教程》和《政治经济学手册》中，帕累托以瓦尔拉斯的一般均衡分析为依据，给出了这样的效率概念：对于某种经济的资源配置，如果不存在其他可行的配置，使得该经济中的所有个人至少和他们在初始情况时一样好，而且至少有一个人比初始情况更好，那么这个资源配置是最优的。简单地说，帕累托效用（或有效配置）是指这样一个社会资源的重新配置状况：不管这种资源再怎么重新配置，都不能够使某个人的收入增长而不使另外某个人的总收入下降；也可能是指一个人在最佳状况下实现的最佳盈余或总收入。在经济文献中，其他关于效用的概念在某种意义上来说，都只是对"帕累托最优状态"的各种解释而已。所有关于其他效率的理论，一旦可以在新古典模型上进行描述，也都归结于该概念。而帕累托效率的核心概念是"最优"。帕累托效率理论是指假设市场是充分竞争的，亦即各个顾客或企业都成为市场价格接受者，并相应进行最优的选择等。而在经济学著作中，对于充分竞争市场的假设在不甚严格的意义上，也被称为新古典环境。然后，当得到帕累托效率证明后，可以首先考虑两个产品的两个经济行为人关系（如两个消费者或两个生产者），而后再推广到无数个个体经济行为人。

比较而言，在经济学著作中对于"公平分配"的正确定义，还未能达到与帕累托效率相似的一致意见。"公平"在英文中有两个词汇："Justice"，词义就是公开、合理、民主、科学合理、正义等；"Equity"，指相等、公开、均等、正义、均匀、公道、合理等。但一般来说，文献中对平等、均衡和公平等名词，在实际运用上并不会作什么详细的界定。重点是这些术语的实际的经济学意义，或在政治学、哲学、社会学等方面的意义，但这通常取决于使用者的偏好。对怎样界定公平和怎样将其数量化的问题，学术界还处在争议之中。

根据有关资料，公平的内涵大致分为三个层面。

一是法律公平，其普遍含义是：合理的或正当的行为限制只能取决于行为的实质，而并非行为主体的社会地位、职业等，也就是说，法律平等地尊重每个人，而不是根据与行动无关的某些特点对谁进行歧视。法治正义的基础在于维护权利，反对特权。

二是机会公平或过程公平。所谓机会公平就是市场经济体系中机遇的平等，更具体来讲，人类社会为了在最终获得地位所需要经历的所有过程中给人们同等的机遇。但是，机会公平也面临着不可能性。因为人的初始状态，即个人天赋、家境、身份、继承权、财富多寡都存在着巨大的差异。

三是报酬公平或结果公平。所谓结果的公平是指收入或产品的公平分配，即各个人所享有的报酬都是相等的，而不受其他活动的干扰。这就是说最终产品或报酬的公平分配，即给人们带来了同等的回报。但是，用报酬表示的结果公平却有相当大的困难。由于每个人、每个家庭的需求不同，所以为了要实现相同水平的社会福利标准，就要求不同的个人和家庭都要有不同的报酬；而一旦达到了报酬公平或结果公平标准，那么每个人、每个家庭的社会福利标准也就不一样了。

根据公平价值评判的差异产生了三种重要的公平观念：第一个是福利经济学的功利主义公平观点，认为平等就是社会所有成员的总效益最大化；第二个有深远影响的公平观点是罗尔斯注意公平观，认为最公平的配置让处境最坏的人处境变好；第三个有重大影响的公平观点是市场主导的公平观，认为竞争性市场进程的结果是公正的，因为它鼓励那些技能最强和最会做事的人。

二、外部性理论

外部性（Externality）一词，在经济著作中有时又被称为"外部效应（External Effects）"或"外部经济（External Economies）"，国内外有的研究者将其译作"外在经济"或"外在性"，在中文版的《新帕尔格雷夫经济学大辞典》中，就有"外在经济"或"外在性"这两个词条。

1962年，布坎南（Buchanan）和斯塔布尔宾（Stubblebine）为外部性下了一条定义：如果在某人的经济效用函数或某工厂的生产参数中所涉及的某些变量因素在另一个人或工厂的控制下，就意味着在该经济中具有外部特性。该概念用数理语言比较精确地说明了外部性的特征，从而形成了后继经济学家们深入研究人类外部性问题的基本工具之一。

从布坎南等人对外部性的定义中我们发现，外部性概念包括以下三个基本点。

1. 在市场经济主体间的外部性作用是直接的，而并非间接的

换句话说，这种作用并非借助于市场价格机制，以市场交易的方式进行的。如果缺乏这种界定，那么外部性范畴也就过于广泛。而由于各种市场经济主体的利益总会受到来自价格变化的冲击，这些价格变化也无疑是由其他市场主体的经济活动引起的。所以，外部性可以说是市场交易制度以外的一种经济利益关系。

2. 外部性存在正外部性与负外部性之分

外部性既有正又有负。从外部行为的产生主体考虑，该行为可能给其他个体造成未被补偿的效用或产出的损失，也可以产生未付报酬的效用或产出的提高。前者则为负外部性，

或称外部不经济；而后者则为正外部性，或称外部经济。

3. 外部性会出现在消费领域，也会出现在生产领域

也就是说，外部性冲击的承受者可能是生产者，也可能是普通消费者。

外部性问题的内在根源，就在于社会成本（Social Cost）与私人成本（Private Cost）中间产生偏差，而这个偏差就会造成社会资源配置失当。私人成本是指为了制造（浪费）一个商品，生产商（消费者）本身所承担的费用。当产品具有外部性时，整个社会成本不但包含了私人成本，同时也包含了制造活动以及消费过程所产生的外部成本（External Cost）。

当一个经济行为的外部成本为正值，也就是存在负外部性时，整个社会成本高于私人成本，此时该经济行为对整个社会产生额外的正面价值；而外部成本为负值时，也就是存在正外部性时，整个社会成本低于私人成本，此时该经济行为可以给整个社会创造额外的成本。当一个经济活动中存在负外部性时，边际社会成本小于边际私人成本，而当经济活动中出现正外部性时，边际社会成本也小于边际私人成本。在存在外部性的情形下，由于私人边际成本低于社会边际成本或者私人边际收益与社会边际收益之间出现偏差，因此即便企业的生产决策符合利润最优化原理，即边际收益与私人边际成本相同，企业仍然不能进行对整个社会资源的最佳分配，此即为市场失灵。

由于现实经济生活中外部性现象是普遍存在的，因此几乎在每一个市场中都存在着程度不同的资源配置失当现象，市场失灵难以避免。

具体来说，负外部性对资源配置的不利影响通常情况下表现为：

（1）具有负外部性的商品或服务的数量过大。

（2）具有负外部性的商品或服务的价格过低。

（3）一旦外部成本没有完全内在化，企业就没有能力去寻找可以减少外部生产成本的途径。

相应地，正外部性对资源配置的不利影响一般体现为：

（1）具有正外部性的商品或服务的数量过小。

（2）具有正外部性的商品或服务的价格过高。

（3）一旦外部收益不能被内在化，企业将缺乏动力和主动性再提高其外部性。

第三节 低碳经济学的分析与计算

一、碳排放测算的卡亚模式（要素分析法）

三十多年以前，薛进军就在政府间气候变化专家委员会（IPCC）的大会上提到了这个方法，并在1989年的能源和工业分组大会上，阐述了怎样运用其要素分析法分析二氧化

碳排放量和国民经济发展水平之间的关系。

如式（5-1）所示：

$$Z = \prod X_n = X \cdot X_i \cdot X_n \tag{5-1}$$

假设 X_i 在某特定期限的平均变动率为 γ_i，变量 Z 的变动率为 γ_z。于是式（5-1）可以被写成式（5-2）的形式：

$$Z_0 \exp(\gamma_{zt}) = \prod X_{i0}(\gamma_{it}) \tag{5-2}$$

于是，

$$\gamma_z = \gamma_1 + \gamma_2 + \cdots + \gamma_n \tag{5-3}$$

其中，Z_0 是 Z 的初始值，X_{i0} 是 X_i 的初始值。式（5-3）表示 Z 的变动率是 X_i 的变动率之和。要素分析法被简化为式（5-1）、式（5-3）来分析本文。

假设变量 X 的变动率为 ΔX，首先让我们将 CO_2 分解为如下三个要素：

$$CO_2 = C/E \cdot E/G \cdot G \tag{5-4}$$

其中，E 为初始能源消耗，C 为二氧化碳排放量，G 为国民生产总值（GDP）。在等式（5-4）右侧两个要素可以解释为：C/E，能源对二氧化碳排放量的敏感度；E/G，GDP 对能源的敏感度。

根据式（5-4）可得：

$$\Delta CO_2 = \Delta C/E + \Delta E/G + \Delta G \tag{5-5}$$

式（5-5）又称为茅恒等式（Kaya Identity）。等式前两项表示对二氧化碳排放量减少的贡献，最后一项表示引起二氧化碳排放量增加的经济增长率。在这个层面上讲，式（5-5）是讨论二氧化碳排放量与经济增长相互关系的最简单、最流行的一种方法。

二、综合评价模型（IAM模型）

为处理世界生态环境问题尤其是气候变化问题，需要总结从自然到社会人文科学广泛领域的科学观点，系统地阐述问题的根本特征及其处理方式。因此引入了名为"综合评价"的政策评价程序，开发了作为核心手段的跨多学科的大规模分析模型，这些模型称为"综合评价模型"。

综合评价模型在以下四个领域，对能源产出与消费、温室气体排放量、循环、气候变化、生态建设、社会经济影响等过程做出了一定程度的综合分析（IPCC，1996）。

（1）社会、经济系统：农林业、畜牧业、能源消费与生产、城市社会经济活动以及其他。

（2）温室效应，气体在全球的循环系统：碳循环系统、大气化学反应。

（3）气候系统：辐射对流、大气、海洋环流系统。

（4）水文、生态系统：自然生态系统、城市生态系统、水文生态系统等。

在对气候变化减缓政策进行评价的时候，需要着重分析一些关键因素，主要包括减缓的成本、技术的作用、不确定性等。

这里通过介绍中国能源环境政策综合评价模型（IPAC 模型）来给出综合评价模型的示例，用以说明对政策的评价过程。

IPAC 模型一般包含三方面：能源排放模型、环境模型和影响模型。能源排放模型是 IPAC 模式的重要部分，包含了许多不同种类的模型。环境模型则包含了大气扩散模型和一种简单的气候模型。影响模型还包括健康影响模型。它们相互之间具有直接联系，将能源排放模型的结果输入健康影响模型中，通过估计能源活动所产生的大气污染浓度及其可能的升温效应，然后由健康影响模型估计对健康的影响，将这些影响转化为对经济发展的影响之后，再反馈回能源排放模型。各种模型在 IPAC 模型中的一般功能说明如下。

1. 能源排放模型

（1）IPAC-SGM 模型。为 CGE 模型，兼顾各种宏观经济活动间的相互影响和关系，在 IPAC 模式中主要进行各种能源环保政策及其对宏观经济影响的分析，同时也可开展中长期能源政策和环保情境分析。

（2）IPAC-Material 模型。它虽然是也一种 CGE 的模型，但和 IPAC-SGM 一样，更多是研究各种环保效果和政策。它涉及许多环保部门，研究能源活动对大气污染物、水污染、土壤损害，还有环保产业的发展对国民经济的作用。

（3）IPAC-E 排放模型。它是一种部分均衡的全球模型，涉及世界九个区域，我国是其中一个区域。重点开展中长期能耗和温室气体排放不同情境的研究。

（4）IPAC-TIMER 模型。这是一种动态的能源经济模型，同时还是一种能够应用于全球的模型，涵盖了 17 个地区。能详细分析能源进出口量与投资。

（5）IPAC-Tech 技术评价模型。它是最小化成本的模型，能够实现特定时间下的最小化成本分析，研究不同科技进步情景下的能源投资政策效果。

（6）IPAC-Message 模型。技术进步分析模型，着力研究重要能源技术发展的投资成本、市场变动。

（7）IPAC-AIM 技术模型。该评价模型采用自下而上方法进行研究。能够开展技术措施评估与温室气体减排政策评价。也适用于开展中短期能源政策和温室气体排放情境评估。

（8）IPAC-AIM-Local 区域模型。原理上和 IPAC-AIM 技术模型很相似，但按省份进行了划分，主要进行地方能源环保的政策效果分析。

2. 环境模型

（1）IPAC-Air 地区扩散模型。在传统能源排放模型的计算基础上，通过测算各种大气污染物的含量，用影响模型的输入，同时把能源发展策略和政府所提出的环保目标加以对比。

（2）IPAC-Climate 模型。该模型是来自美国气候中心的 Weigley 模型，主要用于研究未来的升温。

3. 影响模型

（1）IPAC-Health 健康影响模型。研究不同大气污染程度和气温上升对健康的影响，进而研究对 GDP 的影响。

（2）IPAC-Water 水资源影响模型。用于研究气候变化对水资源的影响。

IPAC 模型的基本结构见图 5-1。在 IPAC 模型的不同子模型间，目前采用了软连接的方法，即一个模型的数据结果直接应用为另一模型的输入数据。在 IPAC-E 排放模式中的多个子模型间也进行了硬连接。作为一种模型框架，IPAC 的使用方式采用相同参数取值方法，也称为相同发展框架方法。在模型的应用中，每个模块使用同样的宏观经济政策指标，例如 GDP 和人口、相似的技术参数、相似的节能政策等，使不同模块的数据可以在相对类似的数据基础上加以对比。这就能够解决不同的资源和环境问题。

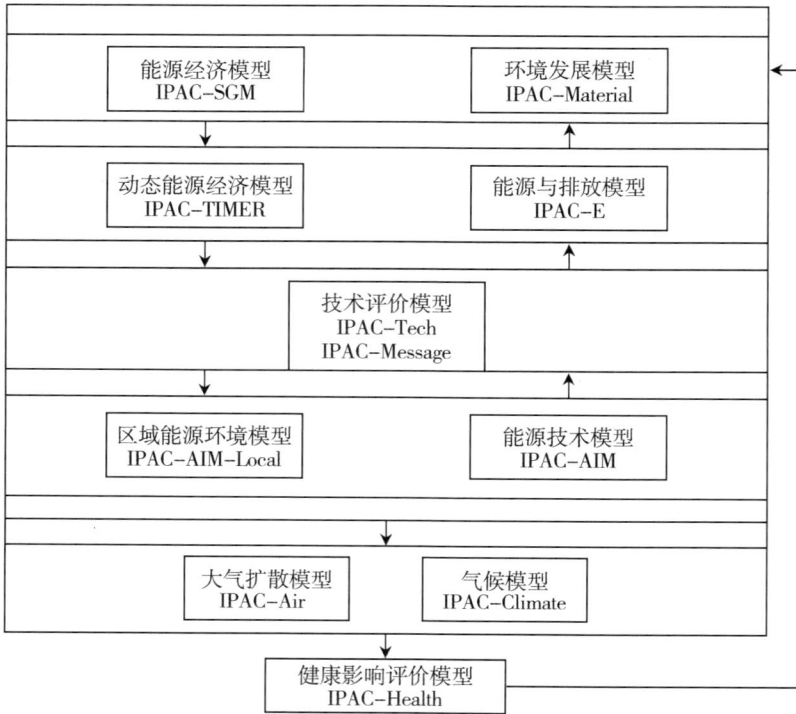

图5-1　IPAC模型的框架

（来源：薛进军，2011）

三、低碳国际经济学模型

因为大气层属于全球公共资源，而世界各国的温室气体排放权并没有具体划分，温室气体排放的利处也是由各国排他性地独占，而产生的负面影响却由地球上所有同代和后代人共同负担。而过量的排放引发了全球变暖，导致了"公地悲剧"。不过，如果划分了各地的排放权限，为了减少因排放所造成的坏处而由各国自行负担，其收益则为所有国家共有，所以各国为达到本国成本的最低，通常都会选择不减排或"搭便车"，全球合作进行减排的理性行动就难以达成。可见，世界温室气体减排问题，可以归结为一个"怎样定义或配置各国排放权"的提问。又由于大气层全球公共资源的这一资源属性，无法像地球上其他资源那样采用"先占先得"或各国实力博弈的方式进行界定权利。所以，人们必须从公正的原则入手，针对温室气体排放特有的自然资源特征和经济特点，寻找一个客观公正而又简单的确定或安排各国初始排放量的原则和方法。

薛进军所设计的一个世界温室气体减排解决方案，其技术架构的基础就是解决世界各国排放权划分问题，进而实现世界减排目标内生，包括三个步骤（图5-2）。第一步，对各国的实际排放量先算个历史总账。然后通过比较各国对当前大气环境中留存的温室气体的贡献，判断各地在 $T_0 \sim T_1$ 时间的累计实际排放量，有无超出其相应的国家排放权。如果一旦超出，那么其当前时间（即 T_1 时点）的国民排放量权差额将是赤字规模，反之则是盈余。这将有助于为各地设立起"国家排放量权账户"。第二步，通过科学规定从 T_1 至未来 T_2 时间和地点的世界新增总排放量额，并把这个额度分摊给各国。这一新额再加上各地在当前时间和地点总的排放量余额，即是各国至 T_2 时间和地点的总排放额。如果全球新总排放额确认，那么全球排的总量进而也能够确认。第三步，各国都可以在相应的排放量限额下制订自己的减排路线图，能够自行决定在 $T_1 \sim T_2$ 各个年份的实际排放量，并可能开展全球温室气体排放权交易，但各国都需要在达到目标年份 T_2 以前，将自己的排放权赤字消除。

图5-2　国际温室气体排放权利划分的时间维度

（来源：薛进军，2011）

在上述方案中，问题的核心在于如何界定或分配在 $T_0 \sim T_1$ 和 $T_1 \sim T_2$ 阶段各国的排放权。

假设，一国国内每人的实际排放为该国人均实际排放 e_{ij}，各国人均应分配的初始排放权为 e_{ij}^r，一国人口为 N_i，全球人口为 $N = \sum N_i$。其中，$i=1$，2，$\cdots$，n，表示不同国家。$j=1$，2，分别代表 $T_0 \sim T_1$ 和 $T_1 \sim T_2$ 两个不同时期。j 时期全球人均累计排放量为 $\overline{e_{ij}} = \dfrac{\sum e_{ij} \times N_i}{N}$。

从公式出发，我们可以确定每个国家的排放权，并根据各国实际排放和国际排放权贸易状况核算其排放权账户余额，为世界上每个国家建立起国家温室气体排放账户。

每个国家的总排放权为：

$$E_{ij}^r = e_{ij}^r \times N_i = \bar{e}_i \times N_i = \frac{E_j}{N} \times N_i \qquad (5-6)$$

其中，E_j 为各国排放且仍然留存的全球累计排放量或未来累计总排放额度。如果一国

实际总排放 E_{ij} 高于其总排放权 E_{ij}^r，该国就应从他国购买排放指标 E_{ij}^t。有

$$\bar{e}_j \times N_i + E_{ij}^t = E_{ij} \qquad (5-7)$$

各国在不同时点的国家排放权账户余额 B_{ij} 为：

$$B_{ij} = \bar{e}_j \times N_i + E_{ij}^t - E_{ij} \qquad (5-8)$$

将式（5-7）和式（5-8）中内在一致的原则分别应用于 $T_0 \sim T_1$ 和 $T_1 \sim T_2$ 两个不同的时段以及不同国家。这意味着，各国人均历史累计初始排放权以及未来分配的初始排放权均应相等。将 $j=1$，2 代入式（5-7）和式（5-8），有 $T_0 \sim T_1$ 期间各国的排放权：

$$E_{i1}^r = \bar{e}_1 \times N_i = \frac{E_1}{N} \times N_i \qquad (5-9)$$

其中，E_1 和 $\bar{e}_1$ 已分别表示 $T_0 \sim T_1$ 期间大气层中累计留存的全球和人均排放量。该式表示，应按各国人均历史累计排放相等的原则界定各国历史排放权。由于 $T_0 \sim T_1$ 期间各国没有设置排放额度限制且不存在国际排放指标交易体系，实际交易的 E_{ij}^t 为零。$E_{i1} \sim E_{i1}^r$ 为一国的超额排放量。由于 $T_0 \sim T_1$ 期间的商品和服务贸易价格中均未包含排放成本，国际商品和服务贸易中包含的净转移排放应计入进口国的实际排放 E_{i1} 中。

这样，根据 $T_0 \sim T_1$ 时期历史排放计算的 T_1 时点时各国排放账户余额为：

$$B_{i1} = \bar{e}_1 \times N_1 - E_{i1}，\ 且 \sum_{i=1}^{n} B_{i1} = 0 \qquad (5-10)$$

$T_1 \sim T_2$ 期间各国新增的排放权为：

$$E_{i2}^r = \bar{e}_2 \times N_i = \frac{E_2}{N} \times N_i，\ 且 \sum_{i=1}^{n} E_{i2} = E_2 \qquad (5-11)$$

其中，E_2 和 $\bar{e}_2$ 分别为 $T_1 \sim T_2$ 期间科学设定的全球新增温室气体排放总额和全球人均额度。该式表示应按人均相等的原则来分配各国未来的初始排放权。一旦 E_2 确定，则全球温室气体减排额亦同时确定。该减排额为不采取减排行动的全球温室气体排放额 E^b（即 business as usual，BAU 时的排放）与 E_2 之差。$(E^b - E_2)/E^b$ 则为全球温室气体减排率。

$T_1 \sim T_2$ 期间各国新增的余额为：

$$B_{i2} = \bar{e}_2 \times N_i + E_{i2}^t - E_{i2} \qquad (5-12)$$

由于各国可以通过 IETS 买卖排放指标 E_{i2} 来增加或减少其排放额度，各国排放额度就总是与其实际排放相等。由于 $T_1 \sim T_2$ 期间各国的排放权按人均分配，国际贸易和服务价格中已包含排放成本，核定各国实际排放 E_{i2} 时则不需要再考虑转移排放。

这样，考虑 $T_0 \sim T_1$ 和 $T_1 \sim T_2$ 两个时期，各国不同时点的累计余额为：

$$B_i = B_{i1} + B_{i2} = (\bar{e}_1 \times N_1 - E_{i1}) + (\bar{e}_2 \times N_i + E_{i2}^t - E_{i2}) \qquad (5-13)$$

各国到 T_2 目标年份的余额之和为零，即 $\sum B_i = 0$。这意味着不仅 $T_0 \sim T_1$ 期间各国排放权与实际排放之间的扭曲得以校正，而且 $T_1 \sim T_2$ 期间科学设定的全球新增温室气体排放额度也正好用尽。全球温室气体减排目标也同时实现。

四、低碳环境经济学分析法

人类生存及经济活动都依赖于自然资源，而人类的生产生活又会带来一系列负面影响——自然资源的消耗、污染物的排放、对生态系统的影响。就可持续发展而言，这些影

响都需要被尽可能地控制。人类现在面临两个挑战：一是提升环境效率，这是为了在限定的资源消耗和环境影响下获得尽可能多的财富和福利；二是要解决环境公平问题，这包含两个问题，即财富和福利应该如何公平分配、降低环境影响的责任该如何区分。

环境效率可以通过技术改进和适当的激励机制来完成，比如通过标准以及管制或者市场的力量。一般来说，如果建立了适当的激励机制并将其付诸实践的话，环境和经济效率就会有所改善。反之，因为两者之间会有这样一种积极的相关关系，环境政策上的重大挑战是：应该采用什么激励制度来平衡经济和环境的关系。另外，环境公平是一种涉及两种观点的收入分配问题。第一个涉及如何能同等地享受以环境影响为代价换来的财富和福利；第二个涉及如何能平等分担减少环境影响的重担。

为研究全球性的资源直接耗费与环境效应，有几个指标被提出，最基本的如某个国家或地区的人均自然资源消耗量、人均温室气体排放量。如钢铁、铝矿产资源的消耗而言，工业化国家的资源消耗量达到了发展中国家的 100 倍水平。又如，南北地区以及国家之间的人均二氧化碳排放量基线（1990 年）有着显著的差距：美国 6.15 吨碳，日本 2.69 吨碳，中国 0.60 吨碳。然而只对每个国家直接资源消耗量来讨论环境公平是远远不够的，国家间经济通过商品和服务的跨界流动相互依赖。

由于一些国家消耗的许多商品和服务是从其他国家进口的，而提供生产这些商品和服务会产生很多的能源消耗，从而在那些国家引起二氧化碳排放，导致全球变暖。所以，仅仅直接考虑国内部分的二氧化碳排放是不够的。同样重要的是要看通过贸易导致的间接二氧化碳排放。因此，国际贸易通过全球范围内生产、消费活动对全球碳排放乃至全球气候产生影响，进而影响全球碳中和。国际贸易影响全球碳中和方式主要有两种（图 5-3），即一是国际贸易规模效应、技术效应和结构效应影响碳中和；二是国际贸易在全球范围转移产业，影响全球碳排放格局。

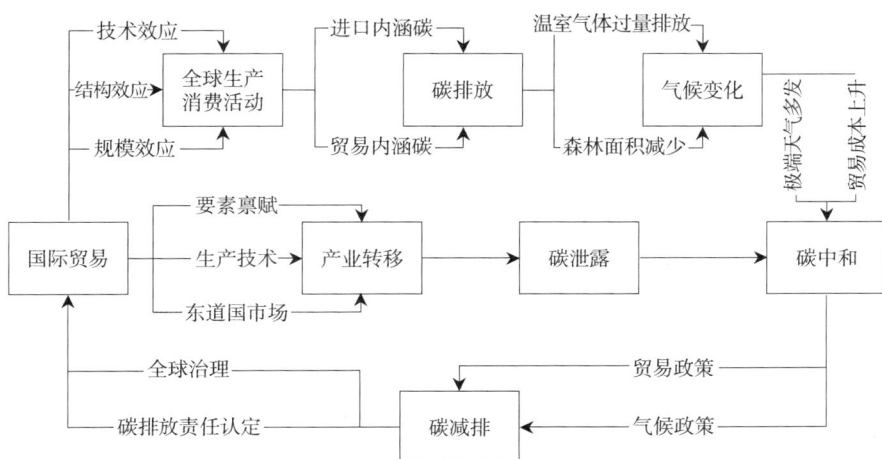

图5-3　国际贸易与碳中和双向影响路径

（来源：余建辉等，2022）

五、低碳经济指标

为了多角度地讨论要实现低碳社会，目前全球面临的气候变暖、污染物排放、生物多样性下降、资源短缺、粮食危机、贫困、地域贫富差距、地域纠纷等问题，名古屋大学Eecotopia科学研究所研究了"防止温暖化试验城市指标体系"（EcotopiaIndex，ETI）。

"Ecotopia"这个词是生态学（Ecology）和乌托邦（Utopia）的复合词，表示与生态环境和谐相处的人类社会的理想之乡。名古屋大学用"可以持续的环境协调型社会"和现代风来解释这个Ecotopia。在该研究所，为了明确Ecotopia科学研究的目标，实现其顺利推进，对Ecotopia指标作了以下定义：

$$Ecotopia\ 指标 = 可持续的生活（生命）的质量 / 环境负荷 \tag{5-14}$$

根据这个定义，可持续的环境协调型社会的指标（如上所述，这个指标可以被看作生活"富裕度"或者"幸福度"）可由可持续生活的质量和人类活动产生的环境负荷的比率决定。

针对式（5-15）的定义，分母、分子分别进行说明。关于资源问题，环境的"富裕度"由短暂的人类生活质量来评价（不是以前所谓的 Quality of Life，QoL，而是世代间可持续生活或生命的质量 Quality of Sustainable Life，QoSL）。关于分子的评价范畴是各种各样的因子函数，不过可以大致分类成人类因子、社会因子、经济因子三个评价项目。图5-4把该评价表示在三轴的雷达海图中，对各项目基准值的相对评价作以下定式化。

$$(QoSL) = \sum [S_i (QoSL)_i] \tag{5-15}$$

式中，$(QoSL)_i$ 表示对 i 评价项目的可以持续的生活质量的价值。S_i 是对 $(QoSL)_i$ 重复系数，关乎环境关怀行动的补正因子。

有关分母环境负荷（Environmental Load，EL）的评价范畴，如图5-4所示，由全球气候变暖、生态系统的污染、资源的干涸三个评价项目组成，对各自的因子项目的相对评价作如下的定式化。

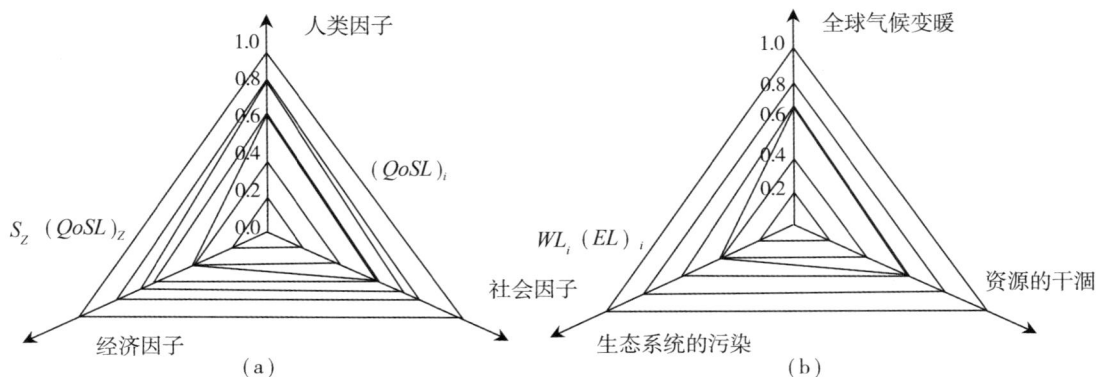

图5-4 Ecotopia指标的评价范畴和评价项目

（来源：薛进军，2011）

这里，$(EL)_i$ 是评价项目 i 的环境负荷，w_i 是重复因子。有关环境负荷的评价可以引用现有的数据库，例如对于全球气候变暖可以用"碳足迹"，关于生态系统的污染可以用"生态足迹"，关于资源的短缺可以用"生态包袱"。

综合公式（5-14）至公式（5-15），Ecotopia 指标（ETI）可以被定式化如下：

$$(ETI) = \sum (S_i Q_i) / \sum [w_i (EL)_i] \qquad (5-16)$$

作为 Ecotopia 指标的定式化和可视化的方法论，我们需要慎重讨论。单轴评价方式虽然简单明了，不过评价项目之间的单位换算和重复比较困难。同时，多轴评价方式虽然可以复合评价，但是不同的评价轴之间的相对评价比较困难。把 Ecotopia 指标暂时定义为式（5-16），数学上明了，但可以预想到对于具体事例的定量评价时具有各种困难，式（5-16）的一些变形也必须作为允许范围。特别的，在综合评价中避免评价项目的重复和缺漏非常重要。同时，根据评价项目的不同也有不适合定量化的，需要把用概念式表示的公式（5-14）的定性评价和式（5-16）的定量评价组合起来进行讨论。

与很多现有的环境、经济、社会、健康的相关评价指标相比，Ecotopia 指标有很多不同的特点。首先，在以前的 QoL 想法中导入了"可持续性"的概念，即在个人生活质量的评价轴上加上了社会和经济的评价轴，同时把对各评价项目的环境关怀行动作为重量账单系数进行补偿。其次，根据（QoSL）与全球环境负荷的对比，明确认识今天的环境问题是评价指标的一大特征。Ecotopia 指标与现有的可持续性评价指标，如生态足迹、人类发展指数、环境效率指标、X 因子、真实发展指数、环境可持续性指数、绿色 GDP、人类满足度尺度、生态包袱、生命周期评价等的比较和在这些评价指数群中的定位，可以参照相关文献。

六、低碳商务模型

薛进军将商务模型定义为一种能持续创造利润的模型框架。商务模型为商业的建立提供了充分必要条件，因此学习商务模型的特征有利于个人商务模式的建立。薛进军等对以下两个问题进行了研究：①主要石油供给厂商的商务模型与原油价格高涨之间的因果关系；②由于酒精燃料的发展所引起的谷物价格的高涨问题。这个研究显示了公司或整个产业的商务模型对社会有着巨大的社会影响，这都证明了对于商务模型研究的重要性，并对日本能够成为资源节约型社会的背后因素做出了剖析，从而给出了构建日本低碳商务模式的四个基本要素：(节能、环保) 意识、法律法规、激励政策和竞争。

这四大要素在不同国家应该有所不同，但指导思想都是一致的。中央政府、地方政府、教育机构、媒体联合起来去宣传环保意识对于全民族环保意识的建立是十分必要的。法律法规以及激励机制是政府的责任，但是综合考虑工业、学术界、政府和民众的多样性对于政府良好地履行这项责任十分可取。竞争一般通常被认为只与公司有关，然而，创造一个民众与社会团体相互竞争的良性循环对于环境改善、能源节约来说是十分有利的。

第四节　低碳经济学的产业形态

一、低碳产业的基本内涵

低碳产业是低碳经济的重要载体，陈美球等学者从产业体系角度对低碳产业的三个组成进行了总结：

1. 低碳节能和减排产业

这一产业主要指利用对既有工艺的改良来提高传统资源的使用效率，从而降低生产与生活的碳排放量，主要包括火电减排、工业节能、建筑节能和资源循环利用等方面。

2. 清洁能源产业

主要包括风电、地热能源、海洋能、生物质能、太阳能和水电、核能等清洁能源产业的发展与应用，另外也涉及了基于资源传输方式的改变而出现的新兴产业，如基于新能源发电并网技术所派生出的智慧电网产业等。

3. 低碳金融服务产业

即指围绕碳减排权交易与碳融资需求而产生的各金融行业，一般涉及碳指标交易、碳期权期货、碳证券、碳基金等各类金融产业。

二、低碳农业

"低碳农业"即充分发挥农业的碳汇能力，并最大程度减少其碳排放功能，以达到在农作物种植、畜牧养殖等食物生产全过程的低碳排放。低碳农业的本质是能源的低碳排放、资源的高效使用和新能源开发与利用。发展低碳农业，需从能源利用的三个环节下手：一是在能源输入阶段，充分利用太阳光、风电、水力、核电、微生物等新能源，以降低化石燃料利用；二是对农村排碳源进行转移，以降低污染；三是对已排放的二氧化碳进行捕捉、贮存和使用。并围绕三个环节从农业、工业、环保、农民、政府等各方面采取综合策略，方能取得良好效果。

1. 优先实施清洁投入品替代策略

（1）开发、使用风能发电、秸秆发电、秸秆气化、沼气、太阳能等清洁可再生能源技术发展高效的农业产品，以替代传统高碳燃料利用。

（2）开发、生产、利用有机肥、生物肥、农家肥等高效化肥以取代传统化肥，阻断化肥生产、利用过程的大量碳排放。

（3）开发应用生物农药，可以阻断无机农药生产过程中的碳排放以及应用过程中对农作物的危害。

（4）使用可降解的农膜材料替代不可降解农膜，从而避免不可降解农膜生产过程中的碳排放以及对环境的污染。

2.实行碳减排策略

对无法避免碳排放的农业经营活动，实行减排策略。

（1）通过对测土配方精准配肥、供肥、施肥，进而改变农民盲目大量使用施肥的习惯，从而降低化肥的不合理使用。研制缓释性肥料，主要针对作物营养需要调节养分释放，以改善传统肥料由于溶解速度过快、营养缺乏等因素无法适应作物各阶段生育需要的弊端，大大地提高化肥使用率。

（2）发展节水农业，提倡喷灌、滴溉，改变漫灌等浪费用水方式，以间接节能减排。

（3）推广多层立体种养，采用桑菜、农桑、农林、林花、农渔、林牧、渔牧结合等间种、套种方式，综合利用层间资源，提高单位面积综合效益，减少内源与外源性碳排放。

（4）发展"种植—养殖—沼气"循环农业模式，科学设计上、中、下游动植物的食物链接，充分利用副产品，变资源的一次消耗为多次循环利用，从而减少废弃物排放、处理等造成的碳排放。

（5）推广节约农药、能源、土地、农膜等各种资源的节约型农业生产方式，以减少碳的直接、间接排放。

3.实施固碳策略

固碳指将碳固定在土壤中或储存在废油气井煤层或深海里，防止其逸入大气的方法。

（1）推行水田免耕、少耕、直播等保护性耕作，推行旱地或耐旱作物栽培，推行农作物生产过程的规范化管理，以减少耕作或不合理的耕作方式，减少土壤有机质分解，保护土壤有机碳。

（2）改善土壤水分条件。水分也是土壤释放、溶解温室气体的主要决定因子之一，因为被淹土壤会向大气中释放甲烷、二氧化碳，好气土可以降低二氧化碳的释放量和氧化大气中的甲烷。采用间歇性灌溉等人为调节措施，以保持土壤碳汇水平。

（3）提高复种指数。休耕会延长地表裸露、风蚀时间，引起土壤水分蒸发。合理复种作物可减缓土壤有机质分解、延长地表绿色覆盖时间、保储更多碳汇。

4.大力推行碳汇策略

碳汇是从空气中清除碳的过程、活动或机制，是农业减少大气温室气体的独有功能，也是低碳农业发展的主要途径。农业碳汇主要有土壤和植被两种。

（1）土壤碳汇。土壤碳汇是陆地总碳量的 2/3，是植被碳汇的 3 倍，由植物在光合作用下吸收 CO_2 转为有机质、死后进入土壤形成有机碳积累而成。

增加土壤碳汇的途径如下。

①合理轮作。轮种作物，插种豆科等高残茬作物，以减少土壤地表水蒸发、加速根茬分解、提高土壤有机质含量和保水能力，增加土壤碳汇。

②合理施肥。长期单施无机肥，虽能促进根部生长，但易加速土壤有机碳分解和矿化。

和有机肥搭配使用能够提高土壤中有机碳含量并能改善土壤物理性质。

③生物炭碳汇。它是我国农村流行的简单、低成本的碳汇方法。通过将野草、秸秆、枯枝落叶等自然有机质堆积起来，用薄层泥土覆盖，然后点火熏烟、加温裂解而形成有机碳，储存于土壤中。

④秸秆粉碎还田或过腹还田，均可增加土壤碳储存。

（2）植被碳汇。植被通过光合作用吸收和积累碳，并转化为有机物储存于体内，作为生长的营养物质。增加植被碳汇的途径如下：

①发展林业。林木有吸碳、降碳的独特功能，可经过光合作用，把大气中过量的碳固定下来，转变为有机碳。而且由于它生活周期长，形体大，有很多时间、空间位置，储碳密度很高，是调节地球大气碳平衡的重要碳汇。可通过林权改革、退耕还林、天然林保护、实施国家植树造林规划、建构绿色廊道、建造各种景观美化林、培育优质苗木等增加林业碳汇。

②发展草业。草种植株根系发达，耐干旱、储碳性好，且储碳速率较快，同时又可抗风固沙、涵养水源、保持土壤、净化空气、保护生物多样性。中国草地面积约为耕地的3.2倍，碳汇潜力大。可通过草原建设、城市绿化、退耕还草等提高草业碳汇水平。

③营造湿地。湿地具有水过饱和厌氧的生态特征，湿地土壤中微生物活动较弱，植被残体分解、释碳慢，碳汇的功能远大于森林和海洋。泥炭地是世界分布最广的湿地类型，由有机质在寒冷和厌氧条件下不断积累形成，是植物死后残体腐化的结果。种植芦苇的湿地以芦苇的适应能力高、繁育功能好而具备很好的碳汇能力。在农田周围营造小型自然湿地和中型生态湿地，既可保护水资源、改善农业生态、自然环境，又可增加湿地碳汇。

④保护沙漠植物。荒漠植被由灌丛、半灌木和草原组成，适合干燥缺水、高寒多风的自然环境，对沙漠地区碳汇有特殊意义。

⑤培植水生生物。水生生物也拥有很大的储碳力量，据估计，小球藻、栅藻和水华鱼腥藻的含碳量已经达到了46.38%、51.28%和68.76%。而水生高等植物和动物的碳汇能力则更强。人工或半人工养殖各种水生生物是增加碳汇的有效方法。

⑥大力发展各种食用农作物。食用农作物是陆地植物碳汇的重要组成部分，在气候变暖的环境下，应重点培植"固碳型"农作物，培育防洪、抗旱型新品种，以在高温、干旱、病虫害肆虐下，扩大碳的吸收存储。

5. 重点支持和推行碳利用策略

碳利用指通过科技人为地捕获大气中的碳，并将其分离、净化、隔绝、封存，用于农业和人类福利事业。它开创了人类减碳的新领域，是最有发展前景的消碳策略。目前，利用碳资源的领域主要是农产品保鲜、生产干冰、培育海藻、中和地下盐碱水，提高水质、注入已衰竭的油气层提高石油采收量、生产"碳基肥料"等。与减排和固碳相比，其开发利用价值大、综合效益高。特别是"碳基肥料"的规模生产和应用价值更高。在植物生长发育过程中，人类往往只重视氮、磷、钾等矿质肥的功能，却忽略了占有地球95%以上碳、氢、氧的作用。碳元素作为植物养分的吸收形式主要为二氧化碳和碳酸氢根阴离子，氧、氢元素是水。碳、氢、氧平衡，是植物养分均衡的重要基石。植株可以透过吸附二氧化碳和水分，经光合作用转变为葡萄糖，然后水解成有机酸，再经过固定铵态氮转变为氨基酸和蛋白质，构成生命的基础。试验证明，二氧化碳含量丰富能促进作物发育，降低杀虫剂使用剂量，增加作物产出。因此，发展"碳基肥料"可起到减少 CO_2 排放、提高农业产值的双重目的。

6.政府扶持策略

低碳农业不能自发地产生和形成。发展低碳农业既要有观念的转变，又要有资金的投入，还要有农业生产结构的调整，法律和法规的保障，标准的统一，各相关行业、部门的协调以及激励惩罚机制的建立等。政府主要应采取以下策略加以扶持。

（1）引导低碳消费，形成低碳消费风尚。

（2）积极发展碳融资，对低碳农业企业进行融资扶持，设立碳交易市场，并引导企业发展森林碳汇、沼气和家畜粪便资源化处理项目。

（3）对使用有机肥、秸秆还田、畜禽粪便处理、沼气池建设的农户予以财政奖励。

（4）加大低碳农业技术研发投入，对高成本技术给予补贴，以鼓励研发和消费。

（5）构筑污染环境法、节能法、清洁生产法、低碳农业法等法律体系，保护农田、草原、森林，控制生态环境脆弱地区土地开垦，禁止毁坏草地、林地和浪费土地。严控工业用地，防止低效企业浪费土地，破坏地力。

（6）建设与低碳农业发展相适应的政策措施、法律、科技、监管等激励机制及制约和保障体系，积极搭建开展与低碳农业国际交流合作的科技、人才、资金等平台，树立中国低碳农业品牌。

（7）增加土壤修复、农田水利、田间工程、污水处理的资金投入，打造功能区，为低碳农业建设奠定基础条件和示范引领。

三、低碳工业

"低碳工业化"是指国民经济的基本生产函数（生产要素的社会组织形式）完成从"高碳"向"低碳"的持续飞跃转变，低碳的生产方法和低碳产业逐渐代替了高碳的生产方法和高碳产业的流程，最终国民经济发展和产业化过程中打破了化石燃料和温室气体排放的需求约束。与低碳产业发展相对而言，一些高耗能、高二氧化碳排放量的产业发展（如化石能量密集型企业）被称作高碳产业发展，具体是指在化石能源体系的支持下，由人类活动产生的火电、石油化工、钢铁、建筑材料、有色金属等各行各业，以及由此派生出的车辆、造船、航空、机械、电子化工、建筑材料等各行各业。需要指出的是，传统工业与现代工业都不同程度地存在高碳排放的问题。即便是在工业化的初期，因为并不存在资金问题和气候变暖等环保问题的限制，低效率的粗放加工方式仍然是有高碳排放的。所以，工业产值小、二氧化碳排放量低的工业模式，基本上是不存在的。

针对低碳工业的含义，我们从三个角度来阐述低碳工业的特点：一是产业路径特征，涉及工业要素投资、制造流程、运输模式、产品产出和工业生产的各个环节；二是工业发展特征，涉及产业的发展水平、产业结构、行业外部效应等内容；三是外部因素特征，涉及科技、政策法规、意识理念等。

1. 产业路径特征

根据产业路径的分析，低碳工业具备要素投入低碳化、产品制造流程低碳化、产品输出低碳化的特征。要素投入低碳化，是指用新型能源技术取代过去以煤炭为主的传统化石能源，并作为工业生产的主要原材料投入，在根源上减少了碳源。过程中的低碳排放来源，主要包括了中间产品输入物资的运输、工业废气排放量、生产制造过程废气排放量（如水泥生产中形成的二氧化碳）等。所以，生产制造过程低碳化主要包括整个过程的低碳排放，而产品产出低碳化则主要是包括了产品废料处置、产品包装和物流、消费方式等领域的低碳排放。

2. 工业发展特征

根据工业发展分析，低碳工业具备产值增长速度稳态化、产业结构轻型化、生产效益生态化的特征。而产值增长速度稳态化，这一特点不但要求低碳工业不以牺牲产业增长的价格而降低二氧化碳排放量，还要兼顾经济性和环保效果，同时强调将产业增长保持在高产出的稳定水平。产业结构轻型化是指对低碳产业具有相对较高的产业准入，以制约化石燃料、高污染、高排放的重化工业增长，以淘汰落后生产能力的工业企业，从而完成对传统工业的产业结构的改造提升。生产效益生态化，是指工业碳减排项目对环保的负外部性相对降低，进而避免了气候逐渐变暖。

3. 外部因素特征

从外部影响因素分析，低碳工业存在以低碳科技为核心、以低碳政策法规为导向、以低碳理念为引领等特点。低碳科技是低碳工业的核心，不但贯通于整个产业链体系的始末，是高碳工业降低碳化的有力推手，同时还将发展成一种新型的经济业态。政策法规的引导功能对低碳产业的发展至关重要，特别表现在产业结构调整、工业机制革新、产业发展观念转变等方面，如加强产业准入管理及政府积极引导低碳科技和低碳产业发展等，以及严密监控污染、淘汰落后产能企业、规制严重超标的污染企业、探讨设立碳权交易等市场规则和指导。另外，低碳理念的引导也是中国低碳工业的重要特点所在，具体内容包括中小企业的低碳制造观念、消费者的低碳消费观念、政府部门的低碳政策观念等。

四、低碳服务业

陈美球等学者主要依据国家统计局有关《三次产业划分规定》中的三次行业涉及的主要服务项目，界定了低碳公共服务业为道路运输、物流和邮政业务、信息传播、批发商和零售业、住房和餐饮业、金融服务、出租和商贸等公共服务业、科研、文教、健康、社会保障和社会福利服务性行业以及水利工程、环保和公共设施管护服务性行业、市民服务等服务业的低碳化发展。下面重点介绍公共机构节能管理、无纸化办公和低碳旅游。

1. 公共机构节能管理

公共机构，是指全部或部分运用财政性资金投入的国家政府、事业单位和团体组织。为促进公共机构节能，进而大大提高能源效率，并起到公共机构在整个经济社会节能环保中的榜样效应，我国按照《中华人民共和国政府节约能源法》，制订了公共机构的节能条例，自 2008 年 10 月 1 日起实施。按照条例，公共机构必须强化用能管理，通过科技上有效、经济上合理的举措，减少能源消耗，减少、遏制能源的浪费，有效、合理地使用能源。具体包括以下内容。

（1）开展节能教育、强化社会监督。公共机构必须制定、完善机构节能管理工作的制度，进行节能宣传教育和岗位培训，提高职工的节能意识，养成节约的良好习惯，增强节能管理水平。

同时，公共机构的节能管理工作必须受到社会各界监督。所有企业和个人都可以检举公共机构浪费资源的情况，但相关机关对检举者必须进行调查处理。

（2）节能规划。公共机构主管部门应依法编制节能规划。节能规划内容必须涵盖指导思想和原则、用能状况与问题、节能目标与指标、节能的重要环节、执行主体、保障措施等相关方面的具体内容。国务院和县市及以上地方各级政府，负责管理机关事务工作的部门必须将按照公共机构节能计划制定的节能工作目标和指标，按年分配并执行到本级公共机构。公共机构必须根据本单位的用能特性和上一年份用能情况，确定本年度的节能工作目标和方案，有针对性地采取节能管理举措和节能技术改造举措，以确保节能目标的实现。

（3）节能管理。公共机构必须严格执行能源消费计量制度，严格划分用能类别、用能系统，进行能源消费分户、分类、分项的计算，并对能源消耗情况进行实时监控，以及时发现、整改用能浪费问题。公共机构还必须确定专人统计能源消费数据，并详细记载能源消费统计的原始数据，以形成统计台账。同时，向本级政府及负责管理机关事务日常工作的有关单位，提交上一年份能源消费情况报表。国务院和县（市）级以上各级人民政府，负责管理机关事务工作的机构应会同同级政府相关行政部门依据管理权限，参照不同领域、不同系统公共机构能源消耗的综合水平和特点，统一编制能源支出标准，地方财政部门参照能源支出标准统一编制能源消耗支出标准。公共机构必须在能源消耗标准范围内利用资金做好能源消耗支出控制；超出我国能源消耗标准而使用资金的，必须由本级人民政府或者负责国家机关事务管理工作的有关部门进行解释。在购买中，必须遵守我国限制购买和优先购买的政策，购买已纳入节能产品、设备政府采购目录或者环境标志产品政府采购目录中的产品、设备，不得购买我国明令淘汰的用能商品、设备。公共机构的新建建筑和既有建筑物修缮改造，必须遵守国家有关建筑的节能设计、施工、调试、竣工验收等方面的有关规范和技术标准。

公共机构必须依照法规规定开展能源审计，对本单位用能系统、机械设备的正常运转状况和利用能源状况做出技术与经济效益评价，并针对审计结论制定改善能源效率的政策措施。能源审计的内容主要包括：检索建筑竣工验收资料和用能系统、机械设备的工作台账资料，检验有关节约技术标准的执行状况；审查电、气、煤、油、市政热能等资源耗能计算工作记录和财务工作账单，评价分类和分项的总能耗、人均能耗和单位建筑面积能耗状况；检验用能系统、机械设备的正常运行情况，审计有关节约制度落实状况；检验对前一次能源审计合理利用能源意见的执行状况；检验对具有节约潜能的用能环节和部位，提供有关合理利用能源的意见；审核政府年度的节约规划、能源消耗定额实施状况，并核查对公共机构超过政府能源消耗定额利用能源的状况说明；审核能源测量仪器的运转状况，以检验政府能源统计资料的真实性和准确性。

2. 无纸化办公

无纸化办公是指通过先进的互联网信息技术完成办工。在无纸化办公环境条件中，计算机系统、应用软件、通信网络系统是三项最基础的因素。主要的通信手段有计算机等现代化办公手段，能够做到不用纸和笔完成各种服务和事务办理等。无纸化办公在20世纪末刚刚开始发展，到21世纪初期才逐步扩大，在21世纪头十年达到普及。

（1）无纸化办公的用途。政府机构、企事业单位经常对内或对外发出的公文、新闻、公报、会议文件，由于以前是通过印刷、发布，信息流动性较弱、社会影响小、受众面较狭窄，而现在用无纸化方式办公时可以借助个人电脑、互联网等，把这种资讯直接传送到工作人员或企业员工各自的电脑上。而电子单据，甚至在低端应用领域也正在变成记账客户的一个有效方式。从实用账单如电话账单和家用电账单，到电子零售商品的账单，都趋向了不打印，而改为直接提交电子邮件账单进行说明。而很多服务商，如 SprinT 和 AT&T 等都提出了各种电子账单的优惠举措，例如，对声明接受电子账单的消费者予以相应的折扣。大多数会计系统都能使使用者的计算机或传真机可以直接收到来自他们计算机或传真机上的电子票据及传真账单。最务实的管理单位意识到了无纸化办公所产生的成本节约，因此开始加速进行无纸化办公过程。

（2）无纸化办公的特点。

①易学易用性。可以把领导在以往纸质文书中的批复、签发内容导入办公自动化系统中。根据国家对文件传阅、审批等过程的规范，各系统均可在互联网上对文档进行亲自圈阅、

审批和签署，以便于各个使用者都能就所传阅讨论的文档，提出相应的建议、共同讨论和完成最后的定稿和签名工作，其对文档所做出的亲自圈注、签署记录也将被保留下来，并可直接打印后输出。而使用者只要会写字，就不需掌握烦琐的键盘输入技术，就像平时在纸上办事的圈阅、签署文件一样，也可以很简单地应用于具有电子手写技术的企业办公自动化管理系统，这样就大大减少了培训时间，也对企业最终用户和开发人员都很有益。

②高度的互联网信息安全性。领导办公可以和组织的各个组成部分紧密联系，动态电子签名认证确保了领导签名信息的不可改变性以及信息的准确性。系统能够通过动态电子签名认证达到更有效的身份确认效果，比传统键盘口令更安全、更高效。而通过动态签名认证来取代普通密码口令认证，大大地提高了系统和数据的安全，并且应用也更为简单、更加方便。

③高度智能化。具有电子笔迹技术的办公自动化管理系统能够大大减少重复劳动时间，并能够将各个部门、各个管理的单独处理功能串联起来，同时还可以解决企业业务流程中各阶段的问题。能够很便捷地完成各个环节的审查、批准、签收，同时也能够完成对各个环节批复的查询。不但克服了传统办公的工作效率降低和纸张浪费现象，同时也缓解了因领导干部不能运用烦琐的现代办公自动化技术而闲置的信息化投资成本。

（3）无纸化办公的效果。无纸化办公目的是完成对各种办公基本要素的封闭集成，完成了对业务流、信息流和数据流的集成控制，从而创造出了一种科学、开放、先进的现代化办公模式，完成了办公自动化，可实现异地办公或在家办公。就这样，无纸化办公可以把工作人员从烦琐、紊乱、简单的运行中解放出来进行核心工作，从总体上改善了办公室工作效率和管理过程中的可控性，从而减少了办公成本，增强了执行力，使管理系统更加规范化。利用信息化建设，进一步发展电子商务、电子政务，以迅速增强核心竞争力。其具体作用主要包括以下四个方面。

①整合资源。利用互联网信息，把单元的人力资本、顾客信息资源、专业知识信息资源、管理经验信息资源、软硬件功能信息资源、管理制度信息资源、企业文化信息资源等整合到一个网络平台上加以管理运用，实现单位各类信息资源利用的相互促进与增值，以建立规范、科学、开放的单元管理体系与企业文化建设，维护单元强大的经济活力，确保单位健康持久发展。

②促进信息流通。领导层签署的信息、指示、责任可以在几秒钟内同步传达到有关部门，无其他中间过程。每个人员的想法和意见都可以畅通无阻地直接反映给公司领导层，以便及时发现难题、改善流程和发掘人力资源。公司员工之间可以通过网络方便、直接、平等地发言、沟通，形成和谐的组织人际关系和企业精神。

③规范办公流程。构建起了一种严密、和谐、安全、简单的工作机制，使单位生机勃勃，推动了单位不断发展壮大，使工作权责清楚，权力相对分明，具体事项落实到位，查

有所依，减少了推卸、扯皮等现象。从而彻底消除了信息传输中的堵塞、延迟、丢失，并保持了准确、及时的信息反映。

④提升了办事效率。合理统筹各岗位间的协同工作时间，做到有效协同办公，领导层可以便捷地及时查询分派到的工作情况、领取时间以及进展状况，追踪监控，提升工作质量与力度。

3. 低碳旅游

低碳旅游是指在旅游资源开发活动中，通过采用低碳技术、引入碳汇体系和鼓励低碳旅游消费方式，从而达到更高的旅行服务效率和更高的旅行经济、社会、环境效益的新型可持续旅游发展模式。低碳旅游的核心目标是用更低的旅游活动排碳量，来获取更大的经济、社会、环境效益。所以，发展低碳旅游也就是按照生态的概念，对建设低碳经济的另一个响应方式，也就是在旅游景观的建造、旅游基础设施的打造、游客服务氛围的塑造、游客消费模式的导入基础上，应用低碳科技，运用碳汇机制，推动低碳旅游，从而达到旅游低碳化的目的。

中国低碳旅游的发展总体目标是：根据中国旅游业的实际发展状况，在可持续发展的大框架下，科学、合理地把国际低碳理念和技术手段运用到中国旅游业发展当中，通过切实地加强国际低碳旅游的相关研究与规范，制定并严格执行有关节能减排政策与措施，以完成中国旅游业节能减排的国家重大战略目标，进一步增强中国旅游业的可持续发展实力与全球旅游竞争力，为我国完成低碳排放限制总量目标作出相应的贡献。

（1）发展原则。

①因地制宜原则。中国幅员辽阔，地域差别很大，地方的气候特点、生态承载容量、经济发展水平差异巨大，对二氧化碳的处理和吸收能力也不尽相同，中国各地在旅游行业经济的实际差异也一直存在。所以，在我的各区域发展低碳旅游业一定要从地理空间上反映因地制宜的基本原则，同时有关发展措施制订也应当与当地的经济、自然环境条件相匹配，这样才可以做到各区域的旅游业低碳化发展和经济、生态、社会可持续发展。

②动态持续性原则。鉴于中国旅游行业的低碳化发展，并不是朝夕所致，而是一种长期开发策略，所以我国的低碳旅游开发工作必须从时间尺度上，贯彻动态的长期性政策。在旅游行业开发阶段难免会存在着各类机会和风险，尽管开发方式和政策已经历经了多次的论证，但仍将面临着许多无法预见的不确定性因素，所以，发展中国低碳旅游要针对各个时期的发展目标而进行适当调整，特别是在发展方式的确定和发展政策的出台上，具有灵活性、动态性、可持续性和可操作性。

③综合协调原则。鉴于低碳旅游具有产业综合性特征，所以，中国低碳旅游的发展必须要体现行业内外部关系的统筹协调原则，整合人力、资源、环保、经济、生态等与我国旅游行业密切相关的要素，通过整合"吃、住、行、游、购、娱"等我国旅游行业的六大

要素，把低碳经济发展理念和科学技术方法运用到低碳旅游发展当中，以科学解决中国低碳旅游发展中行业内外部普遍存在的问题和困难。由于低碳旅游的发展，牵涉旅游、环境、林业、建筑、土地、教育等诸多部门，以及各行政管理分割等问题的出现，所以发展中国低碳旅游，就必须贯彻部门统筹原则，统筹协调各部门的职责和权益。

④环保优先原则。发展低碳旅游，作为一个对世界环境变化负责任的旅游方式，不同于任何旅游方式之处，就是直接明确提出了"在旅游过程中多角度、全面减少碳排放量，实现节能降耗，是一个环境保护有限的旅行方式"，而这个降低碳排放量的旅行方式更有利于区域自然环境的有效维护。在整个旅游过程中，发展低碳旅游方式将在一定程度上为适应世界气候变化和能源环保等问题作出重大贡献。发展低碳旅游将有助于保障地区生态系统健康，提高生态可持续性，也能够在发展低碳旅游的同时提高环境可持续性，还能够推动人类经济社会的可持续发展进程。

（2）发展方式。

低碳旅游发展方式的实现需要通过从政府部门、旅游公司、旅游者个人和旅游各有关受益方的视角，以旅游吸引物、旅游设施、游客体验环境和旅游消费方式等旅游发展的关键因素，并通过创造低碳游客吸引物，打造低碳旅游基础设施，推动低碳游客消费模式，塑造低碳汇游客体验环境等方式进行实现。

①营造低碳旅游吸引物。低碳旅游吸引物，是指用于引导游客前来观光的任何有形的、无形的、物化的、无物化的、天然的、人造的低碳旅游吸引力要素，既可以是各种天然的低碳自然景观，如湿地、海洋、原始森林等天然游览资源，又可以是由人类创建的低碳建筑景观，如低碳建筑设施群、低碳工业示范园区等，也可以是多种多样的低碳旅游运动项目，如体育休闲活动、健康项目。

打造低碳旅游吸引物的主要措施包含：采取科学合理的旅行开发模式（生态标签地行动，如建设国家森林公园、国家湿地公园、风景名胜、自然资源主题公园、国家地质公园等），全面发掘山林、海域、沼泽地、海塘、湖泊、河川等天然高碳汇体自然资源的游览价值，提高自然资源旅游吸引物的品质；规划以低能源、低耗损主导的低碳旅游项目品牌，将低碳产业项目、低碳社区（街道、小城镇、村庄等）及其配套的港区、校区等，包装并转变为低碳旅游吸引物；利用生态化的手段，修复破坏湿地（湖水、河水源地）、损毁土壤（矿井、油田）以营建天然和人造融为一体的综合型低碳旅游吸引物。

②配置低碳旅游设施。所谓低碳游览基础设施指通过低碳技术改造，或通过采用低碳科技生产而建立的，用于进行游览接待等业务的基础设施和专用设施。低碳旅游的基本服务设施，一般包含低碳道路交通服务设施、低碳环保卫生设施、低碳能源供应服务设施等；而低碳旅游的专用服务设施，一般包含低碳旅游食宿服务设施、低碳旅游购物设施、低碳旅游文娱服务设施和低碳旅游休闲服务设施。

低碳游览基础设施的构建路径主要分为：利用建立生态停车场，采用电瓶车、新能源汽车等低碳游览运输工具，以及修建低碳游览路线等途径，发展低碳游览交通运输基础设施；利用在游览景点的建造过程中，采用生物循环污水处理设备，修建生态公厕，采用生态垃圾箱等方法，发展低碳游览环境的卫生设施；通过利用太阳能、风力、水力等可更新能源技术，建立全新的低碳游览能源供给设施；利用低碳建筑材料，来建立低碳游览食宿、用餐、购物、娱乐服务等基础设施，如低碳旅馆、低碳商业建筑；利用新能源的观光游览车、低碳旅游娱乐设备（如体育运动、健身设施）、低碳观光旅游设备、低碳娱乐体验设备等，来发展低碳休闲观光旅游设施。

③倡导低碳旅游消费方式。所谓低碳旅游消费方式是指旅游者在旅游消费行为的过程中，通过采用不同方法和渠道，来降低游客的个人出行碳足迹。在一个出行过程中，不同的出行消费方法使游客个人的出行碳足迹差别很明显。以出行交通为例，在国内外的旅游活动中，如果按照距离衡量，航空出行尽管仅占了17%的游览路程，但却占据了54%~75%的个人出行碳排放量；反之，汽车交通和铁路尽管占据了整个个人出行运输量的16%，却仅占有1%的个人碳排放量。在瑞典，1000公里的行程距离，假如考虑利用风能与水能的铁路交通，游客的平均碳排放量约为10克，而假如考虑航空运输公共交通，碳排放量则为150千克。所以，提倡低碳出行的消费方法，对于实现低碳出行发展目标有着重大的现实意义。

提倡低碳旅行消费方法，重点涉及：一是提倡低碳旅行的交通方式。旅客在进行旅游交通方式的选取中，应该尽可能地以徒步、自行车、公交、高铁等比较低碳的旅行交通工具方法代替自驾车、飞机等比较高碳的交通工具方法。旅行者在挑选同一类别的旅行线路时，尽可能地选取个人旅行碳足迹数比较低的旅行线路。二是提倡低碳旅行住宿用餐方法。旅行者在使用旅行住宿用餐服务时，尽可能使用具有"绿色标签"的旅行宾馆，在对食物进行选取时，应该择优兼顾各种健康绿色食品、生态食品，不采用一次性餐具等。三是优先挑选低碳的旅行活动。游客在自由选择游览活动时，可以优先挑选体育、锻炼项目、健康低碳等旅游体验活动。

④培育碳汇旅游体验环境。碳汇旅游体验环境，是指通过一种碳汇机制而产生的一个安全、高效的旅游体验环境。由于游客和社区住户都是最主要的碳排放主体，因此他们所排出的碳最好都是经由景点或地区附近的碳汇机制加以收集和贮存，以达成碳中和或碳均衡，因此不仅成为"零排放"的游览景点，更是地区性的碳汇地。碳汇旅游体验环境涵盖了所有产生或者影响低碳游览体验的自然环境和人类社会活动要素。主导作用是景区自然碳汇体系的完善、最大程度减少游览过程中的碳排放强度。打造低碳旅游体验环境，是低碳旅游开发的一个基础阶段。而建设低碳汇的旅游体验环境，必须经过政府部门、旅游公司、旅游社区和旅游者个人的通力合作，方可完成。一是政府部门应通过引入游客碳汇制度，建立碳汇旅游体验环境的评价指标体系与监督机制，进一步提升游览项目及景区的碳

汇水平，减少碳排放的消极影响，塑造优质的碳汇游客感受环境。二是旅游行业应引进低碳汇机制的旅游环境培育理念，重视所提供的生态文明建设，尽快实现向低碳技术装备和服务方式的转变，积极建设国际低碳旅游品牌。三是旅游社区应积极参与游览环境的打造和保护，开展低碳社区活动，形成安宁畅爽的低碳旅游社区氛围。四是游客要有意识规范本身的出游活动，形成"碳中和"的旅行价值观，实施"碳补偿"或"碳抵消"的旅游消费方式。从而共同促进游客购物环境改善，并最大程度地增强旅游环境的碳汇功能。

第五节　循环经济理论

一、循环经济的起源与发展

循环经济的理论萌芽，应该追溯到环境保护运动兴起的 20 世纪 60 年代。1962 年，美国生态学家卡尔逊出版了《寂静的春天》，指出了生物圈和人类所面临的威胁。"循环经济"这个概念，是由美国经济学家 K. 波尔丁在 20 世纪 60 年代初研究生态经济中所谈到的。波尔丁也受当时发射的宇宙飞船的启发来研究了地球经济社会的发展状况，并指出，宇宙飞船是一种独立无援、与世绝缘的独立体系，靠持续消耗自己的能源生活，但最后也将因能源用尽而灭亡。唯一使其延续生命的办法便是要实行宇宙飞船内部的资源循环利用，即分解呼出的二氧化碳为氧气，分解出尚存养分的生物排泄物为营养物再用，并尽可能少地排出生活垃圾。同理，整个世界经济体系犹如一个宇宙飞船。尽管地球资源系统大得多，地球寿命也长得多，但也唯有实行了对资源循环利用的循环经济，地球才能够长存。"在人、自然环境和技术的大系统内，在资源投入、企业生产、商品消费及废弃的整个进程中，把传统的依赖资源消耗的线性增长经济，转化为依托生态型资源循环来发展的经济"——这一"宇宙飞船理论"也可视作循环经济的早期体现。循环经济学说的具体形成，是在 20 世纪 80 时代末由杜邦集团所明确提出的"3R"原理。

循环经济拓宽了 20 世纪 80 年代的可持续发展研究，把循环经济与生态系统联系起来。在联合国世界环境与发展委员会撰写的总报告《我们共同的未来》中专门写了"公共资源管理"一章，探讨了实现资源的高效利用、再生和循环。20 世纪 90 年代之后，发展知识经济和循环经济成为国际社会的两大趋势，发达国家更是走在循环经济的前列。西方发达国家正在把发展循环经济，建立循环型社会看作是实施可持续发展战略的重要途径和实现形式。我国从 20 世纪 90 年代起引入了关于循环经济的思想；2003 年开始循环经济理论实践，并于同年将循环经济纳入科学发展观，确立物质减量化的发展战略；2004 年，提出从不同的空间规模，即城市、区域、国家层面大力发展循环经济；标志性的工作是 2006 年把循环经济纳入中国"十一五"规划，分类型推动循环经济各种试点，以及 2008 年通过国家级的循环经济促进法并于 2009 年实行。

二、循环经济的内涵和特征

和传统经济比较，循环经济的不同之处在于：传统市场经济是一个以"资源—生产—污染物排放"单向传递的线性市场经济体系，而在这种市场经济中对能源的使用则是粗放而单一的。循环经济就是将其发展成"资源—生产—消费—再生资源"的天然生态模式、寻求污染物的"零排放"，因为物资就可以从这种持续进行的经济循环中获得充分而持续的使用，排放进自然环境的污染物也就得以尽可能地减少。而循环经济是遵循自然法则的一个生产、消费和废物处理过程，其本质就是一个生态经济，是缓解当前中国经济社会高速发展和自然环境不断恶化问题的根本方法（图5-5）。

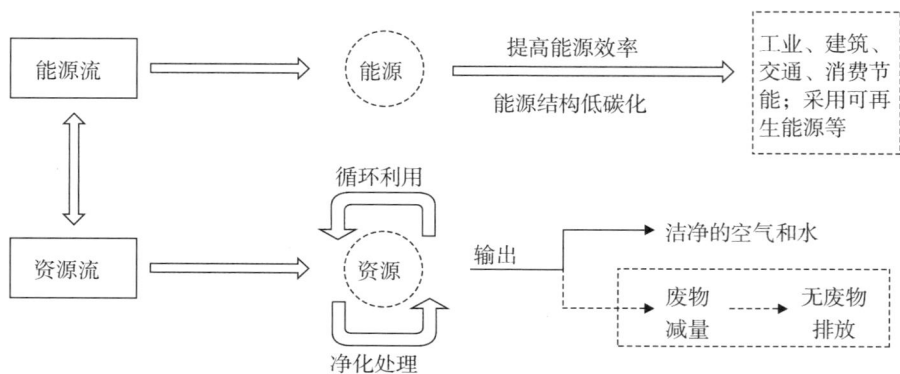

图5-5 资源流推进循环经济发展示意图

（来源：邬彩霞，2021）

对于循环经济这一概念的定义，学者们有着不同的认识。

褚大建认为，循环经济是一种善待地球的经济发展模式，它要求把经济活动组织成为"自然资源—产品和用品—再生资源"的闭环式流程，所有的原料和能源要能在不断进行的经济循环中得到合理的利用，从而把经济活动对自然环境的影响控制在尽可能小的程度。

曲格平认为，所谓循环经济，本质上是一种生态保护型经济，它要求运用生态学规律而不是机械论规律来指导人类社会的经济活动。循环经济倡导的是一种与环境和谐的经济发展模式。它要求把经济活动组成一个"资源—产品—再生资源"的反馈式流程，其特征是低开采、高利用、低排放。

周宏春认为，循环经济是指通过废弃物和废旧物资的循环再生利用来发展经济，目标是使生产和消费过程中投入的自然资源最少，向环境中排放的废弃物最少，对环境的危害或破坏最小，即实现低投入、高效率和低排放的经济发展。

陈德敏认为，循环经济的基本概念是：为保护环境，实现物质资源的永续利用及人类的可持续发展，按照生态循环体系的客观要求，通过清洁生产、市场机制、社会调控等方式，促进物质资源在生产与生活中循环利用的一种经济运行形态。

薛进军认为，循环经济是通过废物的再利用而实现资源的节约和各种污染物以及二氧化碳的排放减少，但它也不是一种发展模式，而是实现低碳经济的重要方法或手段。

循环经济的内涵已经有法律上的规范表述，即在生产、流通和消费等过程中进行的减量化、再利用和资源化活动的总称。循环经济的核心是自然资源的循环利用和高效利用，理念是物尽其用、变废为宝、化害为利，目的是提高资源的利用效率和效益，统计和考核指标是资源产出率。简单来说，循环经济是从利用效率的角度评价经济发展的资源成本。

三、循环经济评价原则

循环经济的评价原则遵从"3R"原则，即"减量化"（Reduce）原则、"再利用"（Reuse）原则、"资源化"（Recycle）原则，具体如下。

1."减量化"原则以投入资源量最小化为宗旨

减量化原则属于输入端方法，旨在通过产品清洁生产而非末端技术处理，最大程度地降低对不可再生资源的耗竭开发和使用，以替代作用的可再生资源作为生产经营过程的主要投入主体，以期尽可能地降低进入生产、消费的物质流和能源流，对环境污染物的产生污染进行总量管理。而生产者则通过降低的原料投资和优化生产工序，来实现资源节约型的生产，减少碳排放，例如，轻型汽车可以既节约金属资源又节省能源，也能够符合人们对于各种汽车产品的安全要求。而采用光纤技术则可以大幅度降低在电话传输线上对铜丝技术的利用。人们可以优先选择包装简单、周期耐用的商品以尽量减少垃圾的形成，进而增强了废弃物回收的有效运用和环境同化功能。

2."再利用"原则以废物再利用的最大化为发展目标

再利用原则属于一项过程性方法，目的是延长服务的效用时限程度。消费者可以选择通过过程延伸的形式最大可能性地使产品利用形式和次数增加，从而有效地增加服务的时限程度，例如对于已损坏的东西通过尝试修理进行再利用。生产者可以通过产业群体之间的精确划分与有效配合，采用标准规格和尺寸的产品设计，例如标准规格产品可以使计算机、电视机等电子装置上的组件容易替换，而不用改变整个产品设计。同时可以促使再加工行业的蓬勃发展，方便拆卸、维修和安装产品。因此，一些欧洲汽车生产商开始将它的车厢设置为各种零件便于拆解和再利用。

3."资源化"原则以污染物的排放量最小化为目标

再循环原则是产出端方法，通过提高绿色产品技术水平将整个产业链的输出端——废弃物重新转为可利用的资源，从而达到废弃物多级资源化与资源利用的闭合型良性循环，从而达到废弃物的最小化污染程度。有两种不同的资源化方法：比较合意的资源化方法就是原级资源化方法，将人们所丢弃的废弃物经过资源化后产生了和原来一样的新产物（报刊变为报刊、铝罐变为铝罐之类）。略为逊色的资源化或次级资源化方法，就是将废弃物再转化为各种形式的有效产物。原级资源化的形成过程中能够降低 20% ~ 90% 的原生物使用数量,但由于次级资源化而降低的原生物质数量却最多只有约 25%。为了与资源化过程相适应,消费者和生产者都应该选择并购买最大比例消费后再生资源所构成的商品,使循环经济的整个流程实现完全闭合。

四、我国循环经济的实践

发展循环经济,我国从理念到行动都已做了大量工作,立法、规范、政策、科技、宣传教育等方面也早已开始,在 2005 年,国务院办公厅发布了《有关促进循环经济发展的若干意见》,"十一五"和"十二五"规划纲领中对发展循环经济社会做出了总体战略部署;在公司、行业、园区、社会等各领域,包括钢铁、煤矿、能源、再生资源等重要产业,进行了两批国家试点,并已取得初步成效。

(1)典型的生态农业模式:例如,基塘模式(废物变原料),稻鸭共生模式(资源共享),北方的"四位一体"模式,猪—沼—果(林、草、菜)模式。

(2)生态工业模式:林浆纸一体化模式;以煤气化为核心的多联产模式;鲁北企业集团的生态产业链(包括磷铵、硫酸、水泥联产生态产业链,海水"一水多用"生态产业链,清洁发电与盐、碱联产生态产业链)。

(3)生态工业园区:生态工业园区是按照循环经济概念和工业生态原理而设计的一个新型工业组合形式,它仿照了自然生态体系的物质循环模式,注重于组织架构优化,着力于整个园区的生态工业链构建,在各个企业内部通过产生共享资源和互换副产品的产业共生组合,将上游生产制造活动中形成的废弃物变为下游生产的制造原材料,从而最大程度地增加了企业效益,同时降低了废料排放量,从而实现了资源的最佳配置。在 20 世纪 60 年代,丹麦的卡伦堡就进行了生态化工业园研究,园内的大部分企业都实现了"废料"相互交换,从而最大程度地降低了能源消耗和温室气体排放量,也同时带来了企业最大的经营效益。继丹麦之后,生态工业园模式在美国、加拿大、荷兰和奥地利等国家进行了长足发展。在 21 世纪初我国进行了一批生态工业园的示范工程,其中广西贵港全国生态工业示范园区、广东南海全国生态工业示范园区、内蒙古包头市全国生态工业示范园区等,标志着中国从探索绿色产业文明、实施循环发展,步入了一个崭新的经济发展时期。

第六节　可持续发展理论

一、可持续发展的概念

可持续性的思想起源久远。在我国春秋战国时期就已经出现了永续使用的观念,用来保护鸟兽资源和封山育林。20 世纪六七十年代后,由于"公害"议题的存在与加重及其"能源危机"的影响，似乎在全球范围内展开了有关"增长的极限"的争论。1972 年 6 月 5 日在斯德哥尔摩举行了主题为"只有一个地球"的首届世界人类环境保护大会，并颁布了庄严的《人类环境宣言》。伴随着人类对正义（代际公平及代内公平）作为社会发展目标的理解进一步深入和一系列世界性环境议题不断被提出，可持续发展的思想在 20 世纪 80 年代逐步形成。1983 年 11 月，联合国设立了以挪威王国前首相布伦特兰夫人为委员长的"世界环境与发展委员会（WECD）"，该委员会在 1987 年的《我们共同的未来》（Our Common Future）报告中，向联合国大会正式提交了可持续发展计划（Sustainable Development）的理论与方法。与"有机增长""整体发展""同步发展"和"协调发展"等定义比较，"可持续发展"有着更具体的含义和更全面的内涵。这一思想不仅包含了当代与后代的发展要求，同时包括国家主权、国际公平、自然资源、生态承载力、环境和发展相结合等重要内容。1992 年，联合国环境与发展大会（UNCED）颁布了举世闻名的《里约宣言》（被称为《地球宪章》）、《21 世纪议程》等文件，明确提出了"人们要生活，世界要拯救，自然环境保护与开发需要相互配合"的号召，将可持续的理念上升为世界性发展策略。

可持续发展理论的主要特点：一是它所提出的目标是在促进满足人的需求的过程中，达到人与自然的和谐一致；二是它所实现的经济发展具有均衡性、持续性；三是它注重实现不同代际之间的公平。

"可持续发展"从字面上理解是指在促进经济的发展同时保障其可持续性。实现可持续发展就要依靠技术创新来改变工业靠资源消耗发展的传统模式，在有限的自然资源前提下，落实从单纯数量增长向高质量增长的可持续发展模式的转变，即在满足当代发展和社会需求的同时，不侵害子孙后代生存发展的空间和权利，最终实现保护自然，维护生态，推动经济、社会、自然和谐发展。

可持续发展并非要阻止经济增长，而是要高质量增长，并依靠科技进步、管理机制革新、生产创新、新能源开发等方式，驱动新的经济增长点，最大程度减少能源消耗和污染排放量，实现高效能、高效率、高利润的经营发展，从而做到经济社会进步和生态环保协调共进。

关于可持续发展的概念已有一百多个，但被普遍认可且影响最大的仍然是世界环境与发展委员会在《我们共同的未来》中的概念。该报告中，可持续发展被明确地描述为："能适应当代人的需要，又不对下一代人实现其需要的能力构成威胁的发展。"这一定义明确了可持续发展必须既达到人类经济社会进步的基本目标，又达到与人们所赖以生存的自然资源和生态环境的和谐，从而让我们下一代得以永续发展。

在此基础上，《地球宪章》将"可持续发展"这一概念阐述为："人类应享有与自然和谐的方式过健康而富有成果的生活的权利，并公平地满足今世及子孙后代在发展和环境等领域的需要，它强调了公平、协调、质量与发展四个原则。

E.B.巴伯在其著作《经济、自然资源、不足与发展》一书中，将可持续发展定义为："在保持自然资源的质量和其所提供的服务的前提下，使经济发展的净利益增加到最大程度，今天的资源使用不应减少未来的实际收入。"这里所说的"经济发展"已不是传统意义上以牺牲资源为代价的经济发展，而是"不降低环境质量和不破坏世界自然资源的经济发展"。

中国学者对于可持续发展的定义有以下几个：叶文虎认为，可持续发展是不断提高人群生活质量和环境承载力的、满足当代人需求又不损害子孙后代满足其需求能力的、满足一个地区或一个国家人群需求又不损害别的地区和国家人群满足其需求能力的发展。张坤明认为，广义的可持续发展指随着时间的推移，人类福利得到连续不断的保持以至增加。吴季松认为，通过资源的合理开发、节约使用及污染的防治和环境的保护，来维护生态系统的动态平衡，实现可持续发展。

二、可持续发展的内涵

1. 揭示"发展、协调、持续"的系统本质

从可持续经济的本质上来看，这个系统必须存在着三个较为突出的特点：其一，它必须能够反映某个国家或地区整体的"发展度"。发展度突出了生产率提高与社会进步相互之间的动力特点，即把握了可连续经济发展是一种科学、健康的发展，以及人类在保障生活质量与生存空间的基础下持久的发展。其二，是评价某个国家或地区发展的"协调度"，协调度强化了内部的效率和质量的概念，即是否保持生态环境与经济发展、高效与公平、市场经济健康发育与政府部门调控相互之间的平衡？是否保持当代与后代相互之间在利益分配上的均衡？其三，是评价某个国家或地区的"持续度"，即评估某个国家或地区在经济发展过程中的持久合理性，使今天、明天乃至未来进行共同发展。

2. 集中解决"发展"的三个基本组成元素

第一个元素就是寻找"动力"，通过解放思维、改革开放、机制创新去调整社会生产关系，通过思想教育优先和技术创新去提高生产力，因此二者将共同完成我国新时代关于发展动力的要求；第二个元素是追求"发展质量"，通过实施低碳经济策略，做到节能减排，达成资源节约与环境友好；第三元素是追求"发展公平"，即怎样让发展的成果惠及所有社区成员，强调统筹城乡发展，并始终把解决人民实际生产生活问题当成出发点和落脚点。

3. 创建"和谐、稳定、安全"的人文环境

一个和谐、稳定、安全的人文环境，是经济发展与社会进步的重要基础，也是政府对执政合理性的最大认可。在《我们共同的未来》的结语部分，带有总结性地说道："从广义来看，可持续发展战略在于增进人与人之间乃至人与自然关系的和谐。"在国家可持续发展的理论指导下，通过正确地、客观地、实时地判断、监测社会和谐与稳定形势的总变

动情况、变动趋势的临界突破，以形成一种全面地、系统性、连续地识别国家与区域的社会和谐与社会稳定形势的基本状态，将成为政府宏观调控和合理执政的强大保障。

4. 体现"速度、数量、质量"的绿色运行

以绿色经济的观点来看，国家财富积累不仅取决于 GDP 的规模多少和增长速度多少，关键更决定于是其以什么手段、什么方式、什么成本所得到的 GDP。而可持续发展则是指一个国家或区域不断创新和累积的合理有效、均衡发展、少用自然资源、少用能耗、少以环境为代价，并在全面减少自然资源成本、社会成本、制度成本、管理成本等的前提条件下，最后得到的"高质量的 GDP"。因此，第一需要打破粗放型发展和非理性产出的现象；第二需要打破以资源成本的不合理耗费和对环境容量的过分透支为代价去攫取财富；第三需要打破以减少可持续发展能力为代价的致畸式发展；第四需要消除以社会制度劣质化和人民心态异化为代价的片面追求的人民财富的增长速度和总量。

三、可持续发展的主要内容

可持续发展是指建立在保护环境和资源基础之上的关系人类长远利益的持续发展战略，强调环境和自然资源的长期承载能力大小对经济与社会发展的影响与制约，以及经济社会发展对改善人类生活条件和生态环境的重要反作用。可持续发展政策的关键是环保与发展经济的关系，以及人与自然之间的关系。在这种意义上说，生态、经济和社会是形成可持续发展理念的重要因素，三者间的关系也构成了可持续发展逻辑互动的根本内涵。唯有这三者之间进行良性的相互作用，才能保证可持续发展的复合系统性，才能确保可持续发展健康、持久、平衡、和谐地延续下去。

1. 生态可持续发展是物质基础

可持续发展，就是经济建设与社会发展都必须与自然的承载能力相协调，即从环保和发展中的平衡关系来认识可持续发展。可持续发展理论强调人类应当意识到地球资源有限的客观事实，在发展的同时应当保护和改善全球自然环境，从而实现以最可持续的形式合理利用自然资源和环境，使人类生产生活活动在自然资源与环境的承载力范围以内。同时为了确保环境的可持续发展，就需要人类必须改变传统发展道路对自然资源的利用模式，采用新技术提高资源利用水平，从人类发展的源头和根本上解决环境问题。

2. 经济可持续发展是核心动力

可持续发展鼓励促进经济发展而不是以环境保护名义取消经济发展，因为发展的目的是不断提高人类社会财富并最终提高人类的福利水平。但发展并不仅仅关注于发展的规模，也注重整体品质。发展也就要完全改造我国原来以"高投入、高能耗、高环境污染"为特点的产出方式和消费方式，积极推行清洁生产和文明消费，从而提高经济发展过程中的效率，促进节约资源和降低浪费。从另一个层面上说，集约型的经济发展模式就是可持

续发展在经济方面的具体表现。

3. 社会可持续发展是终极目标

可持续发展理论作为一种指导世界进入 21 世纪的发展理论，早已超出简单的环境保护与经济发展，成为一项促进世界可持续发展的综合性战略。由于在全球各国不同发展阶段国家的发展需求有所不同，可持续发展的具体目标也各有不同，但它的本质目标是提高人们生活质量，改善人们的身体健康水平，并提供一个公平自由、教育良好、持续发展的人类社会环境。21 世纪，人们应该共同谋求的是以人为本位的自然—经济—社会综合体系的永续、平衡、全面发展。为达到这一目标，就应该合理地统筹环境延续和经济社会发展中的问题，使经济社会的发展具有足够的物质基础和充沛的经济发展动能。

四、可持续发展的基本原则

可持续发展理论以公平性原则、持续性原则、共同性原则为三大基本原则。

1. 公平性原则

所谓公平，是指选择机会的平等性。而可持续发展的公平性原则可以分为两方面：一方面是指当代间的平等，即代内间的横向平等；另一方面为代际公平性，即世代间的纵向公平性。发展要符合当代世界人民的需求，把减少贫穷当作发展优先考虑问题，从而实现世界资源以公正的分配和平等的发展权的目的。而不但要实现当代全球人内部的公平，同时也要实现当代全球人和未来各代人之间的公平，但由于人赖以生存和发展的各种自然资源都是受限的，所以本代人不能为了自己的需求与发展而损害人类后代所需求的自然资源和环境。从伦理角度而言，未来各代人将和当代人拥有同等的权利来满足自身对资源和自然环境的要求。因为和后代人相比，当代人在自然资源开发与使用等领域处在一个无竞争的主宰状态，因此可持续发展要求当代人在思考自身的需求和消费方式的时候，也要为未来各代人的需要和消费承担起发展的重任。

2. 持续性原则

这里的持续性，是指自然界受某些干扰后可以维持其生产力的能力。因为资源与环境都是人们赖以生存和发展的物质与条件，而资源的持续使用与生态系统的可持续性又是保证人们经济社会可持续发展的先决条件。人类发展，应以不破坏支撑着地球生命生存的各种大气、土地、水体、生态建设等自然环境条件为前提。而这就需要人类按照环境可持续性的要求调节自身的生产、生活方式，在环境承载力允许的范围内制定自身的资源消耗标准，并合理开发利用资源，使可再生性资源能维持其生产能力，不可再生资源不致过量耗费并能获得替代资源的补充，环境自净能力可得到有效维持。

3. 共同性原则

共同性原则是指为达到可持续发展的总体目标，全人类必须一致遵守公平性原则和持续性原则。为达到可持续发展的总体目标，需要取得全世界一致的协调努力，这是由地球整体性和相互依存性所确定的，任何国家永远不能在没有其他国家协调合作的情况下，独立地实现自身的可持续发展。所以，致力于实现既尊重各方的利益，又维护生态环境和发展体系的全球协议必不可少。这就是说，实现可持续发展就是人们要共同推动自身之间、自身和自然间的协调，并保持互生互惠的良好关系，这也是人类共同的道义和使命。

思考题

1. 低碳经济与循环经济之间的联系与区别是什么？

2. 在全球可持续发展目标下，如何更好地推动低碳经济的实现？

第六章　低碳产业与低碳技术

【学习目标与任务】

1. 了解什么是低碳节能技术，掌握低碳节能技术的分类方法；

2. 能够正确辨别低碳节能技术及其类别；

3. 熟悉低碳城市的概念和特征；

4. 了解低碳产业的含义和类型；

5. 掌握低碳农业的内涵及国内国际推广低碳农业的举措和政策；

6. 掌握低碳矿山区别于传统矿山的主要特点，了解传统矿山向低碳矿山转型的短期和中长期措施；

7. 掌握并理解低碳制造的三要素；

8. 理解低碳生活方式的定义、内容及其意义；

9. 了解低碳服务业的现状与发展，把握低碳服务业发展有关的政策与目标；

10. 熟悉低碳建筑的内涵，了解低碳建筑的现状与发展，把握低碳建筑发展有关的政策与目标；

11. 了解低碳园区的发展状况；

12. 了解碳捕捉、封存、利用技术内容及其发展状况。

第一节　低碳节能技术

没有低碳节能技术，实行低碳经济就只是空中楼阁。因此，低碳节能技术是低碳经济发展的基础。显然，实现低碳的方法要么是减少碳排放，要么是设法固定或存储大气中的碳。低碳节能技术正是从这两个方面入手的。低碳技术不断发展，已经逐步应用到各行各业。但总体而言，低碳技术可以分为非化石能源技术，燃料及原材料替代技术，非二氧化碳减排类技术，碳捕集、利用与存放技术，碳汇技术这五类。

非化石能源技术用可再生能源、清洁能源取代化石能源，降低化石能源燃烧产生的碳排放。燃料及原材料替代技术用新型材料替代传统材料，减少生产中对高碳排放原材料的需求，降低生产中的能耗。非二氧化碳减排类技术通过减少生产过程中对其他温室气体（如甲烷等）的排放实现减排。碳捕集、利用与存放技术收集、利用、存储生产中产生的二氧化碳，减少碳排放。碳汇技术则通过各种手段固定大气中的二氧化碳，降低大气中的温室气体含量。

一、非化石能源类技术

化石能源是指煤炭、石油、天然气等由地质变化形成的有机可燃物，是目前世界能源结构中的主要能源。化石能源不可再生，其主要成分为碳及含碳化合物，因而也是大气中二氧化碳的主要来源。非化石能源类技术不以化石作为能源。较为成熟的非化石能源包括水电、核能。目前正在快速发展的非化石能源包括风能和太阳能。风能利用风车驱动发电机发电。要利用太阳能，可以直接收集太阳热辐射供热，也可以使用光伏发电装置将太阳光辐射转换为电能。风力发电和光伏发电目前正在大量应用。其他非化石能源还包括地热能、潮汐能、生物能等。地热能利用地底自然存在的热能，潮汐能则利用潮汐现象产生的海水落差发电。生物能利用生物产生的有机物（如秸秆、粪便、厨余垃圾等），使用发酵等技术转换为乙醇、天然气等可燃物质。尽管生物能技术仍然产生二氧化碳，但这些碳是生物从大气中固定而来的，因此也是一种零碳排放能源技术。

二、燃料及原材料替代技术

燃料及原材料替代技术分为燃料替代技术和原材料替代技术。燃料替代技术使用低碳排放的技术取代传统生产技术中需要使用燃料的工艺。例如，使用电锅炉取代燃煤、燃气锅炉。原材料替代技术则使用低碳原材料或高性能原材料替代传统原材料，以降低生产的整体碳排放。例如，使用某种冷轧技术可以使非合金钢筋具有与合金钢筋相同的性能，进而降低了合金生产产生的碳排放；使用植物油取代矿物油作为绝缘油或润滑油，可以降低矿物油生产产生的碳排放。

三、非二氧化碳减排类技术

低碳经济的根本目的不仅在于降低二氧化碳的排放，更在于减缓和扭转温室效应导致的全球变暖，以免造成严重生态灾难。除二氧化碳外，能够产生温室效应的气体还有甲烷、氧化亚氮、氟利昂等。非二氧化碳减排类技术能减少这些气体的排放。例如，通过水、肥管理技术和育种技术能够减少稻田的甲烷、氮氧化物排放；制冷剂回收技术可以分离回收废弃制冷设备中的氟利昂等制冷剂并再次利用，避免其进入大气环境。

四、碳捕集、利用与存放技术

尽管低碳技术能够有效减少排入大气的温室气体，但以当前的发展阶段，生产中仍无法避免温室气体的产生。碳捕集、利用和存放技术收集这些温室气体并加以利用或集中存储，以免其进入大气环境。典型的二氧化碳捕集技术能够提纯排放废气中的二氧化碳，并通过干燥、制冷制成液态二氧化碳或干冰。二氧化碳在许多生产（如金属铸造、陶瓷制造等）中有重要作用，因此可以利用捕集的二氧化碳；无法利用的，可以加以封存。一种做法是将液态二氧化碳注入地下的地质结构中，这样可以将其保存上千年。另一种设想是将液态二氧化碳通过管道等注入深海，利用深海的水压维持二氧化碳的液体状态。

五、碳汇类技术

碳汇是能够固定二氧化碳的技术。显然，最简单有效的碳汇方式就是植树造林，植物能够将大气中的二氧化碳转换为氧气和植物自身的有机物质。碳汇类技术主要包括绿化造林技术和植物利用技术，例如在干旱沙漠地区种植植物的技术和将以往只能焚烧的农作物秸秆制成板材的技术。最新的技术也尝试利用海洋植物和微生物固定二氧化碳。

第二节　低碳城市

一、低碳城市的含义与特征

1. 什么是低碳城市

城市是温室气体的主要排放源，城市的二氧化碳排放占总量的比例超过 75%。同时，城市也是经济聚集地，国民收入的主要部分来自城市中的产业。随着城市的不断扩张，城市本身变得越来越脆弱，受到气候变化的威胁也越来越严重。因此，城市的低碳化是实现低碳发展的重中之重，在全球碳减排中有着重要的意义，低碳城市的概念应运而生。

一般而言，低碳城市是保持高生活质量、低碳排放水平的城市。低碳城市建设综合考虑经济发展、社会进步和环境保护，尝试探索出一条高增长、低污染、低排放、可持续的城市发展道路。低碳城市以低碳理念为指导，在规划、政策和制度的推动下，以低碳技术和低碳产品为基础，发展城市低碳经济，是低碳经济发展的平台。

2. 低碳城市的特征

低碳城市具有经济性、安全性、系统性、动态性、区域性的特征。其中，经济性是指在城市中发展低碳经济能够产生巨大的经济效益。安全性意味着发展低耗能、低污染、低排放的产业，对环境具有安全性。系统性是指低碳城市的建设需要政府、企业、消费者等各个部门的合作和参与。动态性是指低碳城市的建设是动态的、发展的、不断推进的过程而非一蹴而就的。区域性则说明低碳城市的发展方式受城市各种属性的影响，具有区域特征。

二、低碳城市的主要发展方向

由于各个城市的产业、规划、资源禀赋等不尽相同，低碳城市的建设并无一定的标准，需要因地制宜地确定低碳城市的发展方式。但总体而言,低碳城市发展主要考虑低碳生产、低碳消费、低碳城市规划和低碳节能建筑等方面。

1. 低碳生产

城市是一国生产活动的主要发生地,降低生产中的碳排放对于建设低碳城市具有重要意义。低碳生产是指在生产中利用低碳技术,降低生产中的资源消耗、温室气体和其他污染物排放的生产方式。低碳生产衡量生产中的直接和间接能耗,要求用更少的资源消耗产生更多的产出。

2. 低碳消费

低碳消费是指在消费领域人们购买和使用资源节约型和环境友好型产品,最大限度地节约资源、保护环境,以降低二氧化碳为主的温室气体排放。消费低碳产品可以显著降低城市的碳排放。作为消费者,低碳消费主要受生态价值观、便捷性、低碳认知、产品价格、政策感知效果的影响。而政府则可以通过推动淘汰高碳排放产品、限制高排放产品进入市场、鼓励低碳消费行为等政策手段促进低碳消费。

3. 低碳资源

低碳资源是指城市所需的资源具有低碳属性。显然,降低城市所需资源的碳排放可以显著降低城市的碳排放。例如尽可能降低化石能源的使用比例,增加城市的绿化空间和森林覆盖率。

4. 低碳政策

低碳城市的发展离不开适当的低碳政策。低碳政策主要包括城市的低碳经济发展规划,碳排放监测、统计和监督体系建设,公众低碳经济知识普及程度,建筑节能标准执行率,非商品能源激励措施等。

5. 低碳城市规划

合理的城市规划有助于降低城市的碳排放,增加城市的减排潜力。传统城市规划主要依据生产要素、生活要素、交通、地理等约束条件规划城市空间。低碳城市规划是以低碳城市发展为目标,以城市规划的编制和实施为基础平台,通过综合运用低碳技术和城市规划工具,使城市建设和各项城市活动按照低碳化的方向发展。

低碳城市规划涉及城市规划的全部环节,需要统筹考虑能源供应与利用、道路交通、市政设施、土地利用、空间形态、建设活动等方面。因此,低碳城市规划不是城市规划项目,而是城市规划的目标或约束条件之一。

低碳城市规划的方法主要从紧凑空间布局、土地综合利用、公共交通建设、绿色空间布局、可再生能源利用和提高能源利用效率入手。

6. 低碳节能建筑

城市建筑是城市碳排放的主要来源之一。使用低碳节能建筑可以大幅减低城市碳排放。低碳节能建筑是指在使用环保低碳建造方式建设的、能高效利用能源且尽可能使用可再生能源的建筑。统计表明，建筑领域全过程碳排放约占我国碳排放总量的 50% 以上。因此，建造使用低碳节能建筑是发展低碳城市的重要一环。

第三节　低碳产业

低碳产业是指低能耗、低污染、低排碳或制造低能耗、低污染、低排碳产品的产业。低碳产业有别于传统的产业类型，它的发展是基于低碳技术创新和经济发展理念的变化，其发展所需要的生产要素的结构和水平也有别于传统产业类型，因而发展低碳产业的首要条件是创造低碳产业发展需要投入的生产要素，特别是高级生产要素和专业生产要素。

一、低碳产业的主要特征

1. 具有节能减排的能力

碳排放是衡量低碳产业的重要指标，因此低碳或无碳排放是低碳产业最核心的特点之一。低碳产业需要在尽可能减少能源消耗和碳排放的前提下获得更高的经济产出。

2. 符合国家发展战略的要求

低碳产业是经济转型发展的突破点。为此，低碳产业应当着眼于未来发展，具有成为经济支柱产业的可能性，并能够深刻促进社会经济发展和国家安全。

3. 使用先进低碳技术

低碳技术进步是低碳产业发展的主要驱动力。能源效率的提高、非化石能源的生产和使用、低碳生产等都取决于低碳技术的突破，因此低碳产业必然地使用低碳技术，技术进步也是决定低碳产业能够规模化、专业化发展的关键。

二、低碳产业的类型

低碳产业可以分为低碳排放产业、低碳化的高碳排放产业、生产低碳技术的产业和碳交易产业。低碳排放产业本身具有低碳排放性质，例如可再生能源和新能源产业和服务业。低碳化的高碳排放产业通过使用低碳技术，达到了本行业的低碳标准，例如采用低碳技术的钢铁产业。生产低碳技术的产业是以研发、生产、出售低碳技术为主的产业。而碳交易产业则是为响应低碳经济而将碳排放作为商品交易衍生出的产业，如果企业碳排放少于预设额度，则可以将剩余额度出售给碳交易中心；碳排放超出预设额度的企业则需要在交易中心购买碳排放额度。本质上，碳交易是基于低碳经济的服务业。

三、低碳产业的发展

发展低碳产业是发展低碳经济的关键。市场经济条件下，能够达到产业化经营的产业不需政府介入太多便能自行发展下去。低碳社会、低碳经济的发展建立在低碳产业持续发展的基础上，而低碳产业的持续发展必须依靠其产业化来支撑。低碳产业的产业化路径是由各个低碳行业的产业化经营构成的。低碳产业几乎覆盖于国民经济的各个部门。所以，有些低碳行业由于市场规模、技术等条件的限制无法实现产业化经营，生产成本无法通过低碳产品的出售而收回。因此，这些行业的发展要依靠政府的高度介入。某些低碳行业在市场规则下能形成完整的产业链，围绕低碳产品而建立的众多产业链相互作用，渐渐地形成行业内的规模经济。这种规模的扩大使生产分工趋向细致化、产业化，不断地增强本行业持续发展的动力。

四、低碳产业集群

低碳经济对中国产业集群发展战略有重要影响，低碳产业集群是发展低碳经济的有效载体。低碳产业集群的发展模式不一而足，一般而言可分为以下几种。

1. 将传统产业集群改造为低碳产业集群

如上所述，传统产业经过低碳化改造升级，可以成为低碳产业；进而传统产业集群也可以升级为低碳产业集群。通过严格执行环保法规、推行清洁生产、提高产业技术水平、弘扬环保文化、加强企业自律等措施，可以促进传统产业集群向低碳产业集群的转变。

2. 优化现有工业园区

在工业园区推行可持续发展理念，根据自身特点发展循环经济，排除行政区划影响，加大工业园区的整合能力，提升服务支持水平，助力园区实现专业集成、投资集中、资源节约、效益集聚。

3. 将生产性服务业集群提升为低碳产业集群

立足制造业，深化金融创新，发展生产性服务集群。重点发展现代物流业、金融保险服务业、信息服务业、技术服务业、商务服务业和会展业等生产性服务业。

4. 将新能源新材料行业定位于低碳产业集群

光伏发电、风力发电、高性能电池制造、新能源汽车制造等产业本身并非低碳产业，但其产品具有实现节能减排、促进能源转型的重要作用，应当被认定为低碳产业集群加以发展。

第四节 低碳农业

一、什么是低碳农业

低碳农业包括所有减少能源投入以及减少温室气体排放的和农业相关的行动，从而提高环境可持续性的各项指标。农业粮食系统的碳和温室气体排放是指农业农场生产活动、土地利用变化以及生产全过程产生的包括碳在内的所有温室气体排放。农业是重要的碳排放源，农业产生的主要温室气体排放来自甲烷（CH_4）和一氧化二氮（N_2O）。主要农业碳排放途径有通过土壤排放的二氧化氮，反刍动物、水稻种植排放的甲烷，粪肥以及生物质燃烧排放的甲烷和二氧化氮。

农业直接碳排放占一个国家能源使用和二氧化碳（CO_2）排放量相对较小（例如作为拖拉机的燃料、农业机械的能源等）。农业耕作和畜牧业占全球二氧化碳当量 (CO_2) 排放量的 10% ~ 12%（Cheng 和 Pan，2021），部分原因是由于农业的二氧化碳吸收作用，自然平衡掉了由于砍伐树林带来的碳排放。但是在某些农畜牧业生产为主的国家，例如在柴油和电力驱动的新西兰的奶牛场，其在工业层面的碳排放占全部碳排放可能超过 25%（Fraser 等，2008）。除此之外，农业方面也会在砍伐树林、开垦农业用地的过程中直接排放二氧化碳。

二、低碳农业的现状与发展

联合国粮农组织（UNFAO) 2021 年 11 月在苏格兰召开的《联合国气候变化框架公约》第 26 次缔约方大会（COP26）发布报告称，2019 年全球人为温室气体排放量为 540 亿吨二氧化碳当量，其中 31%（约 170 亿吨二氧化碳当量）来自农业和粮食系统排放。

FAO 报告数据显示，2019 年全球 21% 的二氧化碳排放、53% 的甲烷排放和 78% 的氧化亚氮排放来自农业粮食系统产生。在 1990 年至 2019 年期间，农业和粮食系统在温室气体总排放量中的份额由 40% 降至 31%，人均排放量也从 2.7 吨二氧化碳当量降至 2.1 吨，但是全球农业粮食系统的排放总量增加了 16%。

从全球范围来看，非洲和南美洲的农业粮食系统温室气体排放占人为碳排放总量比例最高，2019 年达到 70% 以上。同年，中国、印度、巴西、美国和印度尼西亚为农业粮食系统温室气体排放总量前五名国家，虽然它们都不是人均排放量大国，仍然导致亚洲和北美洲碳排放总量接近全球碳排放总量的四分之一。

三、低碳农业的措施与建议

在农业产生受气候变化的显著影响的同时，农业温室气体排放也在无时无刻影响气候变化。温度升高和不规律的降水将会导致干旱、土壤流失和水资源管理难度增加等一些问题，并直接影响农作物的质量和产量，造成作物歉收并威胁粮食安全。在当前部分国家水土资源退化的情况下，粮食安全和农业产业绿色发展已经成为当今农业产业面临的重要挑战。

农业生产、农产品加工与农业生态旅游度假村全流程设计图目前在部分地区进行试点。如图 6-1 所示，现代企业循环农业生态产业链在为农产品生产和加工环节服务的过程中，实现了低碳农业转型，达到了农产品、废弃物和可再生资源的多循环网络。

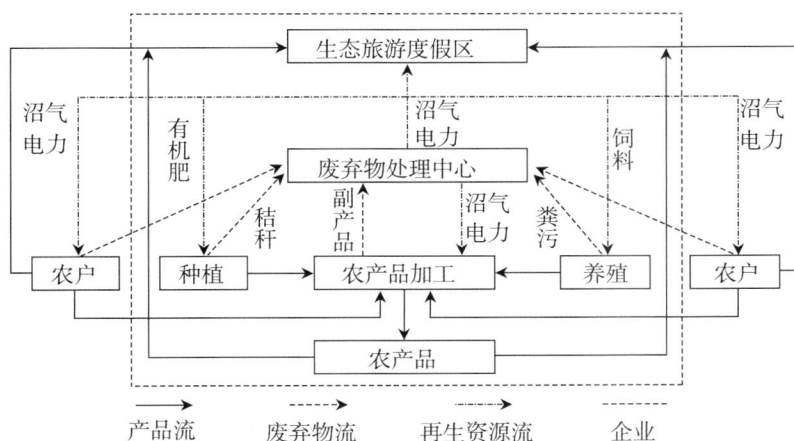

图6-1　现代企业循环农业生态产业链示意图

（来源：中国节能网）

降低农业碳排放已成为世界各国和地区农业产业发展的目标，各国因地制宜发布和制定了气候变化方案和政策。一些欧洲国家通过共同农业政策改革旨在减少农业碳排放，其中包括减少牲畜的养殖规模，降低政府对农业生产的补助补贴，在降低温室气体排放的同时保护农田森林和生物的多样性。同时，随着经济发展的压力，新进欧盟成员国采取的集约化农业生产在一定程度上增加了农业碳排放。加拿大政府提出了农业和农业食品减排计划（AAFC），宣传并提出方案供农场主自主选择以减少农业碳排放。美国作为世界上最大的温室气体排放国之一，推广低耗农田、开展生物固碳和生物能源种植、碳减排补偿、减税等政策以鼓励农业固碳减排用来兑现《京都议定书》的碳排放目标。澳大利亚开展的"植被管理计划"显著降低了由于农业土地利用变化引起的温室气体排放。同时，澳大利亚和新西兰实施退耕还林措施，政府资助并推广多项科学研究用来降低牲畜饲养及动物粪便发酵产生的甲烷排放。

发展中国家结合国情特点，各自提出应对气候变化的方案和措施。在农业领域，中国政府还通过补贴和奖励措施鼓励农民适应并发展绿色农业。2019年，中国政府发布了绿色农业发展的5个要点（中国农业农村部，2019）。这包括推进绿色生产、加强污染治理、节约利用资源等。此外，2021年国务院印发了《关于加快建立健全绿色低碳循环发展经济体系的指导意见》。其中，提出了加快农业绿色发展，包括减少污染，强化耕地质量保护与提升。为实现碳中和目标，中国政府于2021年3月公布的"十四五"规划明确提出中国为了积极应对气候变化，加强对二氧化碳、甲烷、氢氟碳化物、全氟碳化等各类温室气体排放的监督，全方位提升生态系统固碳能力，深化推广农业生产低碳技术。

第五节 低碳矿山

一、低碳矿山的定义

"低碳矿山"区别于传统矿山是指在矿产资源开发前对矿区及其周边区域进行生态环境可持续化调查研究，尽可能降低将对自然环境的破坏和扰动，实现环境生态化、开采方式科学化、资源利用高效化和可持续化、管理信息数字化智能化以及矿区社区和谐化的矿山。

随着我国经济进入高质量发展阶段，资源节约型社会建设进程逐渐加快，传统采矿业面临的环境风险和社会认同风险使得资本密集型的采矿业必须向深度转型，在追求经济利益和环境保护方面做出平衡决策，通过对矿山开采进行科学设计、有效采取生态补偿措施，为低碳矿山的长期可持续发展做准备。

建设低碳矿山要求企业拥有科学有序、合理规划的前瞻性以及维护生态环境平衡的实践能力。在开发利用矿山资源的过程中，企业和政府必须采取科学有效措施，最大限度降低对自然生态环境的人为破坏，开采挖掘和保护恢复同时进行。

二、低碳矿山的发展现状

矿业行业的二氧化碳排放量占全球总排放量的 2%~3%，传统行业转型在减排方面发挥了重要作用。矿山行业现在处于转型发展的临界点，可持续性和减碳成为现代矿山管理的首要目标。在勘探开采环节和选矿加工环节，可采取的转型举措包括清洁燃料代替、创新采选技术、甲烷减排和清洁电气化等。在物流销售环节，在循环经济和关注价值链下游排放等方面降低行业碳排放。同时，矿山行业在生产运营过程的碳减排举措，越来越受到监管者、投资者和客户的关注，可持续性绩效成为矿山企业能否获得融资的关键。环境、社会和公司治理方面评价低的矿山企业将面临较高的融资成本。

三、低碳矿山的建议与措施

旨在 2030—2040 年实现零碳矿山的潜在途径包括 BEV 和氢途径。这些将需要大量的矿山投资［以 2500 万吨的原矿（ROM）设施为例，通常为 1 亿 ~ 1.3 亿美元的资本投资］用来加速技术推广和技术商业化。

短期的脱碳包括采用当今可用技术的低转化成本的替代方案。寻找绿色能源替代品并在成本可控的条件下积极使用或者投资于可再生能源，并改用现有的可直接使用的可持续燃料。预计在未来 3 ~ 5 年可以减少多达 60% 的碳排放量。目前有效实现矿业绿色低碳开发的重要技术之一便是矿山固废填充开采技术。其不仅可以实现矿产资源最大限度的回采，而且可以实现矿业固废的环保处置。矿山企业要从矿产资源全生命周期开发利用和低碳生态环境效益的角度出发，科学评估矿山充填开采成本与非充填开采模式的资源回收率以及矿山生态治理成本，积极使用绿色低碳充填新技术、新材料与新装备，加快传统矿山向绿色低碳新模式转型。

中长期的脱碳措施涉及采取目前尚未商业化的技术。采矿企业可结合自身运营特征及行业发展前景，采取以下可持续采矿的途径：一是转向全电动移动设备车队，减少运输过程中的二氧化碳排放，运输卡车使用充电桩或者电池更换方法充电。二是氢途径。使用绿色氢能源移动车队，并结合来自风能或太阳能的绿色氢气。三是合成燃料途径。保留现有设备，但使用由绿色氢和碳捕获、利用和储存(CCUS)制成的直接合成燃料。

在法律法规建设方面，将建立健全绿色低碳矿山标准纳入国家行业规范体系。细化和量化低碳矿山建设指标、协同制定矿山设计以及施工规范或标准，制定绿色矿山建设行业标准，旨在实现矿山行业标准满足国家低碳发展的新要求，从而在法律层面规范矿山行业绿色转型。

建立第三方动态评估机制。政府联合行业专家，建立科学有效的绿色低碳矿山评估体系，不断优化绿色低碳矿山关键性指标。引入第三方专业评估机构对已经建成及计划建设的矿山进行量化评估，并将评估结果和可量化评分向社会发布，调动社会监督、资本融资等多方力量共同推进矿山行业的低碳绿色转型。

第六节 低碳制造

一、低碳制造的含义

工业和制造业占全球温室气体排放量的约 28%（约 140 亿吨二氧化碳量），要实现碳中和，将需要这些通常难以减排的行业实现显著脱碳。低碳制造可以指生产过程中产生较低的碳排放并在此过程中有效利用能源和资源的制造过程。低碳制造主要是减少整个生命周期的碳排放。而新兴的绿色制造、可持续制造的概念都是以低碳制造为基础来讨论制造过程对环境的影响问题。同时，低碳制造考虑能源利用率，从能源角度评价生产制造以及生产和制造过程中的碳排量和能源利用率。因此低排放、高能源利用率以及高产出成为低碳制造的三要素。

绿色制造企业调研、开发和利用技术和实践来减少对环境的影响。绿色制造公司的工人必须接受过绿色技术和实践方面的特定制造培训，例如工人可以从可再生能源中产生电力、热量或燃料，以便在其企业内使用。这些来源可能包括风能、生物质能、地热能、太阳能、海洋、水电、垃圾填埋气和城市固体废物。

低碳制造工厂将利用特定的技术和实践来提高其企业内的能源效率。工厂通过使用绿色技术和实践来减少或消除其运营中污染物的产生或释放；减少温室气体排放、消除废物的产生；收集、再利用、回收或堆肥废料。采用低碳制技术的制造商将使用特定的技术和实践来保护自然资源，例如与有机农业，土地管理以及土壤、水或野生动物保护相关的技术和实践。

二、低碳制造的现状与发展

低碳加工可以描述为从系统资源和生产过程中释放低浓度二氧化碳的过程。其架构包括三个方面：低碳产品设计、低碳生产过程和低碳资源发展。

1. 低碳产品设计

随着人们对环境和资源意识的提高，设计产品不仅要求功能性、经济性、美观性，而且要绿色环保低碳。将环境因素纳入产品设计环节对于实现环境保护具有里程碑意义。

2. 低碳生产过程

包括生产设备、加工工艺、生产管理等各环节尽可能实现低碳环保。

3. 低碳资源发展

低碳资源发展是指使用产生较少温室气体的能源，例如二氧化碳，或者化石燃料，例如煤，石油和天然气，它们通常被称为高碳能源和传统能源，因为它们每单位能源产生的最多的二氧化碳。开发低碳能源的主要方式是：①在集约式、分布式能源市场上分别推进低碳能源；②交通领域和建筑领域是低碳能源利用的重点关注领域，技术上有较高的成熟度可以复制推广；③突破、优化生物质能源技术瓶颈，全社会推广使用新能源产品。目前，二氧化碳捕集、利用与封存（CCUS）技术可以实现在化石燃料燃烧，钢铁、水泥等工业制造生产活动和电力行业中的降低二氧化碳排放，对于未来低碳制造具有重要作用。根据国际能源署预测，到 2030 年，二氧化碳捕集、利用与封存技术拟完成 47000 万吨碳。到 2070 年可以实现 22 亿吨碳（图 6-2）。

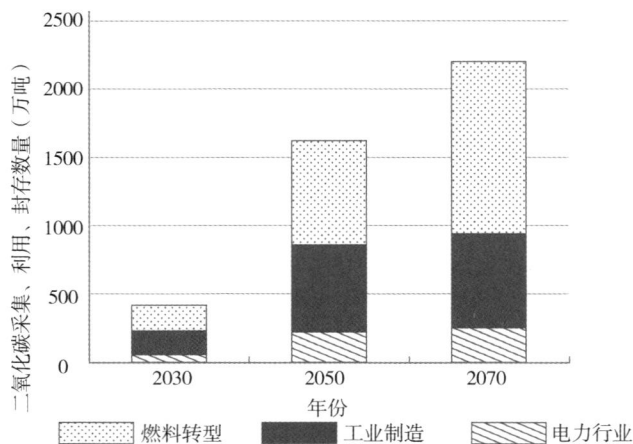

图6-2　二氧化碳捕集、利用与封存（CCUS）技术在中国可持续发展的前景预测

（来源：国际能源署）

三、低碳制造的建议与措施

为了在全球经济中保持竞争力，各国需要坚定低碳制造指导思想和实践准则，以保持其对全球零售商和品牌的价值定位。低碳制造与可持续发展之间都存在着必然的联系。可持续发展促进了经济、社会、资源和环境保护的协调发展。现代制造业服务于可持续发展，低碳制造是制造业转型核心要务和必然发展方向。

"双碳"目标的达成离不开低碳制造关键技术的支撑，而低碳制造技术的发展离不开自动化、检测与传感、大数据及物联网等众多领域的支持，特别是在制造业转型升级及智能制造快速发展的背景下，大数据、物联网/云制造技术、人工智能/机器人技术及3D打印技术等一大批新理论、新方法、新技术不断涌现，大大加速了与制造业的融合发展，为绿色制造技术的发展提供了许多新的契机。

在这样的背景下，我国制造业的低碳发展需进一步拓展与完善低碳制造技术体系，与多学科和多技术进行深度融合，其主要发展趋势包括以下几方面。低碳制造也将有着以下发展趋势。

（1）加强低碳设计理论与方法的研究。针对重点行业，开发低碳制造设计工具软件，从源头助力低碳制造的应用与发展。

（2）突破低碳工艺与装备。开发推广具备能源高效利用、污染减量化、废弃物资源化利用和无害化处理等功能的绿色工艺技术和装备，突破清洁生产、再制造与再资源化的关键核心技术。

（3）构建低碳制造服务平台。定量化趋势形成更为有效的制造业碳排放的量化方法。完善重点行业低碳制造与服务平台和标准体系，开发生产数据与数据库公共服务平台对接的软件系统，为绿色认证和评价提供数据支持。

（4）探索智能低碳制造技术。推动互联网与低碳制造融合发展，提升能源、资源及环境智慧化管理水平，探索数据、知识及智能学习方法驱动下的低碳制造技术。

第七节　低碳渔业

一、低碳渔业的背景

渔业是指参与捕捞收获各种野生或开放养殖的水生动物（鱼类、甲壳动物、头足动物、贝类、棘皮动物等）、藻类（比如海带）和植物（比如莲藕）以换取商业价值的产业和行业。从运营方式来看，渔业包括捕捞业和养殖业；从组成部分来看，渔业包括淡水和海水渔业。根据中国国家统计局中国统计年鉴数据显示，2021年，我国渔业总产值1.45万亿元（我国近20年渔业总产值变化趋势如图6-3所示），满足了市场对产品的需求，为丰富人民生活提供了重要保障。但是，随着科技的进步、生产力的提升和人们需求的多样化，渔业生产规模扩大带来的过度捕捞、物种多样性减少和生态破坏越来越引起人们的重视。因此，在渔业发展中注重环境保护和资源循环利用、大力发展低碳渔业成为新的发展理念。

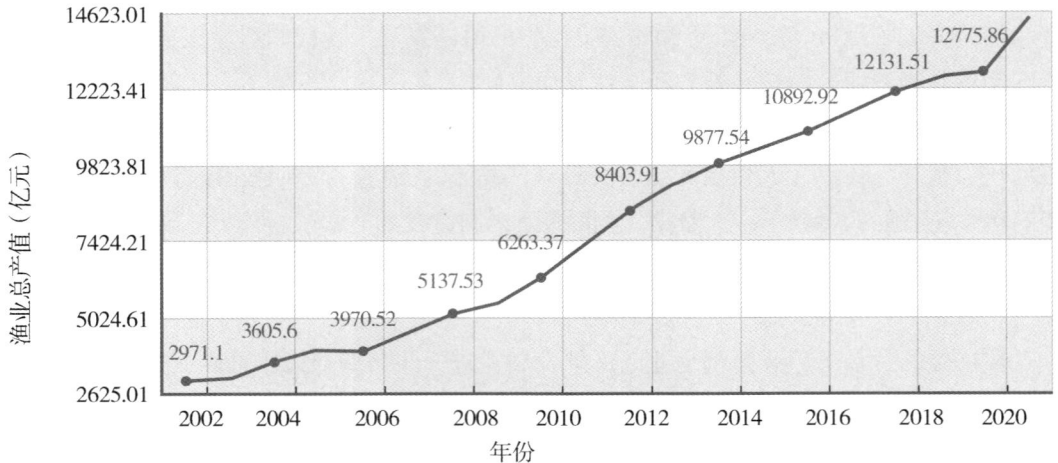

图6-3 我国渔业总产值变化（2002—2021年）

（来源：中国国家统计局）

当前，煤炭、石油等能源消耗及温室气体排放主要在工业、服务业领域引起人们的广泛关注，特别是工业的高排放、高耗能，以及服务业的消费碳排放等，而农业低碳经济渗透率较低。渔业作为农业的重要组成部分，因其产业化水平较高、对资源环境依赖强等特点，导致渔业资源利用率较低、生态环境破坏严重，影响了渔业的可持续发展，发展低碳渔业、降低渔业能耗、改善生态环境具备紧迫性与必然性。低碳渔业是指按照可持续发展和生态文明的理念，通过降低能耗、降低排放、降低污染实现经济高效、生态环保、功能良性循环的一种现代可持续渔业发展模式。低碳渔业在满足人们对水产品的基本需求的前提下，实现了渔业发展与环境保护的协同一致，是现代渔业发展的必由之路。

二、低碳渔业的运行模式

1. 渔业捕捞中的低碳模式

根据联合国粮农组织数据显示，2020年，渔业捕捞量排名前十的国家在全球捕捞总量中所占比达57%（图6-4），其中，中国位列第一，约占15%。自20世纪90年代以来，被列为过度捕捞的已开发鱼类的比例约为30%。随着海洋渔业资源的进一步减少，海洋捕捞业产量增长放缓甚至停滞。渔业捕捞可持续发展的实现，尤其是渔业捕捞相关模式的转变，仍面临较为严峻的挑战。

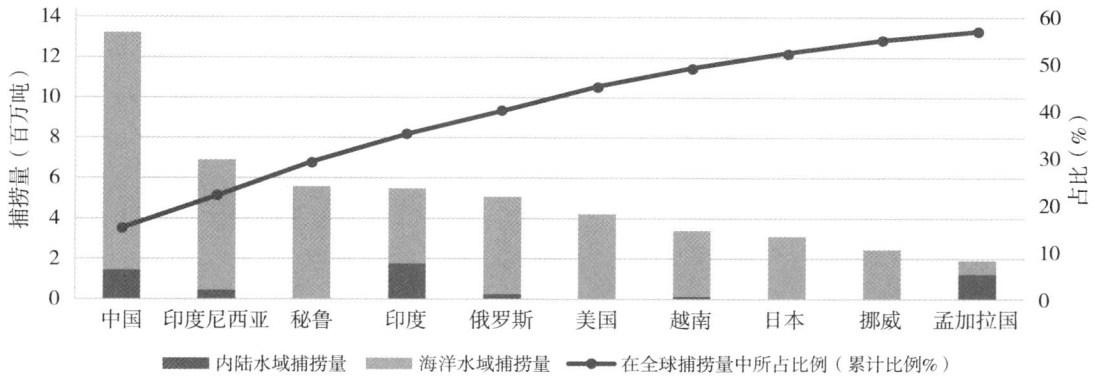

图6-4 2020年全球排名前十的捕捞生产国

（来源：《2022年世界渔业和水产养殖状况》，联合国粮农组织）

柴油是我国渔船的主要燃料之一，因此渔业捕捞相关的燃料消耗是海洋渔业成本的重要组成部分，渔业生产经营困难程度因柴油价格的上升而增加，许多渔船被迫停港或转产，因燃料产生的成本及污染严重限制了渔业的可持续发展。低碳渔业成为突破燃料成本限制、推进渔业可持续发展、节约资源保护环境的关键。一是积极发展节能减排技术，包括推广节能型渔船、玻璃钢渔船、船用节油器，以及燃烧重油技术、主机余热技术等；二是大力推广新型清洁能源，推动太阳能、风能、水能、生物质能、地热能等清洁能源的应用，推动捕捞渔业的低碳转型。

2. 渔业养殖中的低碳模式

养殖业是渔业的另一重要组成部分，从主要物种组各时间段数据来看，全球水产养殖产量已逐步超过了捕捞渔业产量。根据联合国粮农组织数据显示，近几十年来，世界水产养殖产量年均增长率逐渐下降，从20世纪90年代的9.5%逐渐下降到了2015—2020年的3.3%。另外，养殖业对鱼类总产量的贡献持续上升，占比已从1990年的13.4%升至2020年的49.2%，与捕捞占比基本持平（图6-5）。注重渔业养殖与生态环境协调发展，是低碳渔业的重要组成部分。

在低碳渔业养殖的发展过程中，一是发展生态低碳养殖，保护水资源和生态环境。采用复合养殖模式，以适当的比例进行混养，例如，利用藻类能够吸收利用二氧化碳等养殖生物排泄物的性质，将藻类加入养殖生物中，减少渔业养殖碳排放。二是发展循环水养殖，因其具有节水、节地、高密度集约化和排放可控等节能降耗的优势，能够促进渔业养殖的高质量、可持续发展，推动养殖渔业的低碳转型。

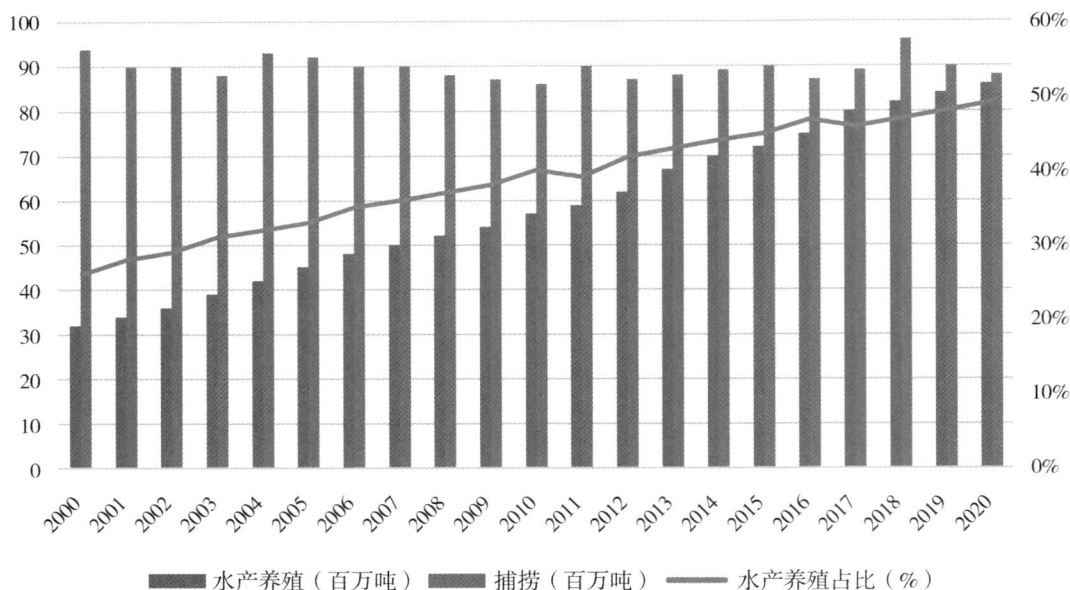

图6-5　水产养殖对渔业总产量的贡献（2000—2020年）

（来源：《2022年世界渔业和水产养殖状况》，联合国粮农组织）

三、低碳渔业面临的挑战

近年来，世界各国纷纷重视低碳渔业发展，出台一系列措施保护渔业生态环境与节能减排，但由于国家间标准不统一、技术程度差距大，使低碳渔业进程相对缓慢，我国及世界低碳渔业的发展仍面临一些问题。

（1）渔业基础设施相对落后。基础设施是低碳渔业的基础，决定着节能减排的能力和生态保护的效率。目前，世界各国，尤其是发展中国家渔业基础设施与装备应用水平不高，更多是追求产量，往往忽略了环境保护与运行效率。例如捕捞渔业中的木质渔船、养殖渔业中的池塘养殖、网箱养殖等，都无法符合低碳渔业可持续发展的要求。因此，需大力推进科技进步，加快低碳渔业的推广与渔业科学技术的研发。

（2）低碳渔业推行动力较低。当前，渔业节能减排环境保护与经济利益相对脱钩，通过实行渔业低碳化无法保证渔业利润的最大化。相反，一些低碳渔业的生产运行方式在短期内甚至会降低生产者的效益，导致低碳渔业推行进度受阻。因此，需通过国家力量加大宣传，完善体系与配套政策，组织开展关键技术研究，支持低碳渔业新领域的发展。

第八节　低碳海洋业

一、低碳海洋业的背景

海洋占据了地球表面面积的 70% 以上，因此海洋也被称作"蓝色国土"，发展潜力巨大。然而，在海洋业飞速发展的今天，海洋严重的过度开发问题，正在逐步毁坏这珍贵的自然资源。在新形势下，如何发展海洋产业成为我们必须要思考并解决的问题。

海洋业或海洋经济是以海洋为基础的产业的经济活动，以及海洋生态系统提供的资产、商品和服务的总和。这两个支柱是相互依存的：海洋产业相关活动都来自于海洋生态系统，而产业活动往往又会影响到海洋生态系统的可持续发展。根据中华人民共和国自然资源部《2021 年中国海洋经济统计公报》数据，中国海洋生产总值在 2021 年达 90385 亿元，年增长 8.3%（主要海洋产业增加值对比如图 6-6 所示）。同时，根据经合组织《海洋经济2030》分析预测，到 2030 年，一系列的海洋经济活动将明显加速发展，全球海洋产业产生的附加值将会翻倍，海洋经济产值从 2010 年的 1.5 万亿美元增加到 2030 年的 3 万亿美元，特别是海洋水产养殖业、海洋捕捞业、海洋鱼类加工、海上风电和港口活动将会迅猛发展。在这种增长的基础上，对海洋环境的主要压力预计也会增加。因此，如何更有效地整合海洋资源、完善海洋治理、发展低碳海洋业将是我们面临的新问题。

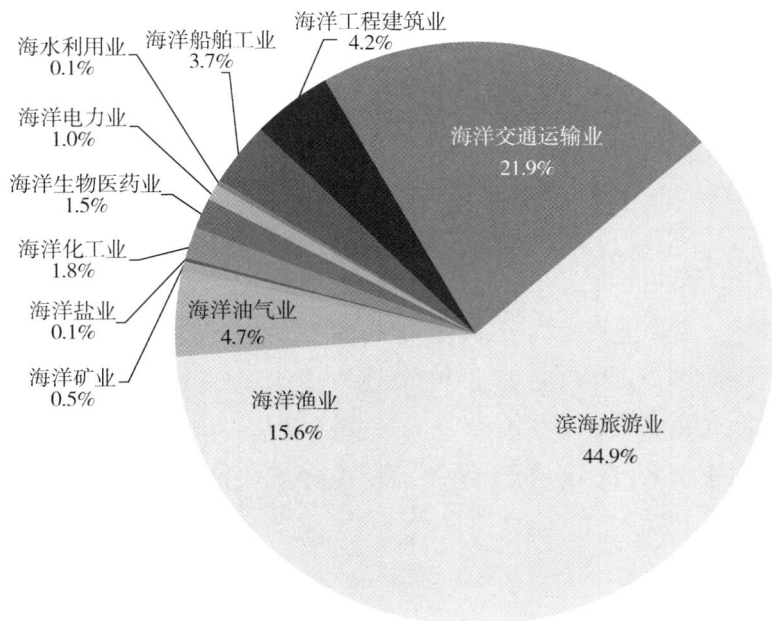

图6-6　主要海洋产业增加值构成（2021年）

（来源：中国海洋经济统计公报）

二、低碳海洋业的运行模式

1. 有效保障创新驱动加快发展

由于陆地资源不足，海洋资源与海洋业日益成为国家和地区间争夺的重要内容。然而，海洋自然条件恶劣，科学技术在海洋业的发展和海洋资源的开发中尤为重要。加大研发投资和创新力度，积极拓展海洋业产业链条，通过强大的科技力量占领海洋业市场，更新海洋业运营模式，增强国家海洋业竞争力。同时，大力发展海洋服务业，通过技术创新降低成本、提高效率，增加在交通运输、海洋金融、生态旅游等相关产业中的科技成分，促进海洋业提质增效。

2. 稳步推进海洋产业结构升级

随着全球竞争加剧，传统海洋业发展已接近饱和，海洋产业结构转型升级势在必行。一是海洋蕴含着大量的可再生能源，能够有效缓解世界能源危机，同时解决传统能源带来的环境问题。海上风能（离岸风能）、潮汐能、潮流能、波浪能、温差能等在未来不仅能够满足人类社会多种能源需求，其能源结构转变也会带来巨大的碳减排效果。二是绿色、智能海洋渔业日益发展。节能减排技术的长足进步与渔船清洁能源的广泛应用，共同推动了海洋渔业的稳步增长。三是海洋油气开采利用向高效率、低污染迈进。在油气产量保持稳定增长的同时，开采技术与方法更加高效环保。四是海洋旅游业成为海洋业转型发展的新增长点，逐步吸引更多的游客探索海洋的奥秘。

3. 积极构建生态环保新时尚

近年来，人们逐渐意识到，发展海洋产业与保护海洋生态并不矛盾。海洋生态环境的破坏势必在将来严重阻碍海洋产业的可持续发展，因此，保护海洋生态环境、合理适度开发利用海洋资源日益成为世界各国发展海洋业的共识。

三、低碳海洋业面临的挑战

当前，海洋生态文明建设面临一系列问题与挑战。一是海洋意识淡薄，仍有相当一部分人没有海洋环保意识，无法将海洋可持续发展与环境保护相协调。二是制度与法律体系不完善，监督与执法相对落后。三是海洋产业结构有待进一步优化，世界各国，尤其是发展中国家，海洋科学技术相对落后，海洋产业增长粗放，过度开发和不合理利用资源问题严重，海洋产业结构仍需提升。面对海洋这一"宝藏"，却缺乏充分利用它的科学技术与方法。四是经济与环境效益不统一，盲目追求经济效益现象依然存在，低碳海洋业发展缺乏内生动力。

第九节　低碳生活方式与低碳出行

一、低碳生活方式

低碳生活方式是一种新型的低成本、低代价、环保、健康、自然、安全的生活方式。低碳生活方式要求降低单位 GDP 的二氧化碳和二氧化硫排放量，而且它要求通过使用清洁能源和可再生能源，发展清洁环保产业，并且采用新能源技术投资公共设施，采用新型生态技术保护环境，发展经济，构建低碳的循环经济产业体系，建立新型生活方式、生产模式、管理模式与运营模式发展社会经济，实现经济发展方式的根本转变。

习近平总书记在 2019 年中国北京世界园艺博览会开幕式上指出："取之有度，用之有节，是生态文明的真谛。我们要倡导简约适度、绿色低碳的生活方式，拒绝奢华和浪费，形成文明健康的生活风尚。"国务院发布的年度《中国应对气候变化的政策与行动》报告明确提出建立健全清洁低碳的绿色能源体系，强调尽快采取行动促进低碳发展，构建绿色低碳循环发展的经济体系，进一步倡导日常生活中践行绿色低碳的生活方式，使减排承诺得以实现。我国相继发布的这一系列政策，彰显了政府坚持走低碳、可持续发展道路的意志和决心。

近年来，过高的温室气体排放量导致世界气候异常。全球温度明显上升，南极、北极冰山过度融化，这些都是气候危机爆发的导火索。为了应对近年来的极端天气、气候变化和实现碳中和的目标，低碳生活方式的形成需要有广大民众的参与，民众的生活方式需要真正向绿色低碳方向转变，这将给人们的衣食住行带来重大影响。以碳中和为目标，民众在居所中照明、做饭、取暖等将更多使用太阳能、电能等新能源，而逐步减少甚至取代传统的一次性化石能源，这个过程中可能涉及房屋和电力电器设施的改造升级，需要民众的支持和配合才能形成低碳生活方式，而不是只停留在口号上。

新能源汽车将逐步占据主体，甚至取代传统燃油汽车。此外，住房方面变化可能更明显，包括室内的很多生活习惯。例如家庭中可以选用节能电器，并且在用完这些器具之后及时断电；在工作学习时可以将计算机、手机等电子产品的亮度调低一点，既能省电又能护眼；如果有条件的话使用太阳能热水器等。总而言之，绿色出行、节约用水用电、减少餐饮浪费、电子支付、无纸化办公等都是低碳生活方式所提倡的内容，它们都有助于碳中和的实现。同时，我们也需要提前向民众宣传、普及绿色低碳生活的知识，从而得到民众的理解和支持。民众对于低碳生活方式的接受程度决定了日后他们对于低碳消费方式的践行成效。因此，不仅要在民众生活的主要社区通过多种传播渠道和方式宣传节能减排的知识和法规，也要在全国范围内开展与节能相关的宣传和教育，将其纳入考核体系中，从而增强民众对于节能减排的意识。

二、低碳出行的概念与背景

低碳出行是指随着人类生存环境的变化，为了实现降低能耗、减少碳排放、保护生态环境的目的，在满足居民出行需求的前提下，降低出行的碳排放，发展环境友好的新型出行模式。低碳出行不仅涉及步行、自行车、公交车、地铁、有轨电车、出租车、私家车等多种交通方式，也包含相关低碳出行政策与低碳出行路线、环保行李、环保旅馆等多个方面。同时，低碳出行不仅包含模式行为的革新，更是生活理念的转变，正在逐步成为当前世界经济社会可持续发展的新潮流。

我国"碳达峰""碳中和"目标的实现，离不开交通运输业的发展。交通运输业的主要能源是化石燃料，而化石燃料的使用不仅会产生大量的二氧化碳及其他温室气体，也会导致严重的环境污染。根据国家统计局中国统计年鉴数据显示，2020 年我国交通运输领域能源消费量约为 4.13 亿吨标准煤，占我国能源消费总量的 8.29%（我国交通运输、仓储和邮政业能源消费总量变化如图 6-7 所示）。因此，大力推广低碳出行，将对我国实现"碳达峰""碳中和"的目标具有重要的意义。

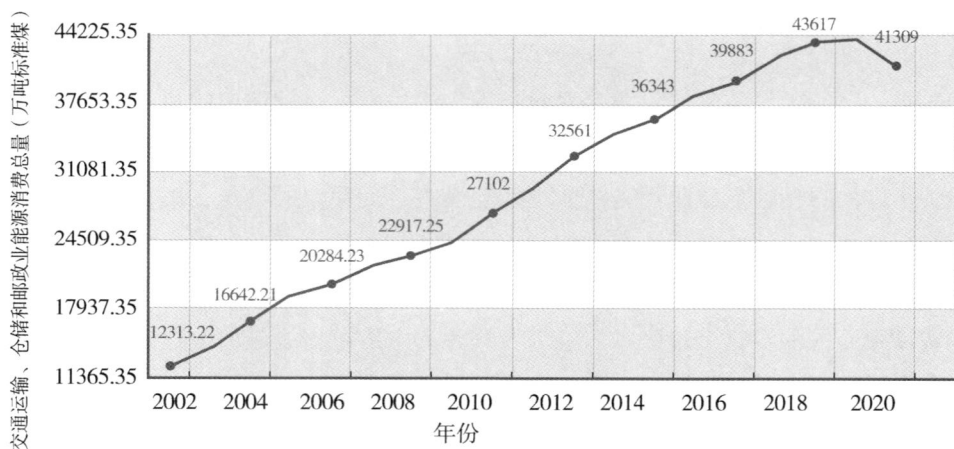

图6-7　我国交通、仓储和邮政业能源消费总量变化（2002—2020年）

（数据来源:《中国统计年鉴 –2022》，国家统计局））

三、低碳出行的发展方式与策略

1. 合理布局城市空间结构

优化城市国土空间，做好交通规划工作，构建符合低碳出行要求的城市布局，区分设立自行车、电动自行车、机动车车道，推行公交车专用车道，同时切实保障行人安全，通过提高道路规划效率最大程度降低交通拥堵。建立生活圈文化，保障办公、休闲、娱乐、文体等服务的有机结合，最大程度降低出行带来的环境压力。

2. 加大公共交通支持力度

推广普及公共交通是低碳出行的关键。公共交通的完善既能最大程度保障居民出行需求，又能降低因机动车过多导致的能源消耗与环境污染，逐渐成为实现低碳出行的"金钥匙"。在城市化发展的背景下，公共交通对城市功能、发展与节能减排有重要影响。实施"公交优先"战略，既要发展普通公交车，适当增加站点数量，并完善站点与居民区的距离设计，又要支持轨道交通与快速公交建设，使得城市出行方式更加高效环保。同时，大力发展新能源、混合动力、清洁能源等各类公交车，从源头降低燃料消耗和环境污染。

3. 推广混合动力、新能源汽车

机动车是交通碳排放的主要来源之一，也是造成环境破坏的重要因素。而推广混合动力、新能源汽车是降低机动车碳排放的重要方法。通过减免税收等优惠政策，支持混合动力、新能源汽车的发展。同时，增加充电桩与加氢站覆盖，合理规划相应的基础设施建设，以保证新能源汽车的快速推广。

4. 宣传低碳出行生活方式

借助新闻媒体的力量，大力宣传低碳出行，使公众意识到节能减排的必要性和紧迫性，以及低碳出行在其中所发挥的重要作用。同时，宣传搭乘公共交通具备速度快、费用低、节能环保等优点，鼓励公众尽可能选择公共交通方式出行，例如公交车、轨道交通、自行车或步行等，引导公众购买混合动力或新能源汽车、小型或小排量机动车。

四、低碳出行面临的挑战

当前，世界主要城市公共交通及其配套设施发展迅猛，尤其是大城市公交、轨道出行日趋完善，随着人们环保意识的增强和出行理念的转变，低碳出行越来越受到公众的喜爱。然而，随着城市化的进一步发展，低碳出行模式仍然面临严峻挑战。一是汽车产业发展迅速，私家车出行仍最受青睐。以北京市为例，根据北京交通发展研究院《北京市机动车保有量及使用特征分析报告》显示，2021年北京市机动车保有量为685万辆，其中，私人小微型客车保有量达560.9万辆。而机动车在碳排放与能源消耗等多方面在所有城市交通方式中都是最高的，严重阻碍了低碳出行方式的推广。二是公共交通难以分担足够的机动车出行，其服务水平与出行效率需持续改善。除少数大城市外，多数城市公共交通布局不合理、等待时间长、服务水平低，严重影响公众出行方式选择。三是自行车出行与步行环境有待提升。自行车出行与步行安全难以得到保障，更多的是服务于休闲娱乐与健身锻炼。四是新能源汽车推广放缓，充电等配套设施布局不合理。充电桩、加氢站等配套设施建设虽然保持高速增长，但相对于新能源汽车的增长仍然滞后，覆盖率与覆盖半径不足，一定程度制约了新能源汽车的发展。五是公众低碳出行意识较差。大排量的豪华汽车被很多人认为是财富与地位的象征，而选择公共交通出行则有损自己的"形象"，这种错误意识进一步加剧了生态环境的破坏。

第十节　低碳服务业

一、低碳服务业的概念

低碳服务业得以产生的宏观环境是低碳经济的增长，在持续普及低碳服务的今天，低碳服务业对于低碳经济的增长日益发挥着明显作用，相较于低碳经济的增长态势，低碳服务业在当前的运行状况尚不够理想。一直被探讨的低碳服务业，目前尚未获得明确的界定。从现阶段的经济发展状况角度而言，低碳服务业所代表的是依托低碳技术手段，基于对本地生态环境资源的全面合理开发与应用，将低碳理念渗透至整个现代服务业的一系列运作流程中，更有效地应用资源，降低非必要损耗造成的污染，同时能实现收益的最大化，为低碳城市的建设服务，完成持久发展的目标，打造人类与自然协调并存的经济发展环境。

二、低碳服务业的现状与发展

高附加值、低能耗是低碳服务业的特征。因此，该行业的发展势不可挡，通过发展能够降低乃至排除当前经济运行中所面临的困难，提高经济运行质量，助力国内经济的改革，推动国内经济运行模式的创新。分析多数国家的经济运行历程可知，经济运行的规律体现为农业在经济运行中的占比逐渐减少。工业的占比持续增长，然而在特定期间会出现降低的态势。服务业的占比变化不大，同时水平较高。劳动力在市场中同样呈现出不同特点，服务业吸收更多劳动力的加入，在该领域实现了更好的发展。因此，低碳服务业是将来全球经济运行的主导态势。国内经济启动迅猛发展进程后获取了巨大的经济增长成效。然而国内经济的增长是基于对能源的过度损耗的，以减少成本的方式寻求更多的收益，如此经济运行方式在很大程度上限制了国内经济在未来的持久运行。为了确保发展的持久性，服务业便成为最佳选择，低碳服务业有助于经济的持久运行，降低能源过度损耗，提升持久度。从服务业的运行状况而言，该行业并非绝对静态的，其在既定期间的经济环境下形成了这一阶段特殊的服务业特征。该行业的演变历程实现了由固有服务业向结构升级的转化，向本身持久化的转变，如此将有助于促进国内经济增长模式的创新。国内服务业如同工业那般，现阶段始终面临着环境污染、资源损耗的弊端，如此非合理架构可通过低碳服务业的发展来改变。

三、低碳服务业的发展建议与措施

1. 强化保障和推进机制建设

政府必须在低碳服务业集聚发展中发挥分配市场资源、宏观引导的功能。根据不同服务业的特点，形成正确的主导产业，坚持联合推进、协调发展的保障机制，建立相关工作的评估系统和责任考核制度，保证工作顺利有效进行。学习和借鉴国内外在低碳经济背景下发展低碳服务业的成功经验，加大扶持力度，合理制定低碳服务业的发展规划，同时给予必要的培训、管理与技术支撑。

2. 推动数字技术与低碳服务协同发展

全球碳中和已是未来发展趋势，低碳服务业将是未来发展潮流。有着广阔发展空间的数字科技手段（包括 5G 技术、移动网络技术、AI 技术、物联网技术、云计算技术等），在很大程度上将助益"双碳"目标的实现，以及绿色低碳服务的发展。大力发展绿色低碳服务业，要抓紧部署一批具有前瞻性、系统性、战略性布局的绿色低碳前沿技术和创新项目，打造健全的绿色低碳技术评价与交易系统、技术创新服务平台，强化扶持企业创新绿色技术的力度，打破重要原材料、设施器材、核心技术、工业控制设备的技术壁垒，以绿色低碳技术来强化竞争优势。

3. 推动产业融合化

在为制造业高水平发展服务的目标下，促进生产型服务业向价值链顶端与专业化方向拓展。重点促进创造能力的提升，及时促进检测检验认证业务、商务咨询业务、工业设计业务以及研发设计业务等的发展。重点促进要素分配效率的提升，促进人力资源业务、信息数据业务以及供应链业务等的创新发展。深入整合现代农业、尖端制造业与现代服务业，增强业务联系，强化链条扩展，提升科技含量，为发展专业化创新服务机构（智能制造系统解决方案、流程再造等）助力，打造掌握世界竞争优势的服务业。

第十一节　低碳建筑

一、低碳建筑的背景与概念

1. 低碳建筑的背景

为实现我国经济社会绿色可持续发展，践行大国责任和担当，我国在 2020 年 9 月提出"2030 年实现碳达峰，2060 年实现碳中和"的"双碳"目标。同年 5 月，中科院发布《中国"碳中和"框架路线图研究》专题研究报告，汇报了我国在碳达峰、碳中和方面的主要工作情况，从能源供应端、能源消费端和人为固碳端三个方面来实现碳中和。该文件确定了"双碳"目标，倡导面向众多行业（建筑业、农业、工业、交通领域与百姓生活领域等），使以化石能源为主的消费模式转化为以非碳能源（太阳能、地热能、氢能、电能等）为主的消费模式。低碳建筑作为建筑领域低碳化的实现载体，依据碳排放量开展低碳建筑评价和运用，在很大程度上引导着建筑业向着"双碳"这一伟大目标前进。

2. 低碳建筑的概念

定义低碳建筑的概念，应以低碳经济相关定义为参考。低碳经济的重要目标在于减少温室气体的真实排放量，其经济运作形式的基础在于能耗与污染的减少，其本质主要是合理且高效地运用资源，并且开发清洁能源以及先进的节能减排技术，不断创新以及变革减排技术与能源技术，实现相关制度与产业结构的全面合理更新，让人类生存以及发展的观念出现了本质改变。可将"低碳建筑"视为减少温室气体真实排放量的建造物，以具体定义"低碳经济"的方式为参考，直接将"低碳建筑"定义为：整体建造物的存续期间，以低污染、低耗能、低排放为前提。如此将尽可能地抑制温室气体的产出，为人类创造更加舒适的建造物。

二、低碳建筑的现状与发展

2003 年时，境外学界便率先明确了"低碳经济"一词，自此国内技术力量开始将"低碳经济"作为课题展开专项研究。建筑行业在发展"低碳经济"中将"低碳建筑"作为一条重要发展路径而提出，同时被应用在实际操作领域。"低碳建筑"虽然经历了十多年的发展历程，然而实际上国内尚未立足国家高度来精准界定其概念。早期的研究认为低碳建筑是在使用过程中低耗能甚至零耗能的建筑，强调运营阶段的能源使用或能耗指标控制。低碳建筑研究领域近些年开始引入全寿命理论，研究人员建议将低碳原料与低碳建筑工艺引入到低碳建筑之中，并采用低碳方式运维及拆除。

在明确"双碳"目标的背景下，国内建筑行业确立了更为清晰的碳排放监管策略，它的本质在于按照政府许可的碳排放标准，组织工程建造与后期运营管控工作，但既有的低碳建筑研究理论和评价体系已不适用于新的现实背景，对以低碳建筑为实现载体的建筑领域碳排放管理工作造成了不利影响，无法指导建筑领域实现"双碳"目标达成。既有计算建筑能耗数量的评价方式，忽略了建筑营造和建筑材料生产过程中的碳排放，无助于建筑领域整体碳排放的控制；对于清洁能源供给占比较高的地区，该类评价方式显然也是不科学的。但建筑物全寿命碳排放量的考量评估方法强调对个体排放绝对值的关注，而没有意识到环境固化能力与建筑排放间的非静态联系以及技术进步背景下固碳水平的提高，基于此构建的评估模型很明显难以顺应经济与社会进步的现实需要。有些碳排放价方式将管理人员的碳排放予以计量，使碳排放核算更加复杂，且不核减建造和运营过程中的碳固化，在工程建造环节根本无法发挥对选用低碳原料与工艺的指导功能。现阶段，政府、房产开发企业以及大众群体均启动活动进程。政府的关注点由建造施工过程方面扩展至两端，参照布局规划过程的节能延伸至建造物报废过程的节能。目前，住房城建部为了落实建筑减排任务启动了如下五个方面的工作：对自新建筑启动节能监管，对采暖区、国家机关建筑物与大规模建筑物启动改造工作、启动应用新材料与可再生能源的工作。在房产开发企业维度而言，大量房产企业与企业家通过发展绿色建筑与环保节能建筑获得了显著成效，所以可以占据市场获得尊重。以上公司与企业家凭借着对企业环境实际波动状况的应对能力，尽可能地尝试降低运作与商务操作中的碳排放量，有效支撑并加入到缓解环境变化与有关适应的活动中，主动承担自身的社会责任。在大众群体维度，受公共媒介与政府的指导作用，形成了更加广泛的环境保护理念，公众日常生活领域开始将"低碳"作为关键词，环保型、低碳型的建筑物也获得了广大公众的青睐。但相较于发达国家，国内在发展低碳经济方面尚存在明显差距，尚未实现低碳建筑的成熟发展，面临着诸多困境。

三、低碳建筑的发展建议与措施

1. 宣传、普及低碳建筑的概念

强化公众推广力度，引导公众提升对低碳建筑业的认识，引导他们积极参与，帮助大众群体更多地了解低碳建筑，一方面有助于扩展发展空间，另一方面也能更好地推广减排节能的环保理念。能全面借助一系列途径来培养良好的氛围，为扩展市场空间做好准备。同时，在宣传低碳建筑行业有关信息的基础上，提供一定的引导与扶持，吸引更多的公司参与进来。

2. 完善相关政策和制度

低碳建筑的建设吸收公众群体加入时，首先，需要政府培育一种广阔且优良的发展环境。其次，制定相关政策、制度和一致化的标准规范，强化全面建筑减排节能的监管工作，确保创建的良好市场环境能够持续运行。

3. 加大科研投入

建议政府强化科技研发投入力度，提倡建立产学研相融合的创造机制，从而助力低碳建筑、产业化的持续运行，在此基础上便可形成企业位居首位，综合政府部门、公众组织、科研院校的综合性科研体系，从而推动低碳建筑标准化与技术化的转变，做好其实施准备。同时，也应及时在实践运作领域融入科研成果，以此来支持低碳建筑的产业化发展。

4. 开拓生产规模，扩大发展

现阶段，低碳建筑在国内暂时未实现成熟发展，只限于少数区域的发展，因规模不大，所以尚没有产生规模效应，导致短期内企业必须减少成本，受该原因的作用，即便低碳建筑的优势很多，而无法尽快获得一般大众的认可，如此便对其产业化进程造成了阻碍。建议政府通过有关福利策略与扶持性政策，帮助企业在拓展规模中，采取降低建筑成本的方法赚取经济利益，如此便能助力低碳建筑的建设逐步迈入价格与性能均发挥优势的阶段，然后逐步促进低碳建筑产业化目标的完成。

第十二节　低碳园区

一、低碳园区的特征

目前，工业园区在全球工业中呈现蓬勃发展的态势，其主要特征有两个：一是企业集聚，二是工业区企业共享基础设施。国外园区建设重点围绕主导产业选择、相关政策法规体系完善、基础设施建设、城市与低碳产业发展融合等展开。以丹麦卡伦堡工业园为例，卡伦堡工业园内的发电厂、炼油厂、制药厂和石膏制板厂是园区内的四个核心企业，政策方面，丹麦政府对外部性很强的污染排放实行强制执行的高收费政策，同时也有激励政策鼓励减少污染排放。四个企业的废弃物或副产品在四个企业中循环利用作为生产原料，因而得以建立工业横生和代谢生态链关系，既能控制成本、提高经济效益，同时也实现了园区的降污减排。还有一个很典型的低碳园区实例——日本北九州生态城，北九州生态城的主导产业是钢铁、化工、机械、窑业以及信息关联产业等，当地政府建立了生态工业园区补偿金制度，推行了一系列限制措施包括签署防止公害的协议、设置公害监视中心、建设污水处理厂等，还有一个特点是建立"北九州学术研究城"，形成产—学—研一体化的园区管理和运作模式。此外，在节约能源、降低资源、能源消耗及提高园区生产经验效益方面，美国的切塔努嘎生态工业园是全球的典型代表。切塔努嘎生态工业园将原有老企业的工业废物资源化再利用，在极大减少园区污染的同时，提高了园区的经济效益，经过环保改造把旧有的钢铁铸造生产车间改造成利用太阳能处理污水的生态车间，附近车间建立起利用循环废水的肥皂厂，肥皂厂附近再建设以肥皂厂副产物为原料的企业，通过企业间能量和原料的上下游循环和再利用，最终实现园区的废弃物"零排放"。

二、低碳园区的意义

2020年9月，我国政府承诺将提高国家自主贡献力度，力争在2030年前二氧化碳排放达到峰值，2060年前实现碳中和。而工业园区又是中国建设绿色工业体系、实施制造业强国战略的重要载体，工业园承担了密集的工业生产活动，是中国内外双循环发展的重要动力来源，也是落实中国碳中和、碳达峰目标的关键抓手。尤其是在2035年前，在实现国家"生态环境根本好转，美丽中国目标基本实现"宏伟目标下，工业园区低碳发展是我国制造业发展的内在要求和重要途径。

低碳产业园区规划的重点主要包括土地的集约利用、产业功能结构的合理设置、以及园区内良好的固碳生态环境体系的建立。低碳园区集合不同的产业，不同产业之间的物质和能源实行低碳循环，提高了资源利用率；同时，低碳园区的重要特点之一就是控制污染，低碳园区内进行清洁生产，以期构建低能耗能源体系。

以产业集群为特征的园区已经成为现阶段我国经济发展的重要形式和主要力量，开展低碳园区建设工作是当前推进产业低碳发展的重要切入点和着力点，对于实现国家碳排放目标具有战略性和全局性意义，同时有助于推动工业转型升级和增强产业竞争力，有利于各类园区低碳化发展。

低碳工业园区建设也是实现国家碳排放目标的重大举措。低碳园区的建设是推动工业转型升级的重要途径。低碳园区的产业高度集聚、地区产业特色鲜明，具有较高的碳生产力，能够有力转变当前依赖能源资源物质投入、盲目追求规模的工业发展模式。

开展低碳工业园区建设有利于增强产业竞争力。低碳技术创新和产业化是新一轮全球经济转型和产业升级的核心内容之一。开展低碳工业园区建设，建立低碳技术研发和产业化的公共平台，以期加快传统产业的低碳化改造，培育低碳产业，打造一批具有国际竞争力的低碳企业和低碳产品，最终实现提升我国工业整体技术水平和竞争力的战略目标。

三、低碳园区案例

在绿色低碳发展趋势引导下，作为经济发展的试验田和主战场，开发区的低碳建设意义重大。南京江宁经济技术开发区（以下简称江宁经开区）建立于 1992 年，始终坚持生态优先、绿色发展，被评为"国家级生态工业示范园区"，在协同经济发展与生态建设方面，为我们提供了成功的参考经验，在绿色低碳发展方面成为典型的示范园区。南京江宁经济技术开发区的成功经验主要体现在以下四个方面。

1. 以"多规融合"优化"三生"空间布局

江宁经开区运用"多规融合"来解决不同空间规划在工作目标、空间范畴、技术标准、运作机制等方面的多重矛盾，以达到优化"三生"空间布局的目标。江宁经开区从规划时期开始就以优化"三生"空间的目标作为规划的高起点，一切工作的基调都是资源节约、环境友好，高度关注生态，持续优化生产、生活和生态空间，为绿色低碳发展奠定了坚实的良好的基础。

2. 产业绿色转型助推区域高质量发展

产业规划和产业的绿色转型为园区及区域高质量发展提供方向指引。江宁经开区持续提升资源环境要素生产率，把环境影响、生态建设作为招商引资的重要考量的因素，把生态园区建设作为转变经济发展方式、实现可持续发展的重要抓手，着力聚焦产业绿色转型，持续提升全要素生产率促进区域经济高质量发展。

3. 以美丽宜居新城建设满足人民美好生活需要

为了践行"以人民为中心"，满足人民群众对美好生活的需要，江宁经开区始终着力于美丽宜居新城建设，其建设目标既包括为市民提供条件优良的生活和居住环境，也包括为市民创造优美舒适的精神体验，这为低碳绿色园区建设提供了更全面生动的参考。

4. 创新治理机制提升生态环境质量

治理机制创新是生态环境治理能力与治理体系现代化的必要手段，同时治理机制创新也能够促使企业转型、改善环境质量。江宁经开区通过底线约束和正向激励双管齐下，提升发展质效，达到生态环境质量好转的建设目标。

第十三节　碳捕捉、封存及利用技术

一、碳捕捉、封存及利用技术的定义

碳捕捉、利用与封存 (Carbon Capture, Utilization and Storage，简称 CCUS) 技术是指将二氧化碳从电厂等工业或其他排放源分离，经富集、压缩、运输，注入储层封存以实现被捕集的二氧化碳与大气长期分离，并进行合理利用的技术。

二、碳捕捉、封存及利用技术的发展背景

自从 20 世纪 80 年代末开始，气候问题受到了国际社会的普遍关注。国际社会逐渐就控制温室气体排放和应对气候变化的意见达成一致，国际组织和公约应运而生。1988 年，世界气象组织和联合国环境规划署联合成立政府间气候变化专门委员会 (IPCC)；1991 年，国际能源署 (IEA) 确立温室气体 (GHG) 项目；1992 年 6 月，《联合国气候变化框架公约》形成；1997 年 12 月，《京都议定书》通过。在应对气候变化问题的背景下，二氧化碳驱油的工程实践提示人们，如果将化石燃料燃烧产生的二氧化碳与大气隔离，并永久封存起来，就能在短时间内大量减少温室气体的排放。1989 年美国麻省理工学院发起碳捕捉及封存技术项目，标志着 CCS 技术正式在学术领域诞生。随后，CCS 技术随着应对气候变化和控制温室气体排放问题而快速发展。

三、主要国家发展进程

即使人类即刻停止二氧化碳排放，二氧化碳也会在大气停留数百年，因此全球将继续变暖至少几十年的时间。所以，利用碳捕捉和碳封存技术将"碳循环"保持在可控范围内尤为重要。目前在全球范围内，有 17 个运行中的碳捕捉和碳封存项目，每年可以捕捉 3.15 亿吨二氧化碳。

1. 美国

美国联邦政府就 CCS 进行了部门分工。具体来看，能源部负责主持 CCS 研发和示范活动以及与 CCS 相关的国际合作；运输部负责管制二氧化碳运输管道；环境保护局建立有关二氧化碳灌注与封存的公众健康和安全法规。此外，也有州级政府如伊利诺伊州、堪萨斯州等参与分工。

目前，美国在 CCS 项目方面仍然领先全球。由于相关政策对行业和投资的引导，美国 2021 年新增 CCS 设施 36 个。2021 年美国国会通过的《基础设施投资和就业法案》将 CCS 作为减少二氧化碳排放的重要途径，《美国能源法案 2020》授权 60 多亿美元投入到 CCS 的研究、开发和示范中。为进一步激励碳市场，2021 年美国国会对碳捕集税收法案 45Q 进行了修订，大幅度提高碳捕集相关的信用额度。二氧化碳永久埋存信用额度由 23.82 美

元/吨提高到 31.77 美元/吨，到 2026 年将升至 50 美元/吨；二氧化碳通过驱油及其他有效方式埋存的信用额度由 11.91 美元/吨提高到 20.22 美元/吨，到 2026 年将增加到 35 美元/吨。相关政策在项目投产后有效期可长达 12 年。

2. 英国与欧盟

英国与欧盟是 CCS 技术研发的先行者，英国、法国、德国、意大利、西班牙、瑞典、挪威和荷兰都有 CCS 项目。欧洲委员会、欧洲议会、欧洲理事会以及欧洲投资银行等是开发和资助 CCS 技术的机构。英国和欧盟在 CCS 方面的投资增长迅速。欧盟在第五及第六"框架计划"推动 CCS 的活动经费总计 1.7 亿欧元。在第七"框架计划"中，CCS 与清洁煤技术的指定预算大约为 3.6 亿欧元。欧盟还提出了六大产业倡议，其中包括 CCS 倡议。从 2021 年后半年至 2022 年，欧盟委员会陆续修订了可再生能源方面的指令，鼓励包括蓝氢在内的技术开发和项目部署，并就碳去除认证等方面开展研究；在当前的能源危机背景下，欧盟颁布了 REPower EU 计划，提到了要进一步推动欧洲氢能经济，CCS 技术将在其中发挥重要作用。欧盟基于其碳市场建立的创新基金就创新型清洁技术进行了项目的公开征集，前两批有 11 个 CCS 项目入选，第三批项目正在征集中，资金总额从 15 亿涨至 30 亿欧元。2021 年，荷兰鹿特丹的 Porthos CCS 网络进入后期开发阶段。鹿特丹港正在开发的 4 个新建蓝氢项目将共享一条管道运送液态二氧化碳到北海进行封存。碳源是周边的垃圾发电厂、钢铁厂、炼油厂、化学品制造厂和水泥厂，采用驳船运输、陆上管网和海上管道相结合的运输方式，最终埋存在北海砂岩地层。

20 世纪 90 年代以来，英国地质调查局在二氧化碳地下储存方面持续开展调查研究工作，碳循环、碳捕集与碳封存等领域的调查和监测内容尤为丰富，技术手段越发完善。基于"英国 2050 年减排 80% 并实现碳中和"的目标，2018 年，英国地质调查局在《英国地质调查局科学战略（2019—2023 年）》（ *Science Strategy for the British Geological Survey 2019–2023* ）中，将减碳与资源管理、环境变化应对、自然灾害治理与应对作为其未来五年三大科学发展战略方向。英国政府重申其在 2030 年之前建立四个碳捕获集群，实现年封存 2000 万~3000 万吨二氧化碳，现已公布第一批入选短名单的 20 个项目，到 2030 年将部署两个，其中包括截至 2025 年的 10 亿英镑投资。英国发布了 CCUS 投资者路线图，明确 2021—2035 年的实施规划，通过其商业、能源与工业战略部（BEIS）能源创新计划为 CCUS 科研创新提供资金。

3. 澳大利亚、加拿大

澳大利亚煤炭储量丰富，80% 的电通过燃煤电厂供应，政府对 CCS 技术兴趣浓厚。法律允许 CCS 进入石油、天然气作业中，作为其组成部分。在已有拨款和预算中，CCS 相关投入达到数十亿美元。维多利亚州和昆士兰州是 CCS 示范项目较为集中的区域。2016 年，澳大利亚西部的 Gorgon 项目成为当时全球最大的单体 LNG 项目的天然气配套项目，项目通过液化技术将二氧化碳从天然气中分离出来，注入到巴罗岛的盐水层中，注入量可达 350 万吨 / 年。

在加拿大，阿尔伯塔、萨斯喀彻温、新斯科舍省是 CCS 发展的主导力量。联邦政府和各省现行的油气法规涉及 CCS 的某些方面，包括二氧化碳捕集和运输相关事项。加拿大政府还建立清洁能源基金，管理由联邦和省级多项计划提供的约 30 亿美元资金，用于资助 CCS 技术。加拿大开展的 CCS 项目有上百项，集中在二氧化碳捕集与地质封存两个方面，规模不一。WorldOil 网站 2023 年 1 月 4 日报道说，路径联盟 (WO) 代表加拿大最大的油砂生产商，已经与阿尔伯塔省政府签署了一项碳封存评估协议，开始评估地下碳储存地点的地质情况，是世界上最大的碳捕获与存储 (CCS) 项目之一。路径联盟计划到 2030 年将其成员公司油砂业务的二氧化碳排放量减少 2200 万吨，并在 2050 年实现净零排放的目标。

4. 日本、韩国

2020 年 10 月，时任日本首相菅义伟在国会的施政演讲中表示，"到 2050 年实现温室气体净零排放的碳中和，即脱碳社会"。日本经济产业省随后于 12 月发布了"绿色经济增长战略"，将"2050 年实现碳中和"定位为旨在实现"经济和环境的良性循环"的产业政策，其中提及的 14 个重要领域包括了二氧化碳分离回收技术。2021 年 10 月 22 日日本内阁会议通过了第六次能源基本计划，并表示"关于 CCS，将在制定长期发展蓝图并与相关方共享的基础上，开发技术并降低成本，同时开发合适的场地、创造商业化环境"。根据该计划 2030 年的能源供求预测，二氧化碳的主要发生源——化石燃料火力发电将占 41%（LNG 为 20%、煤炭 19%、石油等 2%），可见日本对 CCS 的期待逐步提高。

韩国几乎没有碳封存空间，因此致力于与世界上多个国家和地区合作开发 CCS 技术。例如，东南亚国家与韩国邻近，二氧化碳运输成本较低，同时东南亚国家有许多废弃的石油和天然气钻井场地可用于碳封存。2022 年 8 月 3 日，马来西亚国营石油公司 Petronas 与韩国三星重工、三星工程、乐天化工、GS 能源、SK 能源和 SK Earthon 六家企业签署了一份谅解备忘录，将启动 Shepherd CCS（牧羊人 CCS）项目，在韩国捕集二氧化碳并将其封存在马来西亚。2023 年 1 月 18 日，三星重工在马来西亚首都吉隆坡与马来西亚国际船运有限公司（MISC Berhad）签订了开发浮式二氧化碳储存装置 (FCSU) 的业务协议。双方将联合开发 FCSU 以及上部搭载注入装置的 FCSU–I（FCSU 是将陆地中转站收集的二氧化碳储存到枯竭的海底油气田的新概念海洋装备）。三星重工还与德国巴斯夫（BASF）公司签订了船用碳捕集与封存（OCCS）技术业务合作协议。

5. 印度、俄罗斯、南非

作为煤炭大国，印度政府制定清洁煤技术路线图，其 CCS 活动规模小，有个别油田和工厂进行了简单的试验。在世界主要碳排放国里，印度是最后一个提出零排放目标的国家，印度总理莫迪在 2021 年 11 月的英国格拉斯哥气候峰会上宣布，印度将于 2070 年之前达成碳排放归零，同时要求已开发国家再拿出 1 兆美元（约 6.5 万亿人民币）帮助印度达成目标。

俄罗斯石油公司提出了一项到 2035 年减少温室气体排放的计划，成为俄罗斯第一家做出此类承诺的公司。俄油公司第一副总裁称，俄油公司正在寻找能在长期内达到零碳排放的自然碳汇。该公司与 bp 合作提升森林碳汇能力，未来可每年吸收 1000 万~2000 万吨二氧化碳当量。此外，俄油公司和 bp 还计划使用地下储气库和已开发的油田，用于碳捕捉和碳封存，试点项目预计将于 2028 年启动。

CCS 技术对于南非实现零排放至关重要。南非拥有约 1500 亿吨二氧化碳的潜在储存容量，主要位于东海岸和西海岸的近海盆地。2021 年 9 月南非地球科学委员会官员表示，南非已开始为首个碳捕捉和封存（CCS）项目点进行地质测绘，计划从 2023 年起向地下深处注入大量二氧化碳。该项目将以南非东北部姆普马兰加省拥有多座燃煤发电站的 Leandra 镇为基地，通过一条管道从主要排放源输送压缩二氧化碳，并将其连接到已确定的注入点。该项目将测试每年向至少 1 公里深度注入 1 万~5 万吨二氧化碳的可行性，第一次注入将在 2023 年底进行。

6. 中国

相较于国外，中国的 CCUS 项目发展仍处于技术积累阶段。根据 IEA（国际数据能源基金会）统计，碳中和目标下中国 CCUS 减排需求为：2030 年 0.2 亿~4.08 亿吨、2050 年 6 亿~14.5 亿吨、2060 年 10 亿~18.2 亿吨。

目前国内的碳捕捉技术主要在煤化工行业开展，其次为火电行业、天然气厂以及甲醇、水泥、化肥等工厂。从项目类型来看，示范项目以电厂项目为主，有少量化工项目。2022 年 1 月 29 日，中国第一个百万吨级的 CCUS 项目——齐鲁石化—胜利油田 CCUS 项目正式建成。其运作流程是对山东齐鲁石化生产排放的二氧化碳进行捕集，通过管道运输到 80 公里外的胜利油田并封存到地下。2022 年 8 月 29 日中国石化宣布，我国目前最大的二氧化碳捕集利用与封存项目建成投产。这是国内首个百万吨级的二氧化碳捕集利用与封存项目，每年可减排二氧化碳 100 万吨，相当于植树近 900 万棵。中国石油 CCUS 项目注气能力显著提高，2022 年二氧化碳年注入量突破 100 万吨，产油 30 万吨，规模保持国内领先。同时，这也标志着我国 CCUS 项目在驱油利用领域正式迈入工业化应用阶段。

思考题

1. 随着低碳理念的不断推广，电动汽车越来越畅销，正在快速取代燃油汽车的市场地位。请考虑以下问题：①电动汽车的生产、销售、使用涉及哪些类别的低碳技术？②生产使用电动汽车能否降低碳排放？

2. 请找出两座你熟悉的城市，并思考如下问题：①这两座城市的地理位置、资源禀赋、产业结构等特性有何异同？②根据这两座城市的特性，如何分别构建科学合理的低碳城市发展路径？

3. 请列举一个你熟悉的传统产业，并说明如何对其进行低碳化改造。请思考何种低碳化改造方式可以使产业的效益增加或保持不变。

4. 结合实际情况，完成农业生产、农产品加工与农业生态旅游度假村全流程落地。

5. 列举低碳矿山与传统矿山的主要区别。

6. 低碳渔业与低碳海洋业有哪些区别与联系？

7. 如何通过倡导绿色发展理念助推低碳环保出行？

8. 什么是低碳服务？你认为低碳服务的重点是什么？

9. 什么是低碳建筑？你认为低碳建筑的发展趋势是什么？

10. 请陈述低碳园区的定义及其重要性和必要性。

11. 低碳生活方式的定义是什么？请结合自己的生活实际来描述低碳生活方式及其意义。

12. 讨论二氧化碳捕集、利用与封存（CCUS）技术在低碳制造行业的应用前景与挑战。

第七章 低碳经济与绿色GDP

【学习目标与任务】

1. 熟悉绿色 GDP 的内涵、核算指标体系及评估框架；

2. 了解绿色 GDP 的核算方法及案例；

3. 熟悉低碳经济与绿色 GDP 的关系。

第一节 传统GDP与绿色GDP

一、GDP的概念

国内生产总值（Gross Domestic Production，简称 GDP），是指一个国家（或地区）所有常住单位在一定时期内生产活动的最终成果。GDP 是国民经济核算的核心指标，它就是反映某个发达国家或区域国民现状与发展水平的主要衡量标准。

然而，人们在强烈追求 GDP 的同时，更需要思考和研究所付出的代价和它带来的负效应，而这个问题正是可持续发展急需解决的最大问题。自然资源对 GDP 的提高所付出的代价很大，是为国民经济发展提供的环境服务，分为两个形式：一是资源总量的下降，即在市场经济过程中对自然资源的利用也会导致自然资源数量的耗减，但现在资源的匮乏已危及国民经济发展中所要维持的生产力水平；二是对质量的破坏，即由于经济过程而导致自然资源和环境资源品质的下降，这将给人们的生活质量和身体健康水平造成极大影响。这两个部分一方面促进了 GDP 的增加，另一方面又导致了社会总资产的下降以及人们生活质量和身体健康水平的降低，而人们甚至还要为此支出相应的费用，这就再一次促进了 GDP 的增加。

二、绿色GDP的概念

在自然资源锐减，自然环境日趋恶劣，人类可持续发展要求越来越紧迫的时代背景下，联合国于 1993 年发表的 SEEA 中第一次明确提出了对绿色 GDP 的定义。绿色 GDP，就是 GDP 中扣减了资源耗减价值和环境退化（质量降级）价值的国内生产总值，也就是说，经过环保要求调整后的国内生产总值，又称国内生态产出。其核算方法为：

绿色GDP=国内生产总值（GDP）—资源耗减价值—环境退化价值

我国的诸多学者也针对绿色 GDP 给出了诸多定义。国家生态环境部的王玲英等指出，绿色 GDP 指在扣减污染与生态破坏损失之后的新 GDP 值，可表达为：绿色 GDP=GDP–（生产、修复资源过程、污染物治理过程的各种资源消耗总量 + 生产、修复资源过程、污染物治理过程的全部污染物）+ 实施环境保护项目带来的生态服务价值。陈美球等则认为，绿色 GDP（简称 EDP）是用来反映世界各国在扣减自然资源资产损失后新产生的实际国民财富的数量核算方法；更具体的来说，它从现有 GDP 中扣减了因环境质量、自然资源数量的下降，以及因自然环境恶化后所作出的补偿三种原因造成对国民经济与社会效益产生的直接冲击值，并由此确定了实际的国民财富数量。徐为列的绿色 GDP 概念为：在 GDP 中适当扣减因为环境恶化、资源退化、教育条件落后、人口数量失控、生产经营不良等原因而造成的直接经济损失价值；这种指标在实质上体现了国民经济发展的净正效应。目前，徐位列定义的绿色 GDP 在我国使用较为广泛。

综上可知，绿色 GDP 是在可持续发展理论指导下，由一个国家或区域内所有常住单位在特定时间内产出的，扣减了资源耗费成本和环境退化成本以后的有效最终成果，绿色 GDP 在现在的 GDP 基础上加入了资源与环境保护方面的因素，已经是国家综合环境经济核算体系中的核心指标，又是经济社会可持续发展的关键指标。也就是说，绿色 GDP 是衡量国民经济发展与生态保护和谐程度的关键指标。

三、绿色GDP的特点

传统 GDP 与绿色 GDP 相比，绿色 GDP 是基于传统 GDP，考虑了经济要素和自然要素，考虑了经济成本投入与资源环境成本投入，考虑了经济生产要素的分配与自然要素的分配，在传统 GDP 值基础上对固定资产折旧、自然资源及环境资源的损耗进行扣减。比如，一艘油轮触礁后出现的原油泄漏。这艘油轮的石油所代表的原油储备减少不会对 GDP 造成不利影响，为消除外溢原油所雇用的劳动力和使用的装备也会使 GDP 上升。但鉴于原油外溢所带来的自然风险，包括对海洋哺乳动物和鱼类的损失、海洋生产力损失，GDP 核算中也并不能反映。但在绿色 GDP 核算中，可以将减少的石油储量、生态损失考虑在内，更好地反映经济增长的正面效应。

绿色 GDP 占 GDP 的比重越低，表明经济增长的负面效应越高，正面效应越低，反之亦然。并且，绿色 GDP 的计量单位比较富有灵活性，可使用经济计量的货币单位与资源环境成本计量的实物量单位组成的混合单位。

第二节　绿色GDP核算指标体系

构建绿色国民经济核算体系是计算绿色 GDP 的重要基础，除了联合国、欧盟等主要的国际机构，还有不少国家也相继构建了多个绿色国民经济核算体系，成为对国民经济发展、资源与环境保护决策的重要依据，比较著名的包括 SEEA 体系、ENRAP 体系、NAMEA 体系、SERIEE 体系等。

一、SEEA体系

SEEA 是由联合国邀请统计、经济、会计和环境等有关方面的研究者结成的研究专家组，通过长期不懈努力所研究出的一种绿色国民经济核算体系。SEEA 也是对传统国民经济核算体系 SNA 的拓展和补充，它是在对原来 SNA 体系理论和框架研究的基础上，对其忽视环保和资源环境的缺点加以补充研究，增加了资源环境核算系统，把资源与环境账户以卫星账户的形式和传统的国家账户连接起来，是目前和传统国民经济核算体系 SNA 最相似和最容易联系的综合涉及环保和经济发展问题的国民经济核算体系。SEEA 在 1993 年发布以后，历经认真总结与完善，推出了 SEEA2003，对 SEEA1993 的设计做了进一步的总结与扩充，也修改了 1993 年版本的一些缺陷，并更加完整了设计架构与指标体系。而 SEEA2003 的设计则比较强调对环境和自然资源管理方面的政策研究。数年间，联合国统计委员会发起了对 SEEA 的多年修订进程。经修订的环境经济核算制度以它的前身——2003 年环算制度和 1993 年环算制度为基础。联合国统计委员会在 2012 年第 43 届会议上通过了环经核算制度中央框架，成为第一个环境经济核算国际标准。SEEA 中央框架的最终正式版本于 2014 年 2 月发布。SEEA 是传统国民经济核算体系的重要延续和发展，其数据具备统计上的高度统一性，且将卫星账户和总量指标相互协调，既具有系统性又不乏具体鲜明性。

二、ENRAP体系

ENRAP 是美国经济学家亨利·佩斯金（Henry Peskin）自 1990 年起在美国国际发展署提供基金协助菲律宾试行的"环境与自然资源账户计划"下发展起来的，其编制框架建立在传统 SNA 体系上，并将与环境相关的账户以卫星账户的形式呈现，这一点与 SEEA 类似。在账户框架上，在包含所有传统国民经济核算账户框架的基础上，该体系另外还包含了三个新项目：环境损害、废弃物处理服务和环境提供的直接服务，除此之外还定义了净环境利益、自然资源耗减两个名词。ENRAP 体系具有经济理论基础，涵盖了 SEEA 等其他各种测算模式的编制架构，涵盖范围比较完整，较具发展前景，但是，由于该体系涵盖面广，涉及内容复杂，存在较多尚未解决的问题，因此，其应用有待进一步研究。

三、NAMEA体系

NAMEA 制度是由荷兰国家统计局的克宁（Keening）与其合作伙伴们于 1994 年设计出来的。从 1994 年开始，由荷兰中央国家统计局所属的国民经济核算司与环境统计司共同制定了每年的 NAMEA。NAMEA 体系主要有两个特点：第一，在传统的国民账户中另增加了三个环境账户，即国家排放物账户、世界环保议程账户和国家环保议程账户；第二，将国家生产与消费的成本分成一般与环保两种，以便于单独核算国家环保成本与环保消费。目前 NAMEA 的制定工作已经趋于稳定，通过将其编入国家社会保障账户与社会福利指标，不但可以将它作为一个国家最主要的环保依据，还是更为主要的国家社会福利指标。但是由于 NAMEA 系统中和环境相关的部分只计算实物账户，无货币化结果，所以无法全面地提取环境综合信息。

四、SERIEE体系

SERIEE 体系，是由欧盟统计局研究出的环保活动和国民经济综合账户系统，它通过卫星账户的形式使环保活动和国民经济核算账户之间实现了联系，分为环境保护支出账户、资金运用与控制账户，以及一个基本信息采集和处理系统。目前，SERIEE 正在发展重点关注环保支出的项目。在经济项目中，SERIEE 尤其关注与降低或预防污染方面支出的项目，而其他有关环境质量监测、修复或发展的经济项目也都是 SERIEE 所关注的焦点。

SERIEE 不考虑各种环境污染影响，只是估算环保的费用，仅仅用只包括环保费用的绿色 GDP 来评价一个社会福利水平时很难真正代表当地的社会福利水平。不过，由于 SERIEE 的环境保护费用账户比 SEEA 及其他系统的环境保护费用账户详尽了许多，对其他系统在编算环境保护费用时有一定的参考价值。

第三节　绿色GDP评估框架

一、SEEA基本框架

2012 年联合国统计委员会（UNSC）第 43 届会议通过了环境经济核算体系（SEEA）作为国际标准。它是环境经济核算的第一个国际统计标准。SEEA 中央框架是一个多用途概念框架，用于理解经济与环境之间的相互作用，并用于描述环境资产的存量和变化。

SEEA 中央框架是衡量环境及其与经济关系的国际统计标准。中央框架涵盖三个主要领域的衡量：一是经济体内部和经济与环境之间的物质和能源实物流量；二是环境资产存量和这些存量的变化；三是与环境有关的经济活动和交易。

这些领域内计量工作的核心是经济和环境的概念。在划分计量范围时，人们着眼于保证可以连续统一地编列各个时期、各个国度和各个研究领域的信息。一般来说，经济运行主要是通过商品和劳务的制造和输入，但同时反过来也被公司、居民或政府所消费；输出到全球其他地方；或是积聚起来供将来消费或利用。这些状态下的积累，包含储备物资以提供将来应用，包括购入设备及其他各类持续利用的其他资产。

为计算目的，以存量和流动表示经济体。而对流量的计算，以经济产出、消费和累积过程为中心。对于这些问题，最关键的就是生产的计算范围（生产范围），因为所有被认为是生产出的货物和服务（产品）实际上也被算作在经济体"内"。而经济与环境之间的流量，取决于它们是否在不同的生产范围。

经济资产存货，为生产过程进行投入，是包含住户内部的经营单位的一种财产来源。尽管许多经济资本都是由经济活动所产出的（比如房屋和设备），但许多都是非生产的（比如土壤、矿产和水），而生产和非生产的资产为商品和服务产品进行了投资。

资产存量（包括建筑、自然资源和银行存款）的经济价格和数量都会随着时间而变化。这种改变主要体现在流动上，或者用作物资交换（比如获取房屋和土地资源）或者用作一些流量标记。许多与非生产资产相关的流量（比如找到矿产资源和因火灾损失木材资源），被视作生产范围外的流量，因为资产实际上是非经济单位（公司、居民和政府部门）共同参与的生产过程的成果。

环境存量与流量被看作一个整体。从存量视角来说，自然环境包含了组成生物物理环境的各种生物和非生物成分，也包含了全部各种资源以及它们所处的自然环境。从环境流量视角来说，自然环境是对国民经济中的全部天然投资的主要来源，包含了自然资源投资（矿藏、森林、鱼类、水等）以及对国民经济中所吸收的其余自然资源投资，比如太阳能和风能及其燃烧过程中使用的空气。

针对中心框架中经济和环境计量问题，说明如下。

1. 计量实物流量

实物流量计量的核心，是使用物理单位记录进出经济体的物质和能源流量及经济体内部的实物物质和能源流量。大体而言，用自然投入记录从外部环境进入经济体的流量（例如矿产资源、木材资源、水生生物资源和水资源的流量）。用产品流量记录经济体内的流量（包括固定资产存量的变化量），用残余物记录从经济体进入环境的流量（例如固体废物、空中排放和水回归流量）。如图 7-1 所示。实际流量将记入实物型供应计算汇总表。这些表是在国民账户系统中，按价值数额记录产品数量的价值供应记录表的扩展。

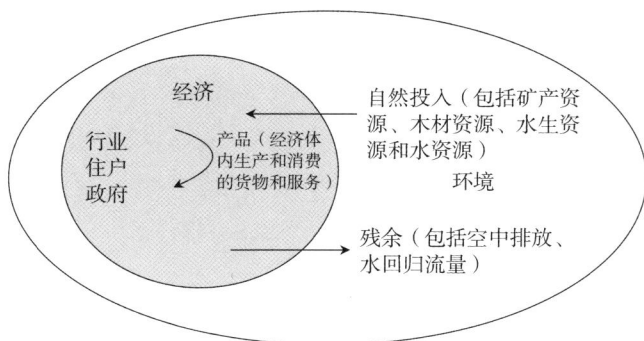

图7-1　自然投入、产品和残余物的实物流量

2. 计量环境资产

环境资产存量的变化对经济体中自然投入的使用有重要影响。SEEA 将环境资产分为实物型和价值型资产账户，这是它的一个重要特点。环境资产可为人类带来经济、社会、生态效益的生物物理环境，包括地球上自然发生的生物和非生物组成部分。尽管它们是自然发生的，但很多环境资产因各种经济活动而产生了不同程度的转变。SEEA 从两个角度看待环境资产。中心框架侧重于为所有经济活动提供物资和空间的各项环境组成成分，包括矿产资源、木材资源、水生生物资源、水资源和土地等，反映出将直接使用的环境资产作为经济的自然投入进而产生的物质收益，忽略了间接使用环境资产而产生的非物质收益（例如固碳释氧、土壤保持、水体净化、增加生物多样性等生态系统服务产生的收益）。各项资产的涵盖范围不进一步扩展至构成上述各种自然和生物资源中已经包含的各项成分。例如，水体中各种微生物和营养元素不被单独视为一项资产。

3. 计量与环境有关的经济活动

SEEA 中心框架不仅记录环境资产与经济、环境之间的流量情况，还记录产生环境服务的设备生产、环境保护管理、环境保护科技研发等涉及环境的经济活动有关的流量。中心框架考虑了征税、补贴、买卖和租赁等环境经济活动，更全面地审视了经济活动的环境目的。国民账户体系的核算框架的功能账户（例如环境保护支出账户）中单独记录和列举了因环境目的而从事的经济活动，以供计量参考（见表 7-1），同时上述环境经济活动交易也被记入经济账户序列和功能账户（例如环境保护支出账户）中。

SEEA 中央框架把关于水资源、矿产、燃料、林木、鱼类、土壤、土地和生态系统、环境污染与废物等方面的信息，集中到了一个独立的监测系统中。SEEA 中央框架由若干不同的账户组成，所有这些账户都是综合的，并将信息汇集到一个连贯的系统中。这是通过将相同的核算概念、结构、规则和原则应用于不同的环境信息集来实现的。由于这些概念与国民账户体系的概念相一致，因此这种环境信息可以与经济信息结合起来。

表7-1　环境和经济核算体系（SEEA）的基本结构

经济指标	经济活动					环境
	生产	国外	最终消费	经济资产		其他非生产自然资产
				生产资产	非生产自然资产	
	1	2	3	4	5	6
1.期初资产存量				期初存量	期初存量	
2.供给	总产出	进口				
3.经济使用	中间投入	出口	最终消费	资本形成		
4.固定资产损耗	固定资产损耗			固定资产损耗		
5.国内生产净值	国内生产净值	净出口	最终消费	资本形成净额		
6.非生产自然资产的使用	生产中使用的非生产自然资产				非生产经济资产耗减	非生产自然资产降级

经济指标	经济活动					环境
	生产	国外	最终消费	经济资产		其他非生产自然资产
				生产资产	非生产自然资产	
	1	2	3	4	5	6
7.非生产自然资源的其他积累					自然资产转为经济资产	自然资产减少
8.绿色国内生产净值	绿色国内生产净值	净出口	最终消费	资本形成净额	非生产经济资产净耗减	自然资产减级与减少
9.持有损益				持有损益	持有损益	
10.资产物量其他变化				其他变化	其他变化	
11.期末资产存量				期末存量	期末存量	

从以上 SEEA 的基本结构可以看出 SEEA 的核算框架是一个在国内生产总值指标的基础上减去资源耗减成本和环境破坏成本，并由此得出国内生态产出的没有打乱的以国内生产总值为总量指标的核算框架，即绿色 GDP。

二、中国绿色GDP核算框架

国家统计局、国家环保总局于 2004 年论证通过了《基于环境的绿色国民经济核算体系框架》和《中国环境经济核算体系框架》两份报告，为我国实施绿色 GDP 核算制度提供理论支撑。

中国绿色 GDP 核算框架将环境成本核算分为自然资源耗减和环境退化两部分，其中环境退化成本包括环境污染损失和生态破坏损失。自然资源耗减成本核算具体包括耕地资源、矿物资源、森林资源、水资源、渔业资源五大类，环境污染损失具体包括水污染、大气污染和固体污染三大类。

国家环保总局和国家统计局联合于 2006 年 9 月 7 日推出了《中国绿色 GDP 核算研究报告 2004》，该报告基于以上我国的绿色 GDP 核算框架进行我国绿色 GDP 的核算，取得了重要的成果。

我国绿色国民经济核算在环境主题包含实物量核算和价值量核算两方面。其中实物量核算，是在国民经济核算框架基础上，运用实物单位（如质量、面积、体积等）建立不同类别的实物量账户，描述与经济活动相对的各类污染物的产生量、排放量、去除量（处理量）等。所谓价值量核算，就是在实物量核算结果的基础上，估算各种环境污染和生态退化造成的货币价值损失。污染治理成本法与污染损失法是计算环境价值量的两种主要方法，分别采用治理成本法和污染经济损失法。主要指各地区的土地污染、水污染、大气污染等的治理成本核算和污染事故造成的经济损失核算。

而在 SEEA 框架中，治理成本法指的是基于成本的估价方法，计算为避免环境污染所支付"防护"的成本,包括环境污染实际治理成本和环境污染虚拟治理成本两大部分。其中,污染实际治理成本是指目前已经投入的治理成本,包括污染治理过程中的设施费、固定资产折旧、药剂费、人工费、电费等运行费用。虚拟治理成本是指按照现行的治理技术和水平全部治理目前排放到环境中的污染物所需要支出的费用。虚拟治理成本不同于环境污染治理投资,可以从 GDP 中扣减,采用治理成本法计算获得当年环境保护支出(运行费用)。在 SEEA 框架中,污染损失法是指基于"损失"的环境价值评估方法。这种方法借助一定的技术手段和污染损失调查,计算环境污染所带来的种种损害,如:对土地价格和人体健康等的影响,采用一定的定价技术,进行环境污染经济损失评估。目前定价方法主要有人力资本法、旅行费用法、支付意愿法等。与治理成本法相比,基于损害的估价方法(污染损失法)体现了污染的危害性,对污染环境价值量和计算更具合理性。通过污染损失法核算的环境退化价值称为环境退化成本,它一般是指在目前的环境治理技术水平下,生产与消费过程中所释放的危害及其对自然环境功能、人类健康、作物生产等所带来的各种经济损失。环境退化成本也被叫作污染损失成本。

第四节　绿色GDP的核算方法

一、SEEA核算方法

SEEA 设置了明确的绿色 GDP 核算路径。SEEA 应视为 SNA 的一个卫星账户,包括三个主要部分,一是扩展的供给使用表,单独纳入实物量数据,或将实物量数据附加到价值量数据之下;二是对 SNA 中具有拓展性的部分进行详细说明;三是扩展 SNA,考虑耗减和退化对 GDP 等宏观经济总量指标的影响。前两个部分可以独立进行,第三个部分是将前两部分整合之后再与 SNA 整合。框架中针对三个重点:物质与能源在经济体系内部、经济与环境之间的实物流量,与环境有关的经济活动和交易,环境资产存量及其变化。核算方法简述如下。

1. 针对实物流量

针对实物流量核算,从方法上看,SEEA 中央框架以 SNA2008 中的价值型供给使用表为基础,在其中增加相关的行或列,即可得到实物型供给使用表,以此记录从环境到经济、经济内部以及从经济到环境的全部实物流量。整个核算的逻辑基础是以下两个恒等式:一是供给使用恒等式,即:产品总供给=产品总使用,具体表现为:国内生产 + 进口 = 中间消耗 + 住户最终消费 + 资本形成总额 + 出口。二是投入产出恒等式,即:进入经济的物质 = 流出经济的物质 + 经济系统的存量净增加,具体表现为:自然投入 + 进口 + 来自国外的残余物 + 从环境回收的残余物 =(流入环境的残余物 + 出口 + 流入国外的残余物)+(资本形成总额 + 受控垃圾填埋场的积累 – 生产资产和受控垃圾填埋场的残余物)。由于实物流量有不同的计量单位，无法直接加总，因此实物流量核算着重于三个子系统——能源、水和物质。

2. 针对环境活动账户和相关流量

针对环境活动账户和相关流量计算，SEEA—2012 中心框架提供了两套信息编制方法——环境保护支出账户（EPEA）和环境货物与服务部门统计（EGSS）。EPEA 从需求方面入手，核算经营主体为环保目的所支出的费用，以环境保护支出表为基础，扩展到环境保护专项服务的生产表、环境保护专项服务的供给使用表、环境保护支出的资金来源表。EGSS 从供给方面入手，将环境产品与服务分为四类：环境专项服务（环境保护与资源管理服务）、单一目的产品（仅能用于环境保护与资源管理的产品）、适用货物（对环境更友好或更清洁的货物）、环境技术（末端治理技术和综合技术），主要计算指标有：各类生产者的各类环境货物与服务产出、增加值、就业、出口、固定资本形成等，尽可能详实地展示了专业生产者、非专业生产者、自给性生产者的环境货物与服务的生产信息。相比较而言，EPEA 由环境保护系列账户组成，核算内容完整，而 EGSS 仅侧重于环境货物与服务的生产。

3. 针对资产账户

资产核算包括实物型和价值型资产账户两种基本形式，实物型账户从期初资产存量到期末资产存量为止，中间记录因采掘、自然生长、发现、巨灾损失或其他因素使存量发生的各种增减变动，价值型资产账户在此基础上还增加了"重估价"项目来重新计算期内因价格变动而发生的环境资产价值的变化。资产账户的动态平衡关系公式表示如下：期初资产存量 + 存量增加 – 存量减少 + 重估价＝期末资产存量。

二、中国绿色GDP核算方法

《中国绿色 GDP 核算研究报告 2004》是第一份综合了全国不同地区和不同行业、部门的环境污染核算结果的报告，是目前国内绿色 GDP 核算研究最新、最具有权威的科学研究结果，标志着中国的绿色 GDP 核算研究取得了阶段性进展。它的问世，是坚持以人为本、落实科学发展观的重要实践。

2004 年的绿色国民经济核算内容由环境实物量核算、环境价值量核算和经环境污染调整的 GDP 核算三部分组成。其中环境实物量核算是利用物理量单位设置了各种层次的实物量账户，具体描述了与环境经济活动相应的各种污染物的生成量、去除量（处理量）、总量变化等，具体分为水污染、大气污染和固体废物实物量核算；环境价值量核算是在实物量核算的基础上，运用治理成本法和污染损失法估算各种污染排放造成的环境退化经济价值。环境实物量核算，是以环境统计数据为依据综合核算了全部口径的主要污染物生成量、减少量和排放量。核算资料比目前的统计数据更为完整，更能完整地反映各种污染物的排放量状况。

采用治理成本法核算虚拟治理成本。虚拟治理成本是指将目前污染在自然环境中的所有污染物，根据现有的处理技术手段和标准水平全部处理所需的费用。根据治理成本法核算，虚拟治理成本的思路是：假定全部污染都进行了处理，则当年的环境污染恶化不会产生，从数值上来看，虚拟治理成本就是对环境污染恶化价值的一个下限核算。

环境退化成本采用污染损失法进行核算。采用一定的定价技术，对环境退化成本是指环境污染所带来的各种损害，如对土地价格、人体健康、生态服务功能等的损害，进行污染经济损失评估。与治理成本法相比，基于损害的估价方法（污染损失法）体现了污染的危害性，对污染环境价值量和计算更具合理性。

绿色国民经济核算（简称绿色 GDP 核算）是一项涵盖了资源与环境核算的系统工程，目前提出的《中国绿色国民经济核算研究报告 2004》仅仅涉及了其中环境核算的部分内容，没有包含资源核算，并不是完整意义上的绿色 GDP 核算，即使是环境核算也是不完全的，主要表现在：一是环境保护投入产出核算、生态破坏损失的实物量核算和价值量核算没有纳入。二是由于污染经济损失的核算领域非常广泛，且由于没有相应数量的反应理论研究和实验资料的支撑，所以有许多污染经济损失并未核算进来，包括：因环境污染而导致的传染和消化系统疾病的患者数量，以及门诊和住院治疗、误工的经济损失；水源污染所带来的新建替代水源成本；严重室内污染所带来的经济损失；臭氧对人类身体健康的危害风险；严重大气污染所带来的林业风险；严重大气污染所带来的卫生和服务支出风险；严重噪声、放射和光热污染所带来的环境经济损失；严重地下水污染风险；严重土壤污染损失风险。

第五节　绿色GDP的核算案例

经过十几年的发展，我国绿色 GDP 核算已经取得了一定成绩，并在很多地方进行应用，下面是我国几个主要地区的绿色 GDP 核算案例。

一、浙江省绿色国民经济核算和污染损失评价研究试点

浙江省 2005 年就参与了国家环保总局和国家统计局开展的绿色国民经济核算和环境污染经济损失调查试点，主要进行环境污染经济损失调查、探索研究调整绿色 GDP 核算方法、进行环境污染及治理成本调查数据分析、进行环境污染实物量核算和价值量核算。但考虑到数据的可得性，浙江试验对象中只选择了在生态环境领域的"三废"问题进行了计算，而并未包括林地、矿产等环境资源价值和生态损害等方面。成果也在一些区域内有所运用，如浙江省委组织部重新制定了党政领导班子和领导干部的综合绩效评估指标，将万元 GDP 重点环境污染排放强度、万元 GDP 能耗及削减量、万元 GDP 建设用地增量、环境质量综合评估等的环保发展指标体系纳入了指标框架。正是这种通过增加领导官员绩效

绿色度的方法，改变了过去片面追求 GDP 增长的思路，形成了绿色 GDP 绩效考核的整体思路。

二、深圳市盐田区的"城市GEP"探索

深圳市也是绿色 GDP2.0 的试点城市之一。在这一过程中，深圳市盐田区提出了"城市生态系统生产总值"的概念。城市 GEP 包括自然资源与环境提供的生态产品和服务价值，以及通过城市管理和对人居环境进行维护和改造所创造的生态价值。深圳市市本级按照 1.0版本和 GEP 两套核算体系并行试点核算，盐田区则单独进行了区级的 GEP 核算。其中盐田区对 GEP 核算进行了创新，通过计算生态资源产生的生态产品和服务，然后对其进行定价，进而计算每项生态资源的生态服务价值，从而对盐田区的水资源、海洋资源、湿地资源、森林资源、人居环境工程资源等生态资源贴上"价格标签"，最后将该地区所有的生态产品与服务价值进行汇总，得到该地区的 GEP。在此基础上，盐田区将 GEP 纳入了规划、政策制定以及最终的考核体系中。比如在《盐田区生态文明建设中长期规划（2013—2020）》中，就将 GEP 作为项目环境影响评价的前提条件，提出了未来 GEP 的发展目标。当前，GEP 的发展标准和工作内容也被列入了全区生态建设文明建设工作考核和部门综合绩效考核之中。目前，盐田区的经验已经在惠州、河北省围场满族蒙古族自治县等地推行。

三、广东省经济生态生产总值核算

为了更加科学、全面的反映经济和生态系统、贯彻落实"绿水金山就是金山银山"理念，生态环境部规划院提出了经济生态生产总值核算指标，并自 2015 年开始，持续开展全国31 省（市、自治区）的经济生态生产总值进行核算。袁梦媛等在全国经济生态生产总值相关研究的基础上，确立适用于广东省省级地域尺度范围的本地化的经济生态生产总值核算框架体系和指标，开展 2016 年和 2020 年广东省 21 个地市的经济生态生产总值核算研究。2020 年，广东省经济生态生产总值为 14.96 万亿元，其中，GDP 为 11.08 万亿元，调节服务价值为 4.1 万亿元，生态退化成本为 0.25 万亿元。与 2016 年相比，2020 年广东省经济生态生产总值增加了 1.59 万亿元，GEEP 和 GDP 实现双增长趋势，环境退化指数降低了 0.5个百分点，表明广东省经济社会发展与生态环境保护协同共进态势。

思考题

1. 我国绿色 GDP 发展历程如何？

2. 我国现在正在开展的自然资源资产评价与绿色 GDP 的区别与联系是什么？

3. 如何在绿色 GDP 评价中纳入低碳经济的内容？

第八章　碳排放及其交易

【学习目标与任务】

1. 熟悉碳排放核算框架与体系；

2. 掌握碳排放核算方法；

3. 掌握碳足迹理论及计算方法；

4. 了解碳税、碳金融相关内容；

5. 掌握碳交易内涵与制度；

6. 熟悉中国及全球碳交易市场。

第一节　碳排放核算框架与体系

碳核算机制是一个拥有承担着不同角色和责任的多元主体的体系。国家和政府的碳排放量宏观核算自上而下推进，而企业的碳排放量的自我测量、地方政府对中央的汇报，及各国向国际社会提交的反馈则自下而上推进。

一、国际碳排放核算体系

国际碳排放核算体系由自上而下的宏观层面核算和自下而上的微观层面核算两部分构成。

自上而下层层分解的碳排放量测算以《IPCC 国家温室气体清单指南》为主流国际标准，将对国家主要五部分碳排放源进行分类：能源、工业过程和产品使用、农业、林业和其他土地利用、废弃物，并分别再构建子目录，将排放源都包括进来，其核算方法包括排放因子法和质量平衡法。

自下而上的碳排放核算通过对产品、企业或项目碳足迹的核算，了解包括企业、组织和消费者在内的各类微观主体在生产、消费过程中的温室气体排放情况，进而可以汇总得到一定区域内的碳排放总量。该种核算方式主要包括三种方法：一是基于产品的核算：主要是以 PAS2050 标准为代表，采用产品生命周期的方法计算"碳足迹"。二是基于企业／组织的核算：《温室气体协议：企业核算和报告准则》是目前较为公认且运用得比较广泛的企业温室气体排放情况核算的方法指导，基于企业／组织的碳排放核算主要参考该指南，运用排放因子法来计算。三是基于项目的核算：重点在于确定基准线排放。该方法在自下而上的测算中使用最为广泛的标准主要包括《京都议定书》中的清洁发展机制（CDM）、WRI 和 WBCSD 制定的"项目核算 GHG 协议"以及国际标准组织（ISO）发布的国际温室气体排放核算、验证标准——ISO 14064。这些标准及指引是为了确保公开报告数据及结果的一致性，由非政府组织出具的，鼓励国家、城市、社区及企业等主体将核算结果向上级汇报和相互的沟通。

二、中国碳排放核算体系

我国的碳核算体系目前仍未统一建立，国家发改委等已将建立统一规范的碳排放统计核算体系列为了重点工作。在现行发展阶段，我国的碳核算体系主要包括政府主体和市场主体两部分，在以政府为主体的核算中涵盖了社区层面、城市层面、省级层面、国家层面和部门层面。在市场主导的核算中涵盖了产品层面、项目层面、企业层面、行业层面、金融层面。

1. 省级层面

国家发改委于 2011 年 5 月发布了《省级温室气体编制清单指南（试行）》（以下简称《省指南》）。《省指南》结合我国实际情况提供了不同的层级方法和可供选用的缺省值，以及针对跨省电力调度引起的碳排放问题提供了基于调入（出）电量的碳排放因子，与《IPCC 指南》相比，更符合我国国情，更具有应用性。

2. 城市层面

在《省指南》的要求、低碳示范城市建设需求等因素影响下，全国温室气体清单编制工作逐步细化，诸多省份均开启了各市（区）温室气体清单编制工作。在具体工作中，我国城市层面的温室气体清单编制主要依据《省指南》《IPCC 指南》及发改委发布的 24 个《行业企业温室气体排放核算方法与报告指南》（以下简称《行业指南》）等。除此之外，也有相应的国际标准可以参考，例如《温室气体议定书》（GHG Protocol）系列标准。2013 年 9 月，世界资源研究所（WRI）联合中国社会科学院城市发展与环境研究所、世界自然基金会（WWF）和可持续发展社区协会（ISC），针对中国城市开发了"城市温室气体核算工具（测试版 1.0）"（以下简称"工具"）。工具将城市温室气体核算分为六个步骤，即确定核算边界、确定核算和报告的排放源、确定计算方法、收集数据、计算温室气体排放和报告温室气体排放。

3. 社区层面

由于设备的限制，社区碳排放核算主要也是基于排放因子法计算，一般来说以社区地理边界为核算边界。而社区所产生的碳排放一般来说是因为生活活动消耗能源，其碳排放活动种类主要可分为两大类：以化石燃料燃烧和移动源燃烧（如交通）为主的直接碳排放活动和以电力消耗、热力消耗为主的间接碳排放活动。GHG Protocol 于 2012 年发布的《社区温室气体排放全球议定书》(GPC)为社区层面碳排放方法的主要参考。

4. 部门层面

从各部门在控制碳排放的作用来看，发改委在碳达峰、碳中和目标推进中起统领性安排和总体性布局作用，能源和工业领域部门是政策主体和重点，而金融、科技、生态部门是三大辅助领域。结合《省指南》，碳核算同样也需要多部门的协同推进，包括负责能源活动、工业生产过程、农业、土地利用变化和林业、废弃物处理等的各部门。此外，在能源利用方面，除排放因子法外还有部门法。部门法是一种以各个经济部门的活动为核算对象，按照部门、燃料品种、主要设备分别进行温室气体排放核算的方法，以某个经济部门在一定时间段内不同品种燃料消耗，乘以燃料低位热值、单位热值碳含量及氧化率三个参数，加总各部门碳排放量后即得到经济活动中能源利用产生的温室气体排放总量。这种方法的使用前提是有足够大、足够具体的数据量，但准确度更高。

5. 金融层面

《金融业温室气体核算与报告指南》(以下简称《金融业指南》)是碳核算金融联盟(PCAF)基于 GHG Protocol 制定的，为金融机构提供详细的方法来对与六类资产相关的温室气体排放进行核算和披露的技术指南。其中对于金融机构，要求核算和披露投融资客户的直接排放(范围 1)和间接排放(范围 2)；对于范围 3(如供应商)的排放，《金融业指南》采取分阶段纳入行业的做法，具体来说，2021 年首批被纳入核算的行业包括石油、天然气和采矿业；2024 年覆盖的行业将扩展到交通运输业、建筑业、材料和工业生产；2026 年之后将覆盖全部行业。

6. 行业层面

国家发改委从 2013 年 11 月到 2015 年 11 月先后发布了 24 个行业的《企业温室气体排放核算方法与报告指南(试行)》(以下简称《企业指南》)。《企业指南》覆盖了高碳排的全部重点行业，既规范了企业与核查机构碳排放数据核算，又确保了碳市场基础数据的准确性。2017 年 12 月，发改委又印发了《关于做好 2016、2017 年度碳排放报告与核查及排放监测计划制定工作的通知》，明确了纳入的覆盖行业及代码，涵盖石化、化工等八大行业。其中，纳入的企业范围为 2013—2017 年任意一年温室气体排放量达 2.6 万吨二氧化碳当量及以上的自备电厂。各省级政府近年来也在国家发改委文件的指导下逐级细化行业碳排放报告指南文件。

7. 企业层面

根据 ISO 14064-1 在组织层次上对温室气体排放和移除的量化和报告的指导、GHG Protocol 的《公司标准》对于企业在温室气体计算、汇报、核查、目标设计等方面制定的统一标准，以及《企业温室气体排放核算方法与报告指南(试行)》等国内规范的指导，企业可以依靠排放因子法、质量平衡法或实测法进行相关的碳排放的核算与汇报。但如果企业想要取得碳排放权交易资格，还需要通过我国碳排放监测、报告与核查体系（MRV）下第三方机构的核查。

针对企业，国家标准《工业企业温室气体排放核算和报告通则》（GB/T 32150—2015）在 2016 年 6 月 1 日全部代替标准《工业企业温室气体排放核算和报告通则》（GB/T 15496—2003）开展实施；从 2019 年起，生态环境部又发布了《20201771-T-303 温室气体排放核算与报告要求》，其第 1 部分"发电企业"中，将碳排放计算企业覆盖范围延伸到了种植业企业和畜禽规模养殖企业，由此碳排放的核算与报告要求文件升级为了国家层面的标准计划。2017 年，国家发改委为了规范组织温室气体排放的核查工作，出台了《全国碳排放权交易第三方核查参考指南》，并由国家认证认可监督管理委员会在 ISO 14064 的基础上，发布了行业标准《组织温室气体排放核查通用规范》，用于第三方机构的碳排放核算。2021 年，由于《全国碳排放权交易配额总量设定与分配实施方案（发电行业）》的实施，国内发电行业企业有了国家级的文件指导和实施标准，进入全国碳市场体系下的核算核查和交易履约阶段；重点排放单位若属于发电行业以外的其他行业，其核算报告及交易履约，将继续根据所在试点省市发布的原管理办法执行。

8. 项目层面

《京都议定书》中的清洁发展机制（CDM）是基于项目核算最著名的标准。CDM 的核心是 GHG 项目中经证明的减排量（CER）的获取，因为根据 CDM，发达国家可用从发展中国家实施的温室气体减排或吸收项目中取得的 CER 来抵消一部分其在《京都议定书》中许诺承担的减排量，而 CER 的获取依赖于对项目的 GHG 减排量的核算，这就需要 GHG Protocol 系列标准中的"项目核算 GHG 协议"的指导。除此之外，2006 年国际标准组织（ISO）发布的 ISO 14064 中，也明确了项目层面温室气体排放核算、验证标准，该标准由三部分组成：第一部分的功能与"企业核算 GHG 协议"相似，是为了指导企业和组织对碳排放、消除量进行量化和汇报的规范；第二部分类似于"项目核算 GHG 协议"，着重讨论旨在减少 GHG 排放量或加快温室气体清除速度的 GHG 项目，它包括确定项目基准线和与基准线相关的监测、量化和报告项目绩效的原则和要求；第三部分着重讨论了实际验证过程，这使第三部分可用于指导独立的第三方机构进行 GHG 报告验证及索赔。

9. 产品层面

全球第一部产品碳足迹标准是由碳信托（Carbon Trust）和英国环境、食品和农村事务部（DEFRA）联合牵头，英国标准协会（BSI）于 2008 年发布的《PAS2050 标准》。PAS2050 通过对产品或服务的全生命周期（从原材料生产、运输，到产品生产、消费、使用、回收）过程中温室气体排放的核算，并根据各种温室气体的全球暖化潜力（GWP）折算成 CO_2 当量，来反映产品或服务的碳足迹及其对气候变化的影响。2012 年，国际标准组织

ISO 颁布的产品碳足迹核算标准 ISO 14067，是继 ISO 14040/44、PAS2050 和 Product carbon footprint protocol 后，全球第一个面向市场的共识性框架文件，用于指导使用生命周期评估方法进行的产品碳足迹的量化以及对外交流。ISO 14067 的颁布是建立在现有国际标准的基础上的，如生命周期评价（ISO 14040 和 ISO 14044）、环境标志和声明（ISO 14020、ISO 14024 和 ISO 14025）等。

第二节　碳排放核算方法

对于碳排放量的测算，现在仍未能建立统一的规范。目前，应用范围较广泛且同时具有宏观和微观特征的碳排放量核算方式有排放因子法、质量平衡法和实测法三类。

一、排放因子法

排放因子法是在学术研究中适用范围最广、应用最为普遍的一种碳核算办法，即把煤、石油、天然气等化石能源按一定的碳排放系数转换成为标准煤的形式进行计算。但在实施过程中，各个机构和学者对碳排放系数确定的标准各不相同，其中影响较大的有政府间气候变化专门委员会（IPCC）、美国能源部 / 能源情报局（DOE/EIA）、美国橡树岭国家实验室（ORNL）、日本能源研究所；我国国家科委气候变化项目、国家发改委能源研究所等。除此之外，还有划分为原煤、洗精煤、汽油、煤油、柴油、液化石油气、天然气等小类，每个类别都分别有其对应的折算系数。

其中，由 IPCC 提出的排放因子法得到了最为广泛的应用。其基本思路是按照碳排放清单列表，把每一种排放源都赋予其活动数据与排放因子，然后将活动数据和排放因子相乘得到该排放项目的碳排放量估算值：

$$Emissions = AD \times EF \qquad\qquad (8-1)$$

式中，Emissions 为温室气体排放量（如二氧化碳、甲烷等）；AD 为活动数据，即温室气体排放源用于与温室气体排放直接相关活动的投入数量，如石油等化石燃料的使用量、石灰石原料的使用量、消耗的电量和蒸汽量等；EF 为排放因子，即某种温室气体排放源单位使用量所产生的温室气体数量。EF 既可以采用各研究权威机构给出的系数，也可以基于代表性的测量数据来推算。但在实际工作中，碳排放核算结果往往会出现误差，这主要是由于地区能源品质差异、能源利用率不同、机器燃烧效率不同等原因，各类能源消费数据及碳排放因子的确定容易出现较大偏差。

二、质量平衡法

质量平衡法（Mass-Balance Approach）是近年来提出的一种新方法。该方法通过计算每年为满足用于国家生产生活的新化学物质和设备或替换去除气体而消耗的新化学物质份额，得到能够反映碳排放发生地的实际排放量。这种方法不仅能够区分同种类新老设施和不同种类设施之间的差异，还可以识别单个和部分设备之间的差异；尤其在年际间设备不断更新的情况下，该种方法更加简便。

三、实测法

实测法（Experiment Approach）根据排放源的现场实测基础数据，加以统计汇合从而得出相关碳排放量。这种方法中间环节少，结果相对准确，但数据收集比较困难，需要投入大量的人力物力。实践中多是将现场采集的样品送到相关检测机构，通过特定的测试仪器与技术手段进行定量分析，因此这种方法还受到样品采集与处理过程中的样品代表性、测定精度等因素的影响。

实测法是碳排放总量动态监测可视化核算法。我国试点的碳排放统计核算实测法，一般是在烟气排放连续监测系统（CEMS）中搭载碳排放监测模块，通过连续监测浓度和流速直接测量二氧化碳排放量。2018 年国家出台的《发电企业碳排放权交易技术指南》的文件中已经把在线监测法和物料衡算法两种方法都写入标准，用 CEMS 在线监测法可以为发电企业开展碳排放的统计核算。我国的火电厂基本已安装了 CEMS，已具备使用 CEMS 对二氧化碳排放量进行监测的基础。2021 年 5 月 27 日，国内首个率先应用实测法对碳排放进行实时在线监测核算的电力行业碳排放精准计量系统投入使用，该系统通过实时监测火电企业发电过程中排放烟气的流速、湿度、二氧化碳浓度等数据，实现对火电企业生产全过程中二氧化碳排放情况的"精准画像"，其数据采集精确到每秒，每天采集数据超过上千万条，完成计算比对约 50 万次，确保了监测数据的实时性、连续性和准确性，再通过关键参数的分析校验，精准计算碳排放量，构建了碳排放计量实测与核算模型。

三种核算方法的比较见表 8-1。

表8-1　三种核算方法比较

类型	优点	缺点	使用尺度	适用对象
排放因子法	简单明确易于理解；有成熟的核算公式和活动数据、排放因子数据库；有大量应用实例参考	对排放系统自身发生变化时的处理能力较质量平衡法要差	宏观、中观、微观	社会经济排放源变化较稳定，自然排放源不是很复杂或者忽略其内部复杂性的情况
质量平衡法	明确区分各类设施设备和自然排放源之间的差异	需要纳入考虑范围内的排放中间过程较多，容易出现系统误差，数据获取困难且不具权威性	宏观、中观	社会经济发展迅速、排放设备更换频繁、自然排放源复杂的情况
实测法	中间环节少；结果准确	数据获取相对困难，投入较大，受到样品采集与处理流程的样品代表性、测定精度等因素干扰	微观	小区域、简单生产链的碳排放源，或小区域、有能力获取一手监测数据的自然排放源

第三节　碳足迹理论及计算方法

一、碳足迹的概念

"碳足迹"的概念缘起于"生态足迹",指在人类社会经济活动中排放的温室气体总量,与其他碳排放研究不同的是,碳足迹是从生命周期的角度出发,分析产品从原材料到生产、消费、回收利用的整个生命周期中直接和间接相关的碳排放量,破除"有烟囱才有污染"的观念。但对于"碳足迹"的准确定义,不同的学术组织和国家有着不同的理解和认识,目前还没有公认的说法。而我国的学者目前对于碳足迹主要定义为:碳足迹是某一产品或服务系统在其全生命周期内的碳排放总量,或活动主体(包括个人、组织、部门等)在某一活动过程中直接和间接的碳排放总量,以 CO_2 等价物来表示。

目前存在许多不同的碳足迹分类方式。如根据不同的研究对象,碳足迹可分为个人碳足迹、部门碳足迹、产品碳足迹和企业碳足迹等;按照研究尺度不同碳足迹可分为国家碳足迹、区域碳足迹和家庭碳足迹;按照计算边界和范围不同碳足迹又可分为直接碳足迹和间接碳足迹。此外,也可以按部门不同将碳足迹分为能源部门碳足迹、工业过程和产品使用部门碳足迹、农林和土地利用变化部门碳足迹、废弃物部门碳足迹等。

二、碳足迹的计算

碳足迹的计算方法因研究对象和尺度差异较大,目前应用较为广泛的主要是两种:生命周期评价法(LCA)和投入产出法(I-O)。

生命周期评价法(LCA)是评估一个产品、服务或活动在其从"摇篮"到"坟墓"的整个生命周期内所有投入及产出对环境造成的和潜在的影响的方法。LCA 法是一种自上而下的方法,适合于微观层面碳足迹的计算。LCA 法已经纳入 ISO 14000 环境管理体系,包括四个步骤:目的与范围的确定、清单分析、影响评价和结果解释。目前其在碳排放核算方面的应用主要集中于产品或服务的碳足迹计算。采用生命周期评价法核算碳足迹时需要考虑方法和数据两方面的不确定性。首先应选择合适的核算方法,包括建模方法的选择,资本商品的处理以及土地利用变化的处理等,它们会对最终结果产生显著影响。其次,应考虑到数据的准确性、代表性、一致性、可再现性等,数据质量应达到 ISO 14044 及 PAS2050 的标准。生命周期评价法也存在一定缺点:一是核算边界的划定较为主观,容易造成边界的截断;二是由于所需数据量较大,在数据收集和处理过程中需要投入的人力物力成本较高。

投入产出法(I-O):利用投入产出表进行计算,通过平衡方程反映初始投入、中间投入、总投入,中间产品、最终产品、总产出之间的关系,反映其中各个流量之间的来源与去向,也反映了各个生产活动、经济主体之间的相互依存关系。结合各部门的温室气体排放数据后，投入产出分析法可用于计算各部门为终端用户生产产品或提供服务而在整个生产链上引起的温室气体排放量。计算公式如下：

$$B = b \cdot (I-A)^{-1} \cdot Y \qquad (8-2)$$

式（8-2）中：B 为各部门为满足最终需求 Y 而引起的温室气体排放量，包括直接排放和间接排放；b 为直接排放系数矩阵，其元素代表某部门每单位货币产出直接排放的温室气体量；I 为单位矩阵；A 为直接消耗系数矩阵；Y 为最终需求向量。投入产出分析法是自上而下计算碳足迹的一种方法，以整个经济系统为边界，具有综合性和鲁棒性，且核算碳足迹所需的人力、物力资源较少，适用于宏观系统的分析。它能够综合反映经济系统内各部门直接和间接的碳排放关系，克服因部门间生产关系复杂而导致的重复或遗漏计算问题，减少了系统边界划定带来的不确定性，相比 LCA 法具有更高的经济性优势。当然，投入产出法应用于碳足迹核算时也存在一些局限性。首先，编制投入产出表需要耗费大量的时间和精力，具有明显的滞后性。其次，能源消费数据与投入产出表中的部门聚集方式可能存在不同，导致碳足迹核算结果存在一定误差，部门聚集也使相应的碳排放因子精度存在不足。最后，基于投入产出法的碳足迹核算只能应用到部门或区域层面，在微观层面存在较大障碍。

第四节　碳税

一、碳税的定义与内涵

碳税是为了解决人类生产生活对环境的负外部性问题，以含碳燃料（如煤炭、汽油、柴油）为征税对象，向化石燃料生产者或使用者征收，或者直接对二氧化碳或其他温室气体排放量征收的一种环境税。碳税制度降碳设计的核心是要求碳税所覆盖的企业按照政府规定的税率缴纳碳税支付碳排放成本，从而实现在价格上对企业排放温室气体的行为进行约束和控制。而这一点上，与基于总量控制的碳交易制度不同。碳交易的降碳逻辑是通过每年设置总量固定的碳交易权，并逐年降低排放总量上限来达到减排目标；而碳税机制则不设置排放总量上限，通过价格干预逐步引导经济主体通过使用清洁能源、提高能源利用率、促进碳回收利用、发展新技术等措施优化生产经营行为，从而实现减排目标。

具体而言，碳税将提高燃烧化石燃料和由此产生的任何商品或服务的价格。能源价格上涨将提高工业和家庭的成本，导致利润、工资和消费下降。相反，减少碳消耗将降低气候变化和空气污染的实际成本。因此，与碳交易相比，碳税提供了更高水平的成本确定性，为避免纳税，企业和消费者将采取措施，例如转换燃料或采用新技术，以减少排放。碳税的影响因经济体而异，这取决于能源价格变化的程度以及对区域能源生产和消费模式的影响。显然，碳税将更多地落在碳密集型产业的工作者和投资者身上，以及严重依赖碳密集型燃料（尤其是煤炭）的地区。

目前，温室气体税有两大种形式：基于实体产生的排放量的排放税，以及对温室气体密集型的商品或服务征税，例如对汽油征收碳税。国际上碳税政策模式主要分为两种：一是单一碳税政策，即在碳减排工具中仅选择碳税，如芬兰等北欧国家初期的碳税制度和英国的气候变化税（CCL）；二是欧盟较为普遍的复合碳税政策，即碳税与碳交易等其他碳定价机制并行。在已经开征碳税的国家/地区中，碳税并非完全作为一个独立税种存在，而是作为该国/地区加强环境保护和节能减排税收体系中的一部分。芬兰、瑞典等北欧国家将碳税作为消费税、能源税或燃料税的一部分；丹麦和斯洛文尼亚等国家，碳税作为环境税的一部分存在；大部分参与欧盟碳排放权交易体系 EUETS 的欧洲国家将碳税作为该体系的补充机制。

二、影响碳税制定的因素

碳税制定者必须考虑一系列设计选择，即影响因素，具体包括以下六点。

1. 征税范围

碳税的范围取决于所涵盖的物质。例如，可以依化石燃料的二氧化碳含量征收碳税。

2. 征税点

碳税可以在能源供应链的任何一点征收。最简单的方法是在"上游"征税，其中最少的实体（例如，煤炭供应商，天然气加工设施和炼油厂）将受到税收的约束。或者，税收可以征收"中游"（电力公用事业）或"下游"（能源使用行业、家庭或车辆）。

3. 税收和升级率

经济理论认为，碳税应与碳的社会成本相等，碳成本是今天额外排放的二氧化碳造成的环境损害随时间推移的估计值。税率也应该随着时间的推移而上升，以反映气候变化对预期日益严重的损害。随着时间的推移，价格上涨也向排放国发出了一个信号，即他们需要做更多的事情，并且他们对更激进的技术投资在经济上是合理的。碳税的挑战之一是预测特定税率带来的减排水平。

4. 分配影响

低收入家庭比高收入家庭将收入的更大份额用于能源。因此，增加能源成本的碳价格可能对低收入个人产生更大的影响。将碳税收入的一定比例用于低收入家庭，以补偿增加的能源成本，有助于确保税收不会对穷人产生不成比例的影响。同时，碳税的分配影响将取决于企业在多大程度上可以将更高的能源成本转移给客户。如果对商品的需求对价格变化的"弹性"（即反应较少）低于商品供应，那么消费者将比投资者和工作者承担更多的碳税负担。

5. 竞争力

如果没有保护当地生产的规定，碳价格可能会使国内能源密集型、贸易暴露行业（EITE），如化学品、水泥/混凝土和钢铁，在与没有同等价格的国际竞争对手竞争中处于劣势。需求向这些国家的转移可能导致从一个国家到另一个国家的"排放泄漏"，从而产生不利影响。所有现有的碳定价计划都包括解决竞争力问题的机制，例如基于历史排放量的分配、基于产出的分配。人们越来越关注碳边界调整，将其作为解决排放泄漏和激励减排的首选方法。

6. 收入

碳税可以增加可观的收入。如何使用这笔收入取决于政治、社会和经济因素，但最终将是一个政治选择。部分或全部可以以股息的形式返还给消费者。或者，它可以再投资于气候目的，例如推进低碳技术或建立复原力。经济研究表明，利用收入来减少现有的劳动力和资本税（也称为税收互换）可以最大限度地降低经济成本，并可能带来净经济效益。将碳税按人均收入返还给家庭将使政策渐进，因为低收入家庭将因较高的能源成本而得到更多的补偿，而高收入家庭将支付净税。利用收入增加转移支付，减少低收入家庭的社会保障缴款，或补偿碳密集型行业的工作者，也将减轻碳税的累退影响。碳税的收入也可用于资助削减阻碍增长的现有税收。收入还可用于减少个人所得税，减少未来赤字。

第五节　碳金融

一、碳金融概念

碳金融并无公认的定义，世界银行碳金融部门（World Bank Carbon Finance Unit）在2006年碳金融发展年度报告中基于《京都议定书》界定了碳金融的含义，即"以购买减排量的方式为产生或者能够产生温室气体减排量的项目提供的资源"。亚历山大·科西（Alexandre Kossoy）将碳金融定义为：适用于购买温室气体减排量以抵消经合组织国家排放的融资的总称。国内相关研究多将其定义为服务于限制温室气体排放等技术和项目的直接投融资、碳权交易和银行贷款等金融活动。

二、碳金融特性及风险

1. 碳金融的特性

与其他金融活动相比，碳金融具有以下四个特性。

（1）公益性。碳金融市场的功能是为了维护气候公共利益，而非追求经济效益。

（2）专业性。要求碳金融从事机构和个人不仅要掌握传统金融知识，还需要具有包括碳排放配额总量目标的确定、配额的初始分配与管理，以及温室气体排放的监测、汇报、核查等在内的相关专业知识和资质。

（3）跨行业性。参与碳金融市场的主体十分广泛，涉及政府部门、排放企业（单位）、交易机构、核查机构、监测机构及其他组织和个人。碳金融产品类型十分全面及多元，包括碳现货、碳期货、碳期权、碳保险、碳证券、碳合约、碳基金、碳排放配额和信用等，基本涵盖了全部的金融产品类型。

（4）国家干预性。碳金融市场自创建到运行需要国家干预，具体表现在以下四个方面：政府在其运行过程中发挥重要的宏观调控作用；碳金融初级市场的产品，排放配额和信用由政府界定并分配；核心主体，纳入企业由政府确定；服务主体、咨询机构、核查机构由政府认定并授予资格。

2. 碳金融的风险

碳金融主要风险表现在四个方面：政治风险、政策风险、市场风险和投资风险。

（1）政治风险。因为各国之间存在的政治利益冲突和国家内部的政局动荡，碳金融市场存在着流动性危机，进而在较长一段时间影响碳交易权分配、监管、资源的合理安排和使用、国际及国家碳金融市场的稳定性。

（2）政策风险。碳金融作为一种可以交易的具有经济价值的资源，其市场稀缺性和价值性由国际及本国的政策决定，因此政策对碳金融市场的运作至关重要。而且，由于碳金融投资交易程序和作用机理复杂、影响范围广、运作周期长、参与交易过程的国家及企业众多，每一环节政策的改变均会对其他环节造成一定影响，进而影响投资参与者的投资回报率和市场信心。

（3）市场风险。目前的碳金融结构比较简单，产品种类还处在不断丰富的过程，其风险防控体系很难自如应对市场经济的瞬息变化，不但面临成本过高的风险，而且可能导致碳价的反常波动，降低企业应急的灵活性和资本流动性。

（4）投资风险。由于市场交易各方对复杂的碳金融市场的具体规则可能出现盲区，从而导致对投资者的潜在风险增加。除此之外，碳市场中存在的信息不对称问题也会导致碳金融市场的价格扭曲，从而增加了投资的风险。

三、碳金融功能

碳金融能够在短时间内成长起来，主要因为其具有以下四个功能：一是减排的成本收益转化功能；二是能源链转型的资金融通功能；三是气候风险管理和转移功能；四是国际贸易投资促进功能。

1. 减排的成本收益转化功能

由于碳市场规模的不断扩大和碳货币化程度的提高，碳排放权逐渐发展为一种具有流动性的金融资产。而在碳市场机制中，碳排放权带有商品属性，其价格信号功能促使经营主体将碳排放成本视为投资决策的一个关键因素。基于此，科学高效的碳资产管理将成为促进经营主体经济发展中碳成本向碳收益转化、增加经营主体利益的有效手段。

2. 能源转型的融资功能

项目融资、风险投资和私募基金等融资方式具有动员金融资源、促进能源可持续发展的能力，也有利于改变对化石燃料的依赖，增加对减排目标约束的适应能力，并促进国家能源结构从高碳能源为主逐步向低碳能源为主转型。

3. 气候风险管理和转移功能

能源产业可以利用天气期权等衍生品来规避价格波动风险。农业通过天气指数及相关的保险产品，把风险转移给吸纳能力强的交易者。风险债券可以发挥资本市场对灾害损失的经济补偿和分担功能，从保险业向资本市场转移。

4. 国际贸易投资促进功能

碳交易，特别是清洁发展机制使得发达国家在降低减排成本的同时，也促进其资金和技术向发展中国家转移，使发展中国家能够在资金、技术不足的情况下也能减少温室气体排放，同时也为国际贸易资本和技术转移提供了便利。

四、碳金融制度

碳金融制度可分为法律制度与市场制度两个方面。

1. 碳金融法律制度

碳金融法律制度主要包括四个方面：环境保护法律制度、碳排放配额初始分配法律制度、碳金融交易法律制度和碳金融监管法律制度。其中，环境保护法中的降碳协同控制是规制碳金融的根源；碳排放配额初始分配是碳金融的基础；碳金融交易法律制度是碳金融的重要支撑，本质在于金融交易合同制度，通过不断的市场交易实现资金融通，为碳金融交易提供源源不断的资金供给；碳金融监管法律制度是碳金融的重要保障，通过建立配额的注册登记系统来追踪交易配额的具体流转来保证市场交易的安全，通过对配额交易市场进行法律监管，依靠市场准入、防范市场滥用行为、交易信息披露、交易所运营监督等制度来维护正常的交易和竞争秩序，保证市场交易的合法性。

2. 碳金融市场制度

碳金融市场制度主要包括三个方面：碳金融市场参与主体、碳金融产品和碳金融市场层次结构。

碳金融市场参与主体是碳金融市场制度的核心，明确各方参与主体在碳金融市场中的作用是碳金融市场的安全稳定运行的基础。碳金融市场包括交易双方、第三方中介、第四方平台和监管部门四类主要参与主体，通过碳金融市场参与主体的相互作用，充分发挥碳金融的价值发现功能，进而形成碳定价机制，稳定市场预期。

碳金融产品是碳金融市场制度的重要组成部分，通过开发新的碳金融产品，能够开启更多的资金流通渠道，为碳金融市场制度的持续运行提供有力支撑。碳金融市场就是金融化的碳市场。从产品谱系上看，碳金融产品也主要是主流金融产品在碳市场的映射，同样可以分为交易工具、融资工具和支持工具三大类。针对交易工具，除碳资产类的碳现货外，碳交易工具还包括碳元期、碳期货、碳掉期、碳期权以及碳资产证券化和指数化的碳交易产品。交易工具的丰富，对盘活碳现货和期货市场，推动碳金融市场流动性起到积极影响，也为投资者对冲价格波动风险，实现套期保值。融资工具是帮助经营主体拓宽融资渠道，实现碳资产估值和变现的途径。主要的碳融资工具包括碳质押、碳回购、碳托管三类。碳支持工具及相关服务主要包括碳指数和碳保险等，能够为经营主体了解碳市场趋势提供风向标，同时为管理碳资产提供风险管理工具和市场增信手段。

碳金融市场层次结构为碳金融市场制度提供体系支撑，碳金融市场的自律规范制度与宏观审慎监管制度相辅相成，为碳金融市场的系统化运作提供有力保障。碳金融市场的层次结构可以分为宏观框架和微观结构两个层面。宏观层面主要指由政府政策控制和规范下的碳交易体系；微观层面具体包括二级交易市场、融资服务市场和支持服务市场，其中二级交易市场是核心，分为场内交易和场外交易；宏观框架和微观结构的过渡衔接部分，则是一级市场。总体来看，我国目前尚在建立初级阶段的碳金融市场的层级结构已经具有了体系化雏形，并经宏观和微观层面的市场运作为碳金融法律制度的建立与健全做好了经济上的准备。

第六节　碳交易内涵与制度

一、碳交易的概念与市场履约机制

由于全球气候变暖现象越来越明显，环境问题逐渐成为全人类关注的焦点，将全世界平均温度上升范围控制在超出工业化前水平的 2℃ 以内成为各国共同努力的方向。1992 年6 月在巴西里约热内卢举行的联合国环境与发展大会上，150 多个国家共同制定的《联合国气候变化框架公约》（简称《框架公约》），是国际社会在应对全球气候变化问题上进行国际合作的第一个基本框架。《框架公约》首次提出了碳交易的概念，是指国家、地区或企业通过合法途径从政府、国际组织或碳排放交易机构获得被允许排放生产过程产生的污染物的权利。

《框架公约》缔约国第三次会议 1997 年在日本东京举行，该会议通过了《京都议定书》作为《框架公约》的增补条款，并建立了三个以减排温室气体为目标的国际合作机制——国际排放权交易（IET）、联合实施机制（JI）以及清洁发展机制（CDM）。《框架公约》和《京都议定书》为国际碳交易市场制度的形成奠定了制度基础。

国际排放交易机制是指一个未能完成减排义务的发达国家以贸易的形式从超额完成减

排义务指标的发达国家那里购买碳排放额度，并同时由后者从其在《京都议定书》中承诺的排放限额（AAU）上扣减相应转让额度的国际碳减排交易规则。

联合履行机制（JI）是指发达国家之间通过项目级的协作，其所实现的减排单位（ERU）可以转让给另一发达国家缔约方，同时在转让方的允许排放限额（AAU）上扣减相应的额度。联合履行机制适用于已有上限的发达国家。该机制使政府能够更好地"交易"根据《京都议定书》分配给他们的排放权。联合履行机制的项目主要包括：可再生能源项目，如风能、水电、生物质能；能源效率改进的项目；帮助供应方能源效率提高的项目；燃料转换项目；减少工业排放；煤矿、垃圾填埋场和工业废水中的甲烷捕获和再利用；植树造林。

清洁发展机制（CDM）是指发达国家（附件一国家）与发展中国家（非附件一国家）开展项目级合作，通过提供资金和清洁技术使发展中国家低碳排放甚至实现无碳排放，获得"经核证的减排量"（CER），从而实现发达国家在议定书下的减排承诺。CDM中的合作项目创造了发达国家可以购买和利用信用额度来履行其减排义务的机制，也奠定了发展中国家的碳交易市场形成的基础，实现了由基金机制向交易机制、由罚款机制向价格机制、由司法机制向市场机制的转变。但由于其规模有限，尽管CDM在促进发展中国家的低碳投资方面起到了一定的作用，也很难实现创造全球碳价的目标。

二、碳交易市场

鉴于以上三种机制，碳排放权以碳产品或碳资产的形式存在，通过制度强制性约束二氧化碳等温室气体的排放行为，在赋权基础上使其成为具有商品特征的产品，同时因其稀缺性、价值性等特征，碳交易的市场前提得以形成。

碳市场是碳交易的市场，是由政府通过控制能耗企业的排放而人为创造的市场，可分为强制交易市场和自愿交易市场。前者指由国家或地区政府法律明确规定温室气体排放总量，并据此确定纳入减排规划中各企业的具体排放量；后者指企业通过内部协议，相互约定温室气体排放量，并通过配额交易调节余缺。同时，碳市场还需要配备完整的监测核实体系。经过数年试点碳市场，目前我国已初步建立了企业碳排放核查（MRV）体系和"配额清缴（CEA）+自愿减排量（CCER）"的交易体系。

碳交易市场通常情况下，政府设定一个碳排放总额，并根据一定规则将碳排放配额分配至企业。当企业减排成本低于碳交易市场价时，企业会选择减排，通过卖出减排产生的份额进而获得盈利；当减排成本高于碳市场价时，企业会选择在碳市场上向拥有配额的政府、企业或其他市场主体进行购买，使涉及的所有市场主体的碳排放总额不超过政府规定，若其实际排放量高于其规定的排放限额和购买的配额之和，企业将会面临高价罚款。配额分配的方式有两种：免费分配和有偿分配。免费分配即配额以无偿的方式分给企业，常用的免费分配的方法包括祖父法（Grandfathering）和基准分配法（Benchmarking）。祖父法也称历史法，即将更多的配额分配给过去减排工作做得不够好的企业；基准分配法是根据一定的基准发放配额。历史法经常会出现的问题是"鼓励落后"，基准分配法"鼓励先进"，但对于基准的设计和数据的科学性和准确性要求很高。配额的有偿分配分为拍卖和固定价格出售两种，前者由购买者竞标决定配额价格，后者由出售者决定配额价格。

CCER 是在配额市场之外引入的自愿减排市场交易形式。2020 年 12 月发布的《碳排放权交易管理办法（试行）》中指出，CCER 是指对我国境内可再生能源、林业碳汇、甲烷利用等项目的温室气体减排效果进行量化核证，并在国家温室气体自愿减排交易注册登记系统中登记的温室气体减排量，CCER 抵消机制是对自愿减排项目的鼓励行为。碳市场按照 1∶1 的比例给予 CCER 替代碳排放配额，即 1 个 CCER 等同于 1 个配额，可以抵消 1 吨二氧化碳当量的排放，《碳排放权交易管理办法（试行）》规定重点排放单位每年可以使用国家核证自愿减排量抵销碳排放配额的清缴，抵消比例不得超过应清缴碳排放配额的 5%。实施温室气体自愿减排交易是完善碳排放权交易制度设计，促进温室气体减排项目建设的关键部署，对激发低碳转型动能，增强全社会减排意识具有重要作用。

碳排放 MRV 是指碳排放信息的量化与数据质量保证的过程，包括监测、报告、核查。监测是碳排放数据的收集过程，其技术与标准决定了报告信息的准确性和可靠性；报告是碳排放信息的披露过程，是第三方核查工作的基础；核查便是针对碳排放报告的第三方审核，以保障数据的准确性，同时帮助企业完善检测计划与排放报告。科学完善的 MRV 体系是碳交易机制建设运营的基本要素，是企业对内部碳排放水平和管理水平进行系统摸底盘查，进行低碳转型的重要依据。良好的 MRV 体系可以提高温室气体排放数据的准确性和规范性，为碳交易主管部门制定相关政策与法规提供数据支撑，成为配额合理分配、企业碳资产管理和区域低碳宏观决策的重要依据。

第七节　全球碳交易市场

一、全球碳市场发展背景与历程

1997 年，《联合国气候变化框架公约》第三次缔约方大会通过的《京都议定书》在为发达国家确定了温室气体强制减排目标的同时，配套设计了上述包括排放贸易（ET）、联合履约机制（JI）、清洁发展机制（CDM）三种灵活的市场履约机制，象征着碳市场的开端。碳市场作为实现气候雄心目标的重要融资工具，与资源增效减碳、能源结构降碳、地址空间存碳、生态系统固碳共同构成了碳减排的实现路径。

自 2005 年以来，全球各个国家和地区着手落实《巴黎协定》及国内设定的碳减排目标，形成了分散化发展的碳市场格局。至 2020 年末碳市场所涵盖的碳排放占全世界温室气体的比重已经增加到了之前的三倍，因此更多国家将碳市场有关事务提上了日程，根据国际碳行动伙伴组织（ICAP）统计，截至 2021 年 1 月 31 日，全球共有 24 个运行中的碳市场，

8 个正在计划实施的碳市场和 14 个司法管辖区在考虑建立的碳市场。

二、全球主流碳市场概览

1. 欧盟碳市场

欧盟是最早对碳排放定价并采取市场化交易的主要经济体，也是全球碳市场发展的引领者。且除碳市场手段外，欧盟还通过征收碳税来实现对碳排放重点行业的覆盖。欧盟碳市场（EUETS）严格执行了 Capand Trade 制度中的规定，所有欧盟国家都必须制订详细的分配计划（NAP）、列出减排目标和需要控制排放的企业名单，经审查后各部门和企业都会被分配一定的排放量配额（EUA）。如今，EUETS 涵盖了电力、工业和航空业等行业，其配额总量约占欧盟碳排放总量的 40%。

EUETS 的运行主要包括四个阶段：① 2005—2007 年，试运行阶段，主要纳入能源生产和能源使用密集行业，并实行 EUA 的免费分配；② 2008—2012 年，加入冰岛、挪威和列支敦士登，加入 N_2O，纳入航空业，10% 配额拍卖；③ 2013—2020 年，电力行业 100%、其余 40% 配额拍卖，加入克罗地亚，加入 PFC，加入氨、铝和石化等生产企业，配额总量年递减率升至 1.74%，实施 MSR（2019 年起）；④ 2021—2030 年，配额总量年递减率升至 2.2%。

目前欧盟处在第四个阶段，严格执行的 EUETS 政策使得碳价也相应持续走高，为了实现"2030 年净排放量至少减少 55%"的 2030 年气候目标，未来可能要将海运、运输和建筑等部门一并纳入管控。

英国脱欧后，于 2021 年 1 月 1 日退出了欧盟碳排放交易体系，并在同一天启动了英国碳排放交易体系。与 EUETS 第四阶段类似，英国碳市场覆盖电力、工业和航空部门，并将每年减少 420 万吨的排放量，总量较脱欧前下降 5%。

2. 美国碳市场

美国和加拿大虽然都还没有形成全国性的碳排放权交易体系，但有各州已经联合制定了区域性的减排计划，主要有区域温室气体行动（RGGI）、西部倡议（WCI）、运输与气候倡议计划（TCI-P）等。

RGGI 碳市场：美国于 2009 年启动的 RGGI，是美国首个在市场机制作用下控制电力部门温室气体排放量的强制性计划，覆盖区域排放量的 20%，目前涵盖了美国 12 个成员州的电力部门。RGGI 的运行规则与 EUETS 相似，即每个州先根据自身在 RGGI 项目内的减排份额获取相应的配额，再以拍卖的形式将配额下放给州内的减排企业。不同之处在于，RGGI 覆盖下企业要按照规定安装二氧化碳排放跟踪系统，记录相关数据。2013 年起，RGGI 开始实施配额总量设置的动态调整，大幅缩紧了配额总量。2014 年较上年配额数量削减 45%，且在 2020 年之前均保持每年 2.5% 的递减速度。这一政策带动下，RGGI 碳市场价格开始稳步上扬。

加利福尼亚—魁北克碳市场：西部倡议（WCI）于 2007 年发起，起初涵盖美国的亚利桑那州、新墨西哥州、俄勒冈州、华盛顿州和加利福尼亚州，后来加拿大英属哥伦比亚省、马尼托巴省、安大略省和魁北克省以及美国蒙大拿州和犹他州又陆续加入。这 11 个行政区在 2010 年公开了联合设立的 WCI 方案，并在 2011 年设立一个非营利组织。在这 11 个行政区中，美国加利福尼亚、加拿大魁北克省和安大略省在碳市场运行方面行动积极。其中加利福尼亚碳市场与魁北克碳市场均成立于 2012 年，又于 2014 年相互联通。二者均覆盖了工业和大多数高耗能行业，可覆盖区域碳排放达 80% 以上。其特点在于价格走廊政策的实施，执行最低和最高限价政策。加利福尼亚—魁北克碳市场的运行可分为三个阶段：第一阶段为 2013—2014 年，90% 以上配额免费分配；第二阶段为 2015–2017 年，高泄漏类企业免费得到配额，中等泄漏类企业可免费得到 75% 的配额，低泄漏类企业可免费得到 50% 的配额；第三阶段，中等泄漏类企业免费得到的配额比例下降到 50%，低泄漏类企业下降到 30%，高泄漏类企业不变。在北美地区，各州之间的交易体系具有较大自由度和灵活性，各州可以根据自身实际条件和需要自行交易，然而这种交易方式造成的是各州为政以及交易区之间矛盾重重的局面。

3. 新西兰碳市场

新西兰碳市场（NZETS）成立于 2008 年的《气候变化应对法（排放交易）2008 年修正案》发布之时，正式确定了碳市场的基本法律框架。其覆盖行业从林业逐步拓展至化石燃料业、能源业、加工业等，在全球碳市场中覆盖的行业最为全面，其定位即是覆盖新西兰经济体中的全部生产部门。农业作为最后一个金融 NZETS 的部门，虽然也被纳入 NZETS 中，但并不承担减排义务。但由于新西兰较为特殊的产业结构，其农业碳排放达到国内全部碳排总量的 48%。为此，根据新西兰 2019 年提出的《气候变化应对零碳修正案》，将从 2025 年开始对农业排放进行定价。此外，在覆盖气体上，NZETS 将 CO_2、CH_4、N_2O、SF_6、HFC's、PFCs 等六种主要温室气体品种纳入其中。NZETS 早期 90% 以上的配额免费发放，随后免费配额比例逐步降低。2021 年开始，政府逐步开始取消对工业部门的免费配额，由拍卖作为分配配额的基本方法。这一政令可能是造成近期新西兰市场大幅走高的主要原因。尽管对于碳配额 NZ–ETS 来说并不与任何其他碳市场相联通，但作为抵消机制的自愿减排交易量，新西兰政府允许控排主体在国际市场购买国际碳信用额度，或在市场上出售自己未使用的额度来获利。

4. 韩国碳市场

韩国碳市场（K–ETS）成立于 2015 年 1 月，是亚洲的第一个全国性碳市场。截至 2021 年低，K–ETS 覆盖了 600 多家大型企业来自电力、工业、国内航空、废弃物和建筑物等部门，占全国约 73.5% 的碳排放量及 6 种温室气体。在初始阶段，有 95% 的排放配额免费发放，其余部分则通过拍卖的形式进行分配。

韩国碳市场的发展分为三个阶段:第一阶段为 2015—2017 年，纳入电力、工业、建筑、废物和运输（国内航空）5 个部门，所有碳排放配额全部免费分配;第二阶段为 2018—2020 年，加入了公共部门，共细分为 62 个二级部门，97% 的配额免费分配;第三阶段为 2021—2025 年，纳入了建筑业和大型交通运输业（包括货运、铁路、客运和航运），二级部门增加至 69 个，增加后覆盖碳排总量提高到覆盖率 73.5%，并且免费分配的比例将下降到 90% 以下。从第三阶段开始，金融机构将进入基于碳配额的二级交易市场，以完善第二阶段中的做市商制度。

第八节 中国碳交易市场

一、中国碳交易市场政策推进

全国碳排放权市场交易于 2021 年 7 月 16 日正式启动，它是利用市场机制减少温室气体排放、推动我国传统经济发展模式低碳化的重要制度创新，是践行国际减排承诺的重要手段，同时也是加强生态文明建设、实现碳达峰与碳中和目标的核心政策工具之一。碳市场自 2011 年筹备成立以来，经历了若干个重要节点，比如试点工作开启、碳市场启动到交易启动，每一个节点都依靠着政策的推动和支持。总体来看，这些政策可以按照时间顺序和关键事件总结为三个阶段。

2011—2017 年为试点碳市场发展阶段。2011 年 10 月国家发展改革委发布《关于开展碳排放权交易试点工作的通知》揭开了这一阶段的序幕，通知批准北京、上海、天津、重庆、湖北、广东和深圳等七省市进行碳交易试点工作，由此开启了我国建立碳市场机制的第一步。在此阶段，七个区域的碳排放权交易试点总共涵盖了二十多个行业的近三千家重点排放企业，交易总额超一百亿元，为全国碳市场建设积累了经验。2012 年 6 月国家发改委出台《温室气体自愿减排交易管理暂行办法》对 CCER 项目从产生到交易全过程的减排量进行了统筹规范，为 CCER 交易市场搭建起整体框架。2016 年 10 月，国务院印发的《"十三五"控制温室气体排放工作方案》，提出建立全国碳排放权交易制度，开始运行全国碳排放权交易市场。

2017—2020 年是全国碳市场建设阶段。2017 年 12 月，国家发改委发布《全国碳排放权交易市场建设方案（发电行业）》。方案在碳市场参与主体、管理制度、支撑系统、保障措施等方面做了全局部署，为下一步建立我国碳排放市场做了初步规划，作为我国首次开放碳排放权交易市场的指导性文件，标志着全国碳市场建设工作正式启动。2020 年 4 月，国家发改委发布《关于贯彻落实金融支持粤港澳大湾区建设意见的行动方案》提出要在粤港澳大湾区开展与符合条件的境外投资者的碳排放权交易外汇试点。同年 10 月《关于促进应对气候变化投融资的指导意见》指出要适时扩大参与碳排放权交易的符合要求的投资机构和个人。

2021年后全国碳市场进入正式启动阶段。2020年12月25日,《全国碳排放权交易管理办法（试行）》（以下简称《管理办法》）通过审议,并自2021年2月1日起正式实施,以部委规章形式,从国家层面对全国碳交易市场的管理和运行作出明确规定,进一步完善了我国碳交易市场机制。《管理办法》明确,全国碳排放权交易市场的交易产品为碳排放配额,交易主体是温室气体重点排放单位以及符合国家交易规则的有关机构和个人。《管理办法》指出,生态环境部按照国家有关规定,组织建立全国碳排放权注册登记机构与全国碳排放权交易机构,以及全国碳排放权注册登记系统与全国碳排放权交易系统,规定由全国碳排放权交易机构负责组织开展全国碳排放权集中统一交易。与《管理办法》配套,生态环境部又发布《2019—2020年全国碳排放权交易配额总量设定与分配实施方案（发电行业）》《纳入2019—2020年全国碳排放权交易配额管理的重点排放单位名单》并做好发电行业配额预分配工作的通知。方案筛选确定纳入2019—2020年全国碳市场配额管理的重点排放单位名单,实行名录管理提出,同时方案提出将各省级行政区域配额总量加总,最终确定全国配额总量,对2019—2020年配额实行全部免费分配,并采用基准法核算重点排放单位所拥有机组的配额量。为进一步规范全国碳排放权交易市场企业温室气体排放报告核查活动,2021年3月,生态环境部办公厅印发《企业温室气体排放报告核查指南（试行）》和《关于加强企业温室气体排放报告管理相关工作的通知》。

2021年5月,生态环境部又根据《碳排放权交易管理办法（试行）》,印发了《碳排放权登记管理规则（试行）》《碳排放权交易管理规则（试行）》和《碳排放权结算管理规则（试行）》。三项规则对全国碳市场登记、交易、结算过程中如何管理及操作作出指引,且将为全国碳交易市场起到重要作用。三项规则力求做到,对全国碳排放权登记、交易、结算各环节形成闭环监管。同时,《碳排放权交易管理暂行条例》作为碳市场的法律保障框架,也在进一步完善中。

基于这一系列政策支撑、现实需求以及国内外形势,我国碳市场发展势头正盛,相应的政策体系和法律保障也将在实践中逐步优化,不断完善。

二、地方试点碳市场的发展与现状

中国从2011年10月开始碳排放权交易探索,十年间相继启动北京、上海、天津、重庆、湖北、广东、深圳以及福建等八省市的碳排放权交易试点工作,近十年的试点经验积累,为全国碳市场的建立、碳市场配额分配、交易制度等方面的完善提供了重要支撑,也对促进试点省市控制温室气体排放、探索达峰路径发挥了积极作用。

每个试点市场采用地方高度自治的方式,由当地的主管部门根据本地情况制定规则,这样既可以使各地更好地发掘自身碳市场潜力,又能调动地方参与碳市场建立和运行的积极性,还能使各地碳市场呈现百花齐放的状态,便于国家从中选择适用于全国统一的市场模式。总体来说，地方碳市场试点运行以来，重点排放单位履约率保持较高水平，市场覆盖范围内碳排放总量和强度保持双降，并在配额和国家核证自愿减排量（CCER）现货交易的基础上，探索开展了诸多碳金融业务，创新碳普惠模式，配额有偿分配比例和碳定价效率不断提高。但是，发展的过程中也暴露出许多问题。第一，试点市场碳交易活跃程度低、交易规模小。以 2019 年为例，天津全年仅 12 个交易日有交易记录。而交易量小的问题各试点普遍存在，例如 2020 年福建碳市场仅有 33 个交易日，且交易量仅 1 吨。第二，碳价过低。尽管 2020 年各试点成交均价普遍上升，但我国碳价水平仍远低于欧盟、韩国等发展程度较高的碳市场。较低的碳价和不甚活跃的市场使得促进和激励减排活动的效果甚微。

具体而言，八个试点碳市场各有特色，由于其碳配额分配机制、MRV 监管机制以及违约处罚机制均存在较大差异，运行结果也不尽相同。

湖北的碳市场较为活跃，且节能减排方面成效较好。据不完全统计，在累计六个履约年度内，湖北省碳市场试点在交易量、交易额、市场参与率、履约率等市场指标方面都位于全国试点碳市场前列，其碳市场交易额常年位居全国第一，同时纳入企业二氧化碳排放绝对量和强度双双实现了下降，其中二氧化碳排放量累计减少 1760 万吨，16 个行业中的14 个实现了二氧化碳排放量减少。湖北省碳市场履行"低价起步、适度从紧"的分配政策，通过逐步收紧行业控排系数和市场调节因子，同时不断降低纳入门槛、扩大纳入范围，从而使得碳配额不断收紧，大大提高了市场的活跃度。通过设定相应的损益封顶政策，减少由于排放数据质量、经济不稳定性所造成的企业履约风险以及过量配额对市场的冲击风险，从而有效维护碳市场的稳定。

北京市场所纳入的控排企业最多、交易产品最为丰富、MRV 监管机制较为完善，覆盖八大行业，运行机制逐步完善，碳配额价格稳步上涨。上海也通过不断建立和完善碳市场交易系统，改善交易机构经营方式，优化交易规则和交易系统，逐步形成了多层次碳交易市场，其拥有较为公开透明的 MRV 监管机制以及较大的违约处罚力度。广东省碳市场则参考了欧洲碳市场的经验，从一开始便引入拍卖机制促进履约。深圳碳市场在七个试点中开市最早、纳入门槛最低、碳配额分配方式也最为科学合理。然而，天津和重庆碳市场则较为低迷，可能归咎于经济发展现状、配额分配松紧不当、碳交易角色不当等。值得一提的是，2016 年 12 月 16 日，四川省碳市场开市，四川成为我国非试点地区第一个、全国第八个拥有国家备案碳交易机构的省份。截至 2021 年 7 月 31 日，四川碳市场 CCER 累计成交量按可比口径居我国西部首位、全国前列。

三、全国碳排放权交易市场

2021 年 7 月 16 日，全国碳排放权交易市场正式启动，首批参加全国碳市场的 2000余家电力企业，覆盖碳排放量约 40 亿吨，其规模已超过了欧盟，成为全球"覆盖碳排放量"

最多的碳市场。全国碳排放权交易市场是我国第一个直接对碳排放进行控制的政策，其上线和投入使用意味着我国在落实碳中和、碳达峰目标的道路上迈出了坚实的一步，全国超过 40% 的碳排放开始实现"排碳有成本，减碳有收益"。

1. 交易主体及覆盖行业

我国碳市场交易主体为重点排放单位以及符合规定的机构和个人。根据《碳排放权交易管理办法（试行）》，温室气体排放单位满足下列要求的，应当纳入温室气体重点排放单位名录：

（1）属于全国碳排放权交易市场覆盖行业；

（2）温室气体排放量达到 2.6 万吨二氧化碳当量。

预计在未来，交易主体将纳入更多金融机构和个人投资者，覆盖行业则会采取"成熟一个、纳入一个"的方式逐步覆盖包括发电、石化、化工、建材、钢铁、有色金属、造纸和国内民用航空在内的八个行业。

2. 交易场所

全国碳市场交易中心设在上海，负责运行维护碳交易市场、确认交易信息。全国碳排放交易机构成立前，由上海环境能源交易所股份有限公司承担全国碳排放交易系统账户建立和运营维护等具体工作。登记中心设在武汉，负责登记配额分配、配额清缴和配额转账。市场参与主体需要同时管理交易和注册登记两个账户。

3. 交易时段

除法定节假日及交易机构公告的休市日外，采取挂牌协议方式的交易时段为每周一至每周五 9：30—15：00，采取大宗协议方式的交易时段为每周一至每周五 13：00—15：00。采取单向竞价方式的交易时段由交易机构另行公告。

4. 交易方式

碳排放配额交易可采取协议转让、单向竞价或者其他符合规定的方式。协议转让包括挂牌协议交易和大宗协议交易。挂牌协议交易的单笔买卖最大申报数量应当小于 10 万吨二氧化碳当量，成交价格在上一个交易日收盘价的上下 10% 之间确定。大宗协议交易为单笔买卖最小申报数量应当不小于 10 万吨二氧化碳当量，成交价格在上一个交易日收盘价的上下 30% 之间确定。买卖申报应当包括交易主体编号、交易编号、产品代码、买卖方向、申报数量、申报价格及交易机构要求的其他内容。

思考题

1. 利用碳足迹的方法，估算一个人每天生活的碳足迹情况。
2. 全球碳交易市场中所面临的问题与难点是什么？

第九章 低碳经济与政策支持

【学习目标与任务】

1. 熟悉低碳经济政策的内涵及分类；

2. 掌握低碳经济政策的主要调控手段；

3. 了解与绿色金融有关的政策；

4. 分析低碳经济相关的主要产业政策；

5. 学习主要发达国家、地区的低碳政策；

6. 把握中国低碳经济发展有关的政策与目标。

低碳经济是一种以控污染、减能耗、高效率、减排放为基础的经济社会发展新路径，是人类社会进入新发展阶段的一次革命，是各国落实可持续发展的重要承诺和任务。采用绿色的生产技术方法、优化的能源体系、环保的消费结构、低碳的生活模式等，以最大限度降低对煤炭、原油、燃气等化石燃料消耗，合理利用高效洁净资源，遏制高碳能源需求快速增长的势头，优化产业结构、调整能源利用方式，实现绿色低碳发展，达到社会经济与生态环境和谐发展的新态势。

作为世界上最大的发展中国家，我国当前既要保障国民经济、社会的健康发展，也要认真采取措施保护自然生态环境，为克服重重困难，国家提出并采取了很多针对气候变化的策略、方针、政策措施、行动方案等，把经济发展目标和环境治理统筹规划，以谋求在工业化发展和气候变化之间的平衡点，努力建设经济繁荣、民生改善、自然生态宜居的时代图景，努力实现资源节约型、环境友好型社会主义国家发展愿景。

第一节 低碳经济政策类型及理论基础

一、低碳经济政策的内涵

由于经济发展具有很强的外部性，随着政府对低碳经济发展的共识和相关的外部性的认识，单纯依靠市场机制促进低碳经济快速发展具有很大的局限性。必须发挥政府的主导地位，推动市场在新能源开发、清洁能源和再生能源利用、能效提高等方面的功能，充分发挥财政、金融、产业等调控工具手段在发展低碳经济过程中的作用，以减少高碳能源使用排放的温室气体量，在环保的前提下，推动经济发展模式向低碳型转变，形成新的发展动能，同时兼顾各社会群体的利益，实现全体社会成员的生存和发展需求。从根本上代表人类生存和发展的利益，这也为相关政策制订提供了现实依据。

简言之，低碳经济政策正是在可持续发展观指导下，为了推动低碳经济发展，政府应对性制定和实施的政策法规的统称。通过这些政策创新推动国民经济在生产、流通、分配和消费等各个环节的低碳发展，目的是最终实现绿色环保、资源高效利用、能源高效转化。

二、低碳经济政策的类型

由于分类标准和角度不同，形成了不同的低碳经济政策分类方法。

1. 根据政策针对的层级不同来分类

在传统经济向低碳经济转型的过程中，世界各国从着眼全球气候变化和可持续发展战略，到局部环境污染治理和产业结构调整，到增强企业低碳意识和倡导低碳生活方式等各个方面，制定了不同层级的低碳经济政策，可划分为宏观战略政策、中观基本政策和微观具体政策。

（1）宏观战略政策。

当前各国和国际经济联盟组织都将发展低碳经济列为可持续发展的重要战略，包括目标思路、实施路径、技术标准、政策保障和示范推广等各个方面的积极探索，其中核心问题依然聚焦在碳减排与发展权问题。1992年的《联合国气候变化框架公约》、1997年的《京都议定书》和2016年由全球178个缔约方联合签订的气候变化协定——《巴黎协定》一起形成了世界上三个应对气候变迁的里程碑式的国际法规文件，并深刻地改变了2020年后的世界气候治理部署和发展局面。这就是一个典型的有法律约束的面向全球的宏观战略政策。

（2）中观基本政策。

要应对出现市场和经济手段失灵的状况，必须依靠完善的法律制度体系，规范和约束政府、企业、公民的经济行为。根据低碳经济发展战略，需要进一步建立健全具体法律及相关配套法规和标准，加强处罚和执法监督管理，强化约束，鼓励低碳环保技术开发和生产消费，惩戒违法行为，建立有效的节能环保监督管理体系机制。例如：按照《全国碳排放权交易管理办法》，我国初期的排放配额分配以免费居多，后期则适当引入有偿分配，并逐步提高一定比重。《产业结构调整指导目录》提出大力发展风力发电、海潮能、低碳建筑和超低碳交通工具等低碳产业。

（3）微观具体政策。

为了实现低碳经济转型，在世界低碳发展中发挥主导作用，许多国家根据本国国情制定了具体的政策。比如丹麦为了加快新能源替代，以燃料燃烧时所排放的 CO_2 量作为应纳税额的计算基数，对除了天然气、汽油及生物燃料以外的所有 CO_2 排放均征收碳税。我国加强舆论引导，鼓励人们转变生活方式、消费方式，开展广泛宣传，倡导资源节约、节能消费的理念，引起大众关注，号召全民参与，共建低碳社会等，如垃圾分类制度等。

2. 根据政策运用的宏观经济手段来分类

（1）低碳财税政策。

财政政策是政府惯用的调控低碳经济政策的最主要方式。按照地方政府所希望达到的效果不同，分为二类不同的低碳财税政策：一是以引导低碳经济发展为宗旨的财税政策，如政府财政补贴、计划资金、地方税费减免、信贷补贴等，意在促进企业有效融资、支持发展新能源、鼓励高效科技研究等；二是以限制高碳消费和发展高碳产业为宗旨的财税政策，如碳税、能源税，意在增加企业资金利用成本，鼓励降低能耗、减少碳排放等。

（2）低碳金融政策。

低碳金融是低碳市场化建设的重要组成部分。随着低碳经济的发展与繁荣，针对低碳金融的需求，各种具有流动性和投资价值的金融资产创新出现，逐渐构成独具特色的低碳金融市场。投资银行、商业银行、私募股权基金、对冲基金等金融机构可以通过低碳金融市场开展碳交易、投融资、银行信贷等金融活动，为产业升级、节能减排等相关生产经营活动提供信贷支持。

在碳达峰和碳中和的目标框架下，传统的金融模式已不能充分应对绿色发展所伴随的"外部性"特征，巨额的投资需求亟待资金的支持，这就为低碳金融政策的制订提供了充分的理论和现实依据。为赋能金融支持绿色发展，低碳金融政策主要发挥在资源配置、风险管控和市场定价三个方面的作用，运用金融政策工具促进金融业在生产、消费的各个环节发挥环保功能，从而助力产业和消费的"绿色"转型。引导政策性商业银行充分发挥金融对于绿色低碳产业的保障与带动功能；充分调动商业银行资源配置主动性，引导其对环保产业的融资支持，并根据高污染行业设置信用退出制度；健全面向低碳发展的信贷保障机制，赋予相应的政策补贴和政策红利，减轻贷款金融机构对环保发展承担的风险；创新商业银行和担保公司的合作创新方式，促进商业银行和担保公司收益共享和风险共担。

3. 根据政策涉及的领域来分类

根据低碳经济政策发挥作用的不同社会经济领域类别，主要分为产业、能源、交通、技术、市场、消费等领域的低碳政策。

（1）低碳产业政策。

为了实现产业结构调整，就要鼓励和扶持低碳产业的发展，提高高污染企业的市场准入要求，抑制高碳产业的发展。产业政策往往是针对某些特定产业发展的微观经济政策，具有明确的针对性和指向性，通过分析各细分产业的增加值、碳排放量以及碳排放强度及变化趋势，明确各产业的低碳化发展路径和政策取向，根据不同的产业特征，按照优先、鼓励、限制、淘汰的不同层级采用不同的政策举措，引导产业向低碳转型和发展。

（2）低碳能源政策。

一直以来，能源安全问题备受各国政府重视，可持续能源的概念生逢其时，与之相应的可持续能源政策在能源政策体系中的作用越发重要。20世纪90年代，我国便着手制定可再生能源发展纲要，并配套相应的政策措施和法律制度以推动可再生能源发展。"十四五"期间建立具有中国特色的、符合我国国情的、体系比较健全的有关低碳能源及绿色产业的法律、政策、市场、技术标准和管理监督体系，逐步形成合理的能源低碳转型推进体系和环保政策制度体系。到2030年，将形成可持续的资源生产消费新格局，即实现以低碳能源规模化替代化石能源数量，又能弥合未来的能源需求增长，并有效增强国家能源安全保障能力。

（3）低碳交通运输政策。

交通运输、工业、建筑业作为主要的终端能源消耗类别，在发达国家的能源消耗中占比相当。因此，以低排放和零排放为特征的交通运输体系建设对我国应对气候变化国家战略目标的实现意义重大。低碳交通运输业主要分为两部分：一是通过交通管理创新，改造传统交通，优化交通流量。二是通过节能技术和新能源汽车产业发展，保障交通运输体系的低碳转型，提升能源利用率。低碳经济发展应通过技术、管理和模式创新实现交通运输业的绿色发展，形成低能耗、低污染、低排放的交通运输业的可持续发展。低碳交通运输政策要促进城市空间的合理布局，推动公共交通发展，优化交通出行结构，有效控制交通需求结构；建立一系列法律法规，改善城乡交通管理结构，鼓励新技术和新能源的开发应用，调整交通的能源结构，从而降低城市交通中的化石能源消耗。

（4）低碳技术创新和应用政策。

建立一套有效的低碳技术原始创新、应用研发、成果转化制度，是推动低碳技术创新和推广应用的关键，相应的政策既要保障有效，又要灵活适用。罗伟在《科技政策研究初探》中做了较详细的阐述，将科技政策分为科学政策支撑（如科技发展总战略规划、科技教育政策、科技人才培养等）、技术政策支撑（如低碳技术的研发、低碳技术转让、低碳技术推广等）和科技管理政策支撑（如科技成果转化机制、监督评估机制、科研成果奖励机制、信息咨询服务机制、国际合作交流机制等）。

（5）低碳生产和消费政策。

作为能源消费终末环节的家庭能源消费，自20世纪70年代以来逐渐引起世界各国重视。欧美等发达国家的能源管理重点从传统的生产侧向消费侧转移。中国目前正处在高速工业化和城市化的过程中，工业生产上的能源消费占比约七成，而随着我国经济发展和收入水平不断提升，与生活密切相关的建筑、交通等领域的能源消费也逐年递增，人民对现代优质能源服务的要求也不断提高。

企业的经济目标是实现利润最大化，而所有的生产服务都是由消费需求派生而来，当消费者接受并实施低碳消费模式，就能从根本上推动生产服务的低碳转型。因此，低碳消费不只是简单的消费过程，从原材料采购、生产、仓储、运输、消费者购买、售后，乃至有些商品的报废和无害化处理，整个产业链的每一个环节都需要以低碳为标准，从生产到消费的整个过程，合理运用政策工具，鼓励企业提高能源利用率，生产低碳商品，培育低碳消费习惯。

中国家庭能源消费约占能源消费总量的11%，家庭消费正处于以住房和汽车为标志的消费升级阶段。随着人们对生活品质的要求越来越高，居民能源消费也随之呈现快速增长态势。我国现有的低碳发展政策逐渐关注家庭消费领域的碳排放，不仅局限于节能，还制定具体的量化控制目标，关注消费环节对生产环节的拉动作用。由于居民消费碳排放分布零散，受个体差异、交通出行方式选择、收入状况、家庭生活方式、教育背景、观念等诸多因素影响，使消费环节的碳排放难以管控。现今，基于家庭能源消费碳排放管控已成为温室气体排放监管的重点，亟须将低碳消费政策纳入政府决策层面，引导绿色消费观念，转变消费方式，抑制家庭能源消费碳排放的增长速度，制定符合中国国情的低碳消费战略和行动方案。

4. 根据政策发挥作用的属性分类

（1）强制性政策。

在低碳经济发展过程中，政府往往通过一些权力机构和职能部门，采用选择性监管或公营企业、权力机构的直接供给等方式，实行强制性的政策工具。其主要目标是减少碳排放，推进产业转型。为了实现强制性政策目标，在实践运用中要注意以下问题：在政策实施范围选择时，对影响生态环境和公共卫生安全的碳排放问题直接纳入政策议程；在政策落地前，应建立具有实操性的排放检测标准，科学地实施效果评价体系；在政策示范区域，结合地方特征、产业实际，形成可复制、可参考的政策实施模板（如产业示范园区等）；在政策实施过程中，要广泛调研，多方收集信息，汇集民意，关注政策信息对政策实施对象的可达性、准确性以及政策实施对象反馈的及时性。

（2）志愿性政策。

志愿性政策也是近年来政府运用越来越多的一种工具，具有成本低、覆盖面广、渗透力强等特点。例如，针对低碳行业相关机构，提供宽松的制度环境，降低准入门槛，简化审批手续和审核程序，在志愿性社会组织中挑选和培养低碳环保方面的政府采购对象等。

（3）混合性政策。

混合性政策是最常用的政策工具，是上两种政策的组合。优化运用强制性政策的政府干预手段和志愿性政策的鼓励市场参与手段，同时将滥用资源、缺乏效率的政府失灵和资源配置无效的市场失灵对低碳经济发展的负面影响降到最低。

三、低碳经济政策工具运用的理论基础

1. 排污权交易理论

排污权是指经政府相关部门核定和许可，通常以颁发排污许可证的方式，使有关排污企业获得在某一区域内排放一定数量或种类污染物的权利。

排污权交易是指在某一指定范围内，在政府所规定污染总量的限值内，相关企业的排放权以货币的形式通过市场机制买卖。卖出一方产生减少排污量，结余部分排污权通过交易获得收益的动力，而买入一方付出货币成本，从而产生减少污染排放的动机，最终达到区域内排污总量的控制和减少，实现绿色发展。

排污权交易的理论核心就是充分运用经济学原理中对环境负外部性的治理手段，对卖出排污权的企业给予经济补偿，是社会对企业环保行为的回报；对买入排放权的企业迫使其增加成本，为污染行为付出经济代价。这一过程实质上依靠市场机制，将政府对污染治理的行政强制手段变为企业控制污染的自觉行为，进而实现污染排放总量的控制。

1968 年美国经济学家戴尔斯首先提出排污权交易理论，并被美国环境保护署采纳，在空气污染源和河流污染源的管理中发挥积极作用。例如，自 1977 年以来，美国环境保护署针对越来越严重的二氧化硫污染，在《净化空气法案》规定的空气质量目标下确定排放总量，引入"减排信用制度"，制定一系列配套措施，实现排污削减量在不同企业间的货币交易，促使排污企业环保减排。随后，德国、英国、澳大利亚等国也先后推出排污权交易制度。

2. 技术创新理论

技术创新的概念由约瑟夫·熊彼特在《经济发展理论》中系统地提出。"技术创新"指通过重构生产条件和生产基本要素，创造新型的投入与产出的生产关系，从而形成更高效能、更高质量和更低成本的新产品和服务运营模式，为实现商业利益不断开发新产品、改善工艺，改革传统工厂，开辟新兴渠道，开拓新市场，形成了企业部门或组织内部的各种行为的综合过程。创新一般包括五个方面：一是制造新产品：制造市场未出现的产品；二是采用新工艺：采用别的企业未曾使用的新工艺和技术；三是开拓新市场：拓展尚未开发的新市场和为满足的新需求；四是获得新货源：获得新的原材料、零配件、半成品供货商；五是建立新组织结构：打破原组织结构，创建新机构。

总之，创新不仅是一种简单的技术或工艺发明，更是一种持续运行的机制。当打破原有体系，将发明创造引入生产经营中，即为创新。随着政府、企业和社会公众对环境和资源的关注，技术创新不仅要提高经济效益，还要减少对环境的破坏和高效利用有限的资源。所以，中国低碳经济发展模式将更关注少排放量、低环境污染、低能耗的目标实现和技术创新。

一般来说，技术创新的驱动力主要有：

（1）需求驱动。绝大多数的技术创新来源于需求的驱动。低碳消费需求的引领为技术创新提供构思的源动力，低碳业务需求为企业提供了新的增长点，低碳产业的扩张、环保产品的迭代、绿色消费的潮流都会促使企业进行相应的研发和创新。

（2）技术驱动。基于提升客户体验的新技术也是技术创新的驱动力之一。面对客户差异化、个性化的需求，在买方市场背景下，研发提升客户对低碳环保产品服务体验的新技术是提升企业竞争力的有效途径，也可以将一些基础性的低碳创新找到新的应用领域。

（3）技术—业务交互式驱动。强调技术与业务在创新全过程的互相促进和有机结合，使得低碳技术创新保持正确的方向，也促使技术创新产生更好的实际效果。

3.产权理论

产权经济学家阿曼·阿尔奇安提出：产权为一种通过社会强制选择经济商品各种用途的权利。可见，产权既是一种权利，又是一种制度安排，它规定了每个人与物相对应时的行为规范，如果有人违反了，就会受到相应的惩罚。这反映了产权是对资产独占权的保护。经济学家罗纳德·哈里·科斯认为通过征税并非处理外部性问题的唯一手段，在产权明确、交易成本较低的情形下，通过个人之间的协议或市场交易，仍能实现对外部性问题的内化处理与资源配置。

目前，科学家们更多的是将产权理论应用于建立碳排放权交易规则和交易障碍排除上。明晰大气资源产权，合理制定制度，通过产权分配、拍卖等方式，建立专门的大气资源产权建立交易市场，并运用价格机制来市场化调节大气资源的供需量，是实现污染排放外部性内化解决的有效方式。而明晰的产权与最低交易成本是推进碳排放市场化交易的关键所在。

第二节 低碳经济与财政政策

财政政策是政府宏观调控的重要手段之一。为低碳经济实践服务，实现经济结构调整，助力改善供给结构，创造新的需求，促进低碳经济目标的实现，是财政政策制定的目标和任务。一般而言，现有财政政策手段的选择取决于财政政策的性质及其达成目标，采取的手段主要有：税收、财政补贴、政府投资等。

一、税收政策

税收主要是指通过干扰市场定价机制，影响相对价格和相对效益，促使生产者和消费者调整和选择更环保的生产和消费方式，从而实现节能减排和保护环境的目的。当使用排放额度管控的行政手段时，生产者和消费者在限额内，就丧失了继续节能减排的动力，而税收具有持续的激励作用。同时，实施节能减排税收政策带来的新增税收收入，使在总体税赋不变的情况下，还可以减少其他税赋，带来更多红利。

税收作为一种以市场为导向的政策工具，运用价值信号的引导，激励供需双方调整生产与消费模式，完成节能减排目标，在环保和绿色发展等方面发挥重要作用。节能减排的税收政策具备持续的激励作用，而传统行政调控手段，在设定的节能减排限额内，生产者和消费者完成限额目标后，就失去了继续节能减排的动力。

1. 环境税

环境税又名生态税、绿色税等，是 20 世纪末出现的一项新税种。由于在经济发展进程中，环境保护问题越来越突出，一些发达国家就开始了将税收工具用于纠正市场失灵、减少环境破坏的外部性、实现生态治理的尝试，并取得不错成效。鉴于这些经验和教训，世界银行希望发展中国家也推广应用有关税收工具。逐渐地，环境税在世界很多国家落地实施。

环境税实质上是把污染和环境损害的社会成本转化为生产成本和交易价格，运用市场机制实现环保资产的优化配置。环境税是一种统称，各国根据各自的情况，而产生了不同的名称，包括二氧化硫税、固体废物税、工业废渣税、噪声税、水环境污染税、石油消费税等。自《中华人民共和国环境保护税法》于 2018 年 1 月 1 日开始执行，标志着我国正式开征环境税。

虽然各国的环境税由于具体情况和政策存在差别，但均可概括为两个方面内容：一是对污染环境或者损害环境的具体活动进行征税，即环境保护税。如荷兰的垃圾处置税和地表水污染税，德国的矿物油税和汽油税，奥地利的石油消费税；如一些国家收取的二氧化碳税和噪声税等。二是为保护环境的某些活动所实施的税收减免措施或优惠政策，包括为纳税人减少空气污染和保护环境的各种税收优惠措施。

2. 碳税

碳税是对排放二氧化碳所缴纳的税种，以期降低温室气体排放，并有效应对世界气候变暖。碳税的计税依据通常是燃煤和石油相关化石燃料碳含量的比率。碳税是一种有效的环保经济财政手段，对社会经济和人民生活的方方面面影响深远。可以有效降低能耗，促使能源消费结构优化和转型，有利于国民经济可持续的健康发展。表 9-1 中对碳交易机制与碳税利弊做了对比分析。

表9-1　碳交易与碳税利弊对比

特点	碳交易机制	碳税
优势	1.有利于保证环境质量 2.优化碳排放权分配 3.操作简单 4.执行成本低 5.能够防止"寻租" 6.易于被社会公众接受	1.外部性内部化，纠正市场失灵 2.符合"污染者付费原则" 3.能持续有效地激励企业进行节能减排 4."双重红利"效应 5.灵活性，碳税可随时调整 6.无须设立新的行政机构 7.对于小企业来说较为公平

续表

特点	碳交易机制	碳税
劣势	1.有效的排污总量得以确定 2.若初期免费分配,对企业低碳创新的激励较小 3.有可能会导致恶性竞争,从而导致高的社会成本 4.价格无法控制,容易导致投机行为	1.税收的政治阻力大 2.合理的税率设计难度较大 3.执行成本相对于碳交易较高 4.环境效果不确定

（来源：刘海龙等，2017）

从理论上讲，由于气候变化具有全球性的特点，碳税应由一个跨国的国际化管理体系来统一应对。但就现实来看，当某个国家或地区明确设定了其污染排放总量和减排目标时，在当地层面上实行碳税更具特殊性。例如，欧盟讨论征收统一碳税，以填补 2005 年开始实行的碳排放交易体系的缺陷。

3. 气候变化税

气候变化税实质是一项能源税，是由英国在 2001 年 4 月开始实行。按照对煤炭、燃气和电能的消耗来计税，但使用汽电共生和可再生能源等则应减税或免税。也就是说，税率依据所使用能源的含碳量和热值共同决定，因此税负会因不同类型能源的碳含量和热值而有所差异。这样对低碳能源的税负会低于高碳能源，以抑制高碳能源的使用。气候变化税不同于仅仅依据能源的碳含量征税的碳税，但其本质也是对能源使用征税以减少二氧化碳的排放，从这个意义上讲，它既是能源税，又是一种广义上的碳税。

在气候变化税框架下，英国还配套其他方案，以期到达更好的效果。例如：政府与企业签订"气候变化协议"，以指导能源密集型的企业提升能效，在实现既定减排目标后，就可以免除约 80% 的气候变化税；提高对节能技术的投资补贴，推动节能和绿色能源研发。

根据剑桥计量经济研究会统计，英国每年征收约 12 亿英镑气候变化税，其中的 73% 返回给企业减少或免除社会保险税，8.3% 作为节能投资的补贴，5.5% 划拨给碳基金。2013—2018 年，英国碳排放总量下降了 9800 万吨，97% 源于削减的煤炭使用。英国工业、商业和公共部门的能源需求年均下降约 15%。

4. 税收优惠政策

税收减免政策，是指政府对特定纳税人或征税对象实行减少征税或者免予征税的特殊政策。按照国家关于鼓励低碳经济发展的税收优惠政策规定，对生产经营活动中的一些特定情形可给予减轻或免除税负。

对低碳经济中的企业和个人采取税收优惠是发达国家的一般惯例。如美国规定：企业制造低碳生产装置支出的 20% ~ 30% 可用于抵税，而进行低碳经济生产经营的有关企业和个人则可获得 10% ~ 40% 左右的减免税金额。英国、丹麦等国规定对新建的可再生能源企业不缴纳能源税，对私人投资的风能工程则实行减免所得税。

在我国，政府对符合规定的环保、节能节水建设项目的公司利润，从建设项目获得第一笔生产或经营收益后的第一年至第三年免征企业所得税，第四年至第六年按 50% 征收企业所得税。对购置了符合规定的环保、节能节水、安全生产专用设备的，对该设备投入的 10% 以上均可在企业当年的应纳税额中抵免。对环保车船，减半征收车船税；对使用清洁燃料车船，免征车船税。对在规定时间内购置的新能源汽车免征车辆购置税。

二、财政补贴政策

财政补贴是指政府为实现特定的目标，通过专项资金对企业或个人开展的特定事项给予的补贴。财政补贴的主要表现形式有：物价补贴、亏损补贴、员工生活补助以及利息补贴。补贴范畴涉及国民经济的所有行业和部门，包括了制造、流通、消费和城乡居民日常生活的各个方面。

低碳经济具有很强的外部性和公共品特征，是一种市场失灵的现象。利用好财政补贴政策，鼓励低碳经济发展，给生产者或消费者有利于低碳经济发展的行为提供补贴，引导社会资金流向，调整有效的社会需求，支持新技术研发与推广，鼓励使用和消费绿色产品，这是促进低碳经济发展的一项重要政策手段。

各国都在推行一些积极的财政补贴政策。如英国对使用可再生能源给予各种财政补贴，如强制要求电力供应商供应一定比例的可再生能源，并给予相应补贴。丹麦也力促可再生能源的市场供应，对绿色电力和海上风电予以价格优惠政策，对生物质能发电企业进行财政补贴鼓励。加拿大鼓励使用节能型汽车，对购买环保汽车提供现金补贴。

我国为了建设节约型社会，实现可持续发展，特制定《中华人民共和国节约能源法》。各地政府也纷纷对节能减排实施财政补贴政策，主要方式有贴息补助和直接补贴。贴息补助是指在有关政策的支持范围内，企业可申请一定额度的银行贷款，到期利息的一部分是由政府财政无偿支持。如对企业开发和使用新能源、城市垃圾资源化利用等项目进行贷款贴息；对环境污染整治、低碳工业等重大建设项目，在贷款利率、还款条件等方面予以优惠政策。直接补贴是指政府为鼓励节能减排，对相关企业或个人的生产、经营、消费直接给予财政补贴。如对清洁能源使用给予价格补贴，对企业绿色生产技术改造进行补贴。根据纯电动乘用车不同的续航里程给予不同的补贴。为促进中国低碳都市的创建，政府运用了财政补贴方法，引导各地政府在城市公交、出租车系统中推行使用节能技术或新能源车辆。

总之，通过各种政府财政补贴措施的有效运用，直接减少了低碳科技开发产品和环保制品制造过程的生产成本，从而取得了价格优势，扩大了市场占有率。此外，还提高了行业标准设定，尤其是能效方面的准入限制，构成了推动低碳产品开发推广的良性循环。

三、政府投资

低碳经济包含清洁能源、节能减排、低碳服务、碳金融、低碳技术等众多细分行业的一个产业体系，具有技术密集、资金密集的特点。低碳技术研发、清洁能源产品服务供应、传统产业转型等，都需要大量资金投入和支持，政府投资的主导作用显得十分重要。

同时，低碳经济是新兴产业，发展前景可期。但是资金投入门槛高，投资回收周期长、技术研发不确定性风险、市场适应性风险等问题，使个体投资主体有所顾虑，这就凸显了政府投资带动作用的必要性。

一些发达国家已相继制定低碳经济长期发展投资规划。例如，美国已经出台了以开发新能源为核心的"美国振兴和再投资计划"，到 2019 年建立 1500 亿美元的"清洁能源研发基金"；欧盟 2021 年推出 120 亿欧元绿色债券，用以扶持和开发欧盟绿色经济和可持续投资；日本政府从 2009 年就投入了 6.2 兆日元推进"低碳革命"；而韩国在 2020 年出台绿色新政，未来预计将拨款约 950 亿美元投入新能源汽车等领域。

我国非常重视低碳经济发展，在历年的国家投资计划中，定向投资新能源领域和低碳经济产业，旨在推动能源结构调整，提高能源利用效率，鼓励低碳技术研发和应用。我国于 2006 年成立了清洁发展机制基金，于 2007 年成立了中国绿色碳基金。

第三节　低碳经济与金融市场政策

一、什么是绿色金融与碳金融

在低碳经济发展的大潮下，我国已制定全面的低碳经济发展战略目标，并明确各地方节能减排目标，各行各业都围绕这些目标制定战略规划，加快发展模式转型。在这一发展进程中，绿色金融作为传统金融的延伸应运而生。

绿色金融，又称环境金融，是金融行业针对低碳行业的需求而进行的金融创新，即金融业在经营活动中应体现环保意识，将资源和环境保护变量作为经济发展的内生因素，并注重生态环境的保护和污染排放的控制，体现了可持续发展在未来的重要性。通过金融杠杆，更优化了社会资源配置，促进了经济与生态环境的可持续性发展。这不仅需要金融产品引进环保的元素，还需要构建节能减排的金融发展模式。同时突出金融行业对工农业生产过程和人类生活中污染问题的重视，力求创新环保生产方式，为企业提供相关支持，促进企业、环保事业以及金融的优质快速发展。

碳金融服务，是对各种温室气体排放贸易和与其相关的金融服务项目的统称，是绿色金融的重要组成部分。《联合国气候变化框架公约》和《京都议定书》共同催生了碳金融，在上述的国际法律文件架构下，通过全球排放交易制度、清洁发展制度以及共同执行制度的相互协作，助力了各缔约减排目标的达成。

碳金融最核心的目的是限制温室气体排放量，以及转移碳交易风险的金融体系方法和融资机制模式，不但涉及碳排放权及衍生物的交易、低碳项目的再开发与投资等，还涉及碳保险、碳基金和相关投资中介活动以及碳交易币种的设定等机制。完整的碳金融还应包括货币、监管等制度安排。从建立碳金融体系的方面考虑，应当分为三个层面：市场体系、组织服务体系和政策保障体系。其中，市场体系包括交易平台、交易机制、交易服务、交易参与者等；组织服务体系包含银行、证券、保险、基金等组织的低碳金融服务方面的业务开展；政策保障体系包括财政、资金、货币、管理等方面的政策支持。具有减排成本效益转化、能源链改革资金流转、环境风险管理与转移、国际贸易投资促进等功能。总之，碳金融是降低可持续发展成本的途径，是低碳发展的核心经济手段。

下面对绿色金融相关的政策进行介绍。

二、绿色信贷政策

绿色信贷也叫做可持续融资或环境融资，银行使用环保相关指标，对项目及运作公司进行专项审核后给予贷款。银行掌握各种市场动向、政策法规的信息，借此配合贷款调配手段以促进环保和可持续发展，绿色信贷金融应运而生。绿色信贷给环保的个人和企业带来了融资便利。

一般而言，绿色信贷具有两种直接作用：一是以生态环保目标作为考核和决策的机制，促使企业改变背离环境保护初衷的粗放经营方法，支持和推动企业提升能源效率。防止进入先污染后治理、再污染再治理过程的恶性循环；二是聚焦环保、新能源等产业发展，注重可持续发展，金融在支持实体经济绿色发展的同时，长远的生态经济效益也会反哺金融业。

绿色信贷政策通过资金杠杆来达到经济调控目标。首先，逐步建立投资环保市场准入门槛，并不再对新增的限制和淘汰类项目进行信贷扶持；其次，政府对已建淘汰类建设项目逐步暂停各类新增授信支持，并逐步收回已投放的贷款，在资金来源上切断对高能耗、重污染企业的扶持，引导社会投资转移，有效推动产业结构调整。

除行政强制色彩外，绿色信贷更突出市场手段的调控作用。例如，银行直接收紧对"高耗能、高污染"行业的贷款审查，迫使企业承担环境违法行为的经济成本。同时，一定程度上也丰富了行政环保部门的执法工具。

三、绿色债券政策

绿色债券是指为符合要求的绿色项目融资或再融资而募集专项资金的债券工具。与其他债券对比，绿色债券政策具有五个特点：一是明确的绿色项目界定，严审债券资金的绿色用途；二是严格的绿色项目评价与选择流程；三是注重绿色债券资金使用的跟踪管理；四是加大绿色债券第三方认证力度；五是必须出具有关年度报告。

一般来说，绿色环保项目初期投入大、投资回报周期长、短期效益不显著、技术风险不确定，一定程度上抑制了市场投融资动机。绿色债券针对这些融资难的特点提出解决方案。从资本筹措模式的角度，开发性金融机构发放统一的绿色债券来筹集资金，并利用政策性专项建设信贷安排资金给各个项目，比企业自己发行专项建设债券或商业信贷筹集资金的方式更具规模成本优势。从市场机制的视角，绿色债券的介入可有效降低资金投入成本，激励企业进行低碳技术研发和推广应用。

从目前已发行的"绿色债券"看，其特点主要有以下四个方面。

1. 资金用途聚焦低碳项目

专款专用，绿色债券筹资定向扶持各类低碳项目。例如，为推动欧盟可再生能源发展，欧洲投资银行推出了"聚焦气候债券"，专门资助欧洲 75% 的可再生能源建设项目。贷款比例一般高至项目总成本的 50%，一些节能 20% 以上的项目贷款比例甚至高达总成本的 75%。

2. 债券信用评级较高

由于有欧洲投资银行和世界银行的高信用作为保障，其所推出的"聚焦气候债券""地球未来""绿色债券"等，都被列为国际最高级别的环境信用债券。世界最大的三个资信评估机构标准普尔（Standard&Poors）、穆迪（Moody）和惠誉（Fitch）均给予上述债券最高的 Aaa /AAa / AAA 信用评级。虽然投资不可能零风险，但这么高的信用评级意味着违约率可以忽略不计。

3. 本金收益有保障

目前，市场上的绿色债券多数是保本型债券（即债券收益与贷款支持项目的营利无关），而且债券收益率也普遍比政府债券的高。例如，世界银行在瑞典发行的"绿色债券"的年利率比瑞典政府同期国债高出 0.25%。

4. 市场融资吸引力大

由于绿色债券具有很高的信用评级，且具有公益性和营利性，自入市开始就获得各国政府机构、基金、公司和个人投资者的广泛欢迎，融资能力不可小觑。例如，世界银行从 2009 年首次推出"绿色债券"起，两年内用 15 种货币发行了 22 种"绿色债券"，共筹集超过 15 亿美元的债券基金。欧洲投资银行于 2007 年第一次推出"聚焦气候债券"就筹集了价值 15 亿美元的债券基金。

四、绿色基金政策

绿色基金根据国家节能减排战略、低碳经济发展趋势以及对环境的绿色改造要求而专立的一种投资基金，旨在通过投资促进低碳产业的发展。绿色基金投资的项目一般具有三个特点：节能环保、科技含量高、回报前景好。政府可以通过基金传递国家环保规划方向，引导民间资本向环保领域转移。通过绿色基金，宣传环保理念，赋能环保企业发展，助推环保技术的研发和推广。同时，基金的投资也会扩大环保政策的积极影响。

1. 绿色基金的组织方式

绿色基金一般由国家、企业和个人共同出资建立。政府搭台，市场运营，以非营利为主要目的。基金内部设有专门的管理委员会或者董事会，由政府环保部门直接负责，受国家财政、银行等机构监督。政府直接持有但不控股，政府无权干涉基金的商业运营，但承担监管责任。政府和民间资本（合作伙伴）共担风险。

2. 绿色基金的资金来源

绿色基金有三种资金来源。一是国际组织的捐款和低息投资；来自其他国家的捐资、投资和技术转让。二是本国政府的投资、财政拨款；国内企业捐款、缴纳的环境税、污染治理费和相关投资。国家可以通过财政拨款对绿色基金进行补充。三是个人的援助、环境税、治污费、投资。四是发行绿色债券或绿色彩票。

五、绿色保险政策

绿色保险又称环境污染责任保险，是为支持环境改善、应对气候变化、资源节约、能源高效利用而提供的保险风险管理服务和保险资金支持。这是以企业因环境污染问题、自然资源损害、食品安全等问题对第三方产生损害的法定赔偿责任为标的的保险。合理运用这一保险工具，对鼓励企业强化环保风险管理、做好食品安全控制、减轻环境污染危害、迅速解决问题、进行补救、有效维护受害者利益等方面起到了积极效果。

绿色保险包括保险业务种类和投资业务种类。保险业务主要是为在清洁能源、节能环保电力设施、新能源汽车、绿色食品、绿色建筑、绿色基础设施等领域的企业和项目提供责任保险、保障保险等细分的财险产品和相关服务。投资业务主要指投资于各绿色产业，以充分发挥保险资金中长期稳定性的优点。由于绿色产业的发展周期较长，且与保险资金的长期性特点相符，可减少绿色信贷经营风险，从而扩大对绿色产业的投资渠道。

鉴于部分企业的保险意识较薄弱，对绿色保险了解不够，政府应在政策层面进行指导与规范，不断完善有关的法律制度建设，并做好保险知识宣传与教育，以促进政府对绿色产品与业务创新的金融支持。政府调整了财政补贴方案，把对低碳环保的直接补贴转变为绿色产业全产业链保险补偿，以发挥保险制度对政府财政补贴的放大效应。另外，创新绿色保险的供给，拓展绿色保险承包范围，借助人工智能、云计算等加快科技赋能，提升保险创新和服务能力，调动保险机构为绿色发展服务的积极性。

六、碳排放权交易政策

碳排放交易理念起源于美国经济学家戴尔斯所提出的排污权交易的概念，我们本章已经介绍过。排污权交易已成为一项重要的环境政策工具。美国联邦环境保护局为落实《清洁空气法》，提出排污权交易的设想，将其应用于"酸雨控制计划"。欧盟、澳洲、英国、加拿大、日本、新加坡、智利、哥斯达黎加等国都纷纷出台了排放权交易的政策措施，并规范了具体的交易范围和标准。

排污权交易进行的基本流程是：由政府部门对一定范围内环境可能承受的最大污染物

排放总量进行评估后，将其划分为若干个排放污染份额，每个份额都作为一个排污权；在排污权一级交易市场，政府采取了竞价拍卖或定价买卖的手段，把排污权有偿出卖给污染者；当污染者购得了排放权时，其才能在二级市场上流通买卖。

碳交易效率和效果的实现需要政府对碳交易市场机制的运行进行有效的监督。这点在发达国家的碳融资实践中得到了证实。美国和欧盟都是在健全的公共决策程序和司法审查的基础上，通过灵活、透明的政府监管，实现对碳总量配额的有效性和长期性控制。因此，政府监管部门应根据碳金融发展的特点，首先完善制度设计，建立良好的制度环境。以此为基础，定期总结和分析碳市场的交易情况，不断探索和完善监管手段和方法，使碳排放交易制度更符合企业和环境的现实。

中国排污权交易机制的建立始于 1988 年排污权许可证机制的形成。该制度规定，水污染物的排放控制指标能够在污染企业之间实现货币交换。"十四五"期间，我国生态环境保护将进入减污减碳协同治理的新阶段，排污许可证制度改革也将进入提质增效的新阶段。形成以排污权许可管理制度为基础的环境污染源监督管理体系，有效推进了排污权许可管理制度与环保评价、污染总量管理、环保统计、环保执法检查等有关法律法规有效联动，涵盖了排放权许可管理的各个方面，全周期监控污染源，用健全的管理体系、有效的手段促进环境保护高水平治理。把排污许可执法检查工作作为国家生态建设环境执法年度计划，以促进执法检查、监督与执行的有效互动，推进高效治理。

七、其他促进低碳经济发展的政策

1. 以信用控制引导消费者低碳消费

低碳消费模式有五层含义：一是将生活中的温室气体排放量最小化；二是对资源和能源的耗费最小；三是对大自然的影响最少；四是对人类可持续发展的影响最小；五是对新能源的消费转变，拓展低碳环保的消费领域。最终，消费驱动经济转型，构建新的生产力发展模式，拓展就业渠道、提高能源利用效率、强化低碳环保的价值取向。

央行通过货币政策对低碳消费方式的引导主要包括以下四个方面：一是规定了贷款购买耐用消费品的最低首付金额。如果提高分期购买耐用消费品的首付，就可以抑制"批量生产、批量消费、批量废弃"的过度消费、资源枯竭型消费和环境污染型消费。二是规定分期付款等消费信贷购买各类耐用消费品的贷款最长还款期限，还款期限越短，对超前消费的抑制越大。三是要求通过分期付款方式购买耐用品，即要求哪些耐用品可以用分期付款方式交易，哪些耐用品不能用分期付款方式购买。四是建立和完善碳标识制度。例如，美国和英国等多国政府出台的"碳标签"政策，要求新产品上市时必须标示"碳标签"，即在包装上标明商品在制造、加工和出售过程中所产生的 CO_2 总量，便于消费者辨识。在购物时，40% 的消费者认为 CO_2 排放量对其是否购买该商品产生重要影响。同时，这个标签也可以作为能否分期付款的条件。高碳标签商品，如高能耗 SUV 汽车，不允许申请分期付款，而新的充电汽车不仅可以分期付款，还可以降低首付比例，延长付款期限。根据政府鼓励环保节约的原则，严格控制消费信贷，并有效指导五S消费，即节约性（Saving）、耐用性（Sustained）、共享性（Sharing）、安全性（Safe）、体恤性（Sympathetic）的消费。

2. 金融监管制度建设

碳金融虽然是一种创新，但也必须服从金融体系监管。事实上，许多其他类型的碳融资活动，如资金管理、财务咨询等，也需要监管。各国的融资管理制度各不相同，没有一个通用的最佳制度模式。然而，一个好的监管体系应该具备以下特点：首先，政府在实施有效的碳金融监管改革和体系建设方面发挥着重要作用，确保碳金融体系的稳定和发展。其次，确保监管机构的独立性，并实行监管问责制，确保权责明确。此外，形成了有效的立法与司法制度，从而避免了市场风险、信用风险、价格操控操作风险等。最后，有效的信息沟通和披露制度，减少不完整信息的影响。按照双碳治理的要求，健全碳排放量和碳足迹数据方面的强制性环境信息公开机制，明确公开要求和程序，建立信息制度体系，增强数据采集的精准度，强化金融机构和行业内部的信息共享。

第四节　低碳经济与产业政策

国家制定低碳产业政策是为了调整产业结构，引导产业向低碳方向发展，促进低碳产业升级，保证国民经济的健康可持续性发展。

一、产业结构政策

产业结构政策是为了保证产业的顺利发展，通过政策手段调整产业结构，推动供给侧转变，解决需求与供给之间不平衡、不协调的矛盾，促使产业结构顺应国民经济的发展要求。调整产业结构主要包括：依据资源、资金、技术和社会经济实际，在某段时期内选择和确定主导产业，促进各产业部门的协调发展；根据市场需求的变化趋势引导产业结构调整，借助市场机制的作用，发挥产业结构政策的效力。

宏观产业政策的主导作用在产业结构的调整和发展模式的转变上均得以体现，保证了低碳产业和低碳经济的发展。人类社会经济发展的进程中，特别是在工业化阶段，第二产业比重增长迅速，特别是以电力、冶金、化工、建材等为代表的原材料行业的快速增长导致碳排放量不断增加。但是到了工业化后期和高效益综合发展阶段，原材料工业发展达到顶峰，第二产业在经济活动中的比重下降，商业、贸易、金融、服务为代表的第三产业比重继续上升，导致碳排放强度呈下降趋势。从部门结构看，工业特别是冶金、化工、建材等行业是主要的耗能行业。

从图9-1可看出我国近几年国内生产总值GDP的变化及增长速度。图9-2对比改革开放之初1978年和近几年三大产业比重的变化趋势，发现第一产业比重明显下降，第三产业比重显著提高，客观反映了我国发展成就和现代化水平的提升。根据三大产业之间比例关系的长期变化趋势，低碳产业结构政策旨在通过政府采取各种措施加快服务业的发展，通过优化三大产业结构来实现低碳发展目标。与工业和建筑业相比，服务业的单位产值要低得多。但随着社会经济的进步，服务业发展速度较快，当人均 GDP 超过 1000 美元后，服务业会加速增长。因此，要降低碳排放，除了提高科技水平和能源利用效率外，单位能耗低的服务业突显出更多的优势。在体制、制度和资金投入方面，大力发展低能耗、高附加值的现代信息服务业，提高服务业在全社会产业结构中的比重，加大政策支持力度，并提高生产服务业的发展水平。政府要做好第三产业重要领域的规划和投资开发，完善和开放审批登记条件，通过财税、价格调节等手段保障重要领域和扶持薄弱环节，促进科技成果有效转化，进一步落实创新驱动发展战略，提高服务产业的高质量发展。

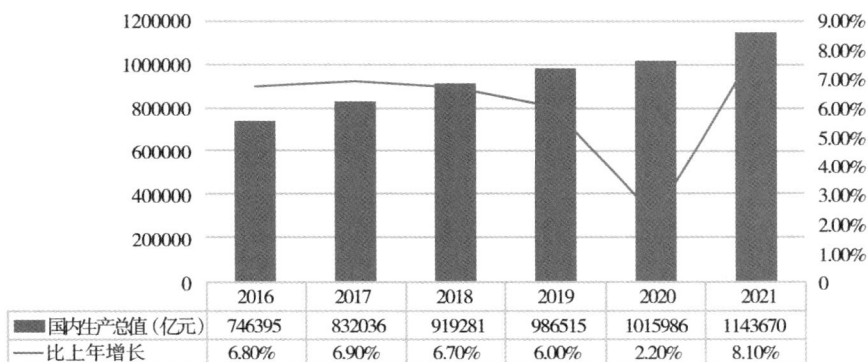

图9-1　2016—2021年国内生产总值及增长速度

（来源：中华人民共和国 2020、2021 年国民经济和社会发展统计公报）

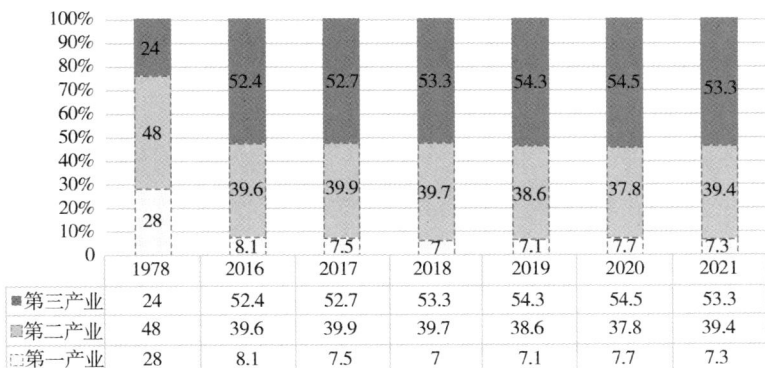

图9-2　1978年、2016—2021年三大产业增加值占国内生产总值比重

（来源：中华人民共和国 2020、2021 年国民经济和社会发展统计公报）

二、产业组织政策

产业组织政策是通过政策引导构建高效的产业组织形式，合理配置资源，调整经济结构，增加有效供给，解决供需矛盾的一种产业政策。显然，这一政策旨在促使产业组织合理化，实现资源有效利用，为公平的市场竞争创造条件。在实践应用中，各国政府往往将产业组织政策和产业结构政策组合使用，以期到达更好的效果。

在各个行业之间、一个行业的各个细分领域之间、一个细分领域的各个企业之间，各类生产要素配置出现三大变化趋势：由劳动密集型向资本密集型和技术密集型领域转移；由生产初级产品向制造中间产品和最终产品的高附加值行业转移；由化石燃料、高污染行业向低耗能、低污染行业转移。低碳产业组织政策要求政府通过不同政策，调控该行业内各个细分领域、同一细分领域内不同企业的资源配置，引导形成高附加值、高加工程度、高科技化、高洁净化的特点，最终实现低碳发展目标。

在工业发展方面，要充分调整工业装备结构，降低相应的能源消耗，提高工业生产效率。同时，在实际控制中，要关注高耗能产业。遏制高耗能产业的快速增长，可以有效地控制产业结构，减少污染源的产生。

聚焦能源结构的调整。在我国当前的发展进程中，能源结构的调整显得尤为重要。这也是促进低碳经济发展的重要因素。在实际生产中，减少高耗能产业的产业链，有效控制延伸产业，降低能耗。同时，要注意新能源的利用，有效减少传统能源的使用，不断开发新技术，促进新能源的利用。例如，利用水能、风能和太阳能可以从根本上控制环境问题的产生，促进低碳产业的发展。

三、产业布局政策

产业布局政策是指针对产业空间配置格局的政策。由于不同地区间经济活动密度和产业结构存在差异，通过该政策，充分发挥产业地理位置上的相对集中所产生的"积聚效益"，改善不同区域经济发展水平差距或扩大优势。

产业布局政策主要有两种形式：一是直接的产业布局政策，为刺激某个区域经济发展而自上而下的直接制定该地区的产业布局，并给予一定的补贴或激励；二是间接的产业布局政策，由于各地招商引资和发展经济的目标、方式和策略的差异，导致了不同的空间布局政策效果。

产业布局政策的宗旨是合理布局低碳产业，达到国家和企业整体利益的最优化，而不是局部地区的利益最大化。因此，一个国家的产业布局政策必须全盘考虑，统筹兼顾。一方面，国家必须根据各地区的不同情况，通过分析比较，明确各地区在国民经济中的作用和地位，因地制宜，确定各地区的产业发展主方向；另一方面，国家根据总体经济发展状况，在不同时期确定若干重点发展地区。在这个总规划的基础上，各地区应根据自身的特点安排当地的产业布局，不能忽视国家的整体利益，只顾发展自己的优势产业。

四、产业发展政策

产业发展政策是指围绕低碳产业的发展，通过各种方式制定的一系列具体政策，以实现绿色发展的目标。进入 21 世纪以来，世界各国都制定了相应的产业发展政策来促进低碳经济的发展。例如，德国专门出台了中小企业能效专项基金、节能法规、工业高效用电技术标准等政策措施，以促进工业的绿色节能。美国提出了"能源之星"行动计划，欧盟实施"最低生态设计国际标准"等，都在进一步规范电器和汽车能效标准，并强制推行能效标识制度。

在低碳产业的发展进程中，涌现出许多独具发展潜力的新兴产业。包括新能源汽车、节能材料、循环经济、环保装备、节能建筑等。政策对这些新兴产业的健康发展显得尤为重要。如政策重点扶持，助力低碳产业体系完善，促进低碳产业结构升级，实现经济发展模式向绿色低碳转型，保护生态环境，推动整个中国社会的可持续发展。

低碳产业政策有一些不同于传统产业政策的特点：一是低碳产业政策目标主要是平衡减排与经济发展的关系，不仅要考虑产业增长和竞争力提升，更要注重高质量、可持续的经济增长和社会发展方式的多元化目标实现。二是产业发展政策的激励和约束机制日趋规范化、标准化、系统化。如碳税的推出，使高碳企业成本上升，竞争力下降，促使其绿色转型。三是产业政策构建良好的制度环境，保证市场有效运行机制。如碳排放权交易，使出让碳排放权的企业在节能减排的基础上获得经济奖励，该制度的创新为碳排放市场机制控制温室气体排放提供了良好的制度保障。

第五节　主要发达国家、地区的低碳政策

国际有约束力的代表性国际协议主要有：《联合国气候变化框架公约》（1992 年签署，1994 年生效）、《京都议定书》（1997 年签署、2005 年生效）和 2015 年达成的《巴黎协定》。这些国际法文本构建了 2020 年后全球气候治理体系。

一、各国明确低碳发展目标和具体行动计划

根据有关信息统计，目前已有约 126 个国家和地区提出了碳中和目标且绝大部分完成时间在 2050 年，其中苏里南、不丹已经实现了碳中和（表 9-2）。

表9-2　世界各国和地区承诺碳中和时间表

国家/地区	进展状况	碳中和年份
苏里南	已实现	2014年起负排放
不丹	已实现	2018年起负排放
乌拉圭	政策宣示	2030年
芬兰	政策宣示	2035年

续表

国家/地区	进展状况	碳中和年份
奥地利、冰岛	政策宣示	2040年
瑞典、苏格兰	已立法	2045年
美国	部分州已立法	2050年
英国、法国、丹麦、新西兰、匈牙利	已立法	2050年
欧盟、西班牙、智利、斐济	立法中	2050年
德国、瑞士、挪威、葡萄牙、比利时、韩国、加拿大、日本、南非等	政策宣示	2050年
中国	政策宣示	2060年

（来源：观研天下，2021）

二、促进传统高碳产业改造和低碳技术创新

发达国家的低碳政策虽然形式不同，各有侧重，但多以传统高碳产业改造为出发点，以低碳技术创新为推手，以产业结构调整和产业升级为落脚点（表9-3）。

欧盟致力于低成本、清洁、高效和低排放的新能源技术开发，推动二氧化碳回收和封存技术的发展和应用。为贯彻《欧洲绿色协议》，欧盟推出了完整的经济政策方向和政策架构等。在产业政策方面，欧盟着力支持清洁能源、循环经济、数字技术等的发展，政策措施基本涵盖了农业、工业、运输、能源等各种行业，以促进国民经济的可持续增长方式转变。例如，优化公共交通运力结构，大幅度降低公路货运比重，加速增强铁路和水运能力，加大新能源车的基础设施建设，到2025年完成一百万个充电站建设，助力新能源汽车在欧盟的推广应用。

英国政府为积极鼓励和促进低碳经济发展，在调整产业结构、节约能源、提升能耗效益、优化能源结构、限制温室气体排放量等方面出台了系列措施。2021年3月发布了《工业脱碳战略》（*Industry Decarbonization Strategy*），明确了政府在2050年繁荣和低碳的英国工业愿景。与此同时，与市场伙伴密切合作，阐明低碳转型如何支持整个英国的工业竞争力和绿色复苏，包括确定新的市场和行业的发展机会。通过其在工业脱碳方面的领导作用，英国可以向世界其他地区输出技术。如果到2050年，全球工业排放较2012年水平减少约70%，英国2050年的清洁能源技术出口每年可为全球提供约14亿美元附加值，并提供1.8万个就业岗位。

表9-3 欧盟、英国低碳经济行业相关政策汇总

区域名称	相关政策	内容
欧盟	《欧洲绿色协议》	力争到2050年实现碳中和目标。主要从两个方面入手来采取措施：建立碳排放交易体系；零碳排放汽车政策

续表

区域名称	相关政策	内容
英国	《绿色工业革命十点计划》	2020年11月，英国政府公布的该项计划，聚焦了英国在绿色产业拥有优势并将重点发展的十个领域，阐述政府将采取的举措，旨在实现社会和经济更好的重建、支持绿色就业以及加速实现净零排放目标。具体举措包括：在2030年前停止销售汽油和柴油新车（比原计划提早10年），以及采取新措施推动英国成为世界碳捕获领域的领导者
	《国家基础设施战略》	围绕着经济复苏、平衡和加强联盟以及2050年实现净零排放三个中心目标，阐述了政府改造英国基础设施网络的计划
	《工业脱碳战略》	明确2050年繁荣和低碳的英国工业愿景。并与市场伙伴密切合作，确定新的市场和行业的发展机会。可向世界其他地区输出技术
	《能源白皮书：赋能净零排放未来》	针对能源转型、支持绿色复苏以及为消费者创造公平交易环境三项关键议题制定了多项举措，致力通过高达2.3亿吨的二氧化碳减排量，在2032年前减少能源、工业和建筑领域的碳排放

（来源：观研天下，2021）

为实现低碳社会建设目标，日本推出综合治理和长期规划，升级产业结构，补贴基础设施，鼓励民间投资向绿色节能技术研发转移。另外，政府还采用立法、政策设计、管理举措等，以引导企业节能减排，推动低碳经济发展。日本相继制定了《推动建立循环基本法》《推动能源有效利用法》《固体废弃物管理和公共清洁法》《促进器皿与包装物分类回收法》《电器回收法》《建筑工程及材料回收法》《食品回收法》及《绿色采购法》等，为有效促进低碳经济发展提供了法律依据和保障。

三、推动新型清洁能源与可再生能源的发展

全球许多发达国家都在积极力推以风能、太阳能、水能、地热能、生物质能、氢能、燃料电池等为代表的低碳或零碳能源，探索新能源和可再生能源开发，但是各国依据自身优势和情况，在建设目标和政策方面各具特色。

美国在《清洁空气法》和《能源政策法》的基础上推出"清洁煤计划"，以期通过技术进步，降低燃煤使用，提升燃煤效能，从而降低碳排放量。

欧盟在2021年年底发布应对气候变化行动战略第二部分的提案，涉及老旧建筑改造、甲烷排放监管和更环保的气体燃料使用等方面，旨在落实2050年碳中和目标。

在欧盟统一的应对世界气候变化行动战略布局下，德国正着力增加可再生能源的比重。2011年日本福岛核灾害事故后，德国进一步调整了国内能源政策，提出加速发展可再生能源的措施，并打算到2022年关停国内全部核电厂（因2022年的能源危机，德国决定计划延长至2023年4月）。德国的《可再生能源法》明确了以发展可再生能源为核心的电力

开发和能源转型战略，有效推动能源结构调整和可再生能源发展。

英国政府给予碳定价政策和对可再生能源支持，在电力系统中已经大幅减少对煤炭的依赖。承诺支持最清洁的低碳发电方式以及海上风电和太阳能，2030 年海上风电将提供英国 1/3 的电力，太阳能电池板供应 1/4 电力。随着英国向低碳经济过渡，核能将继续在英国未来的能源结构中发挥作用。2019 年，核电站提供了英国大约 17% 的发电量。到 2029 年英国许多核电站将逐渐关停。英国将继续完善核电部门交易、核发电政策及法律框架，最大限度提高核电对英国的价值和效益。另外，对碳捕获与封存（CCS）、碳捕集与利用（CCU）这些技术的推广和应用提供有力的经济支撑，并且鼓励这些技术在国际上进行推广。确保一个可靠、经济有效、低碳的电力供应是英国实现净零目标的关键，英国在向更清洁、更智能的电力部门过渡中已经处于领先地位。

英国政府给予可再生能源和碳定价政策支持，大大降低了电力系统对煤炭的依赖。致力于最清洁的低碳发电模式及海上风能和太阳能。到 2030 年，海上风力发电将提供英国 1/3 的电力，太阳能电池板将提供 1/4 的电力。2019 年核电站提供了英国约 17% 的电力。到 2029 年，英国的许多核电站将逐渐关闭。此外，为碳捕获与封存（CCS）、碳捕集与利用（CCU）技术的推广和实施提供强有力的经济支持，并鼓励这些技术在国际上推广。确保可靠、低成本和低碳的电力供应是英国实现净零排放目标的关键，而英国在向更清洁、更智能的电力部门过渡方面处于领先地位。

四、市场机制与经济杠杆的广泛应用

1. 财政政策的支持

为实现碳中和的目标，各国都在财政扶持政策方面予以倾斜，鼓励低碳经济发展。美国提出投资 2 万亿美元解决气候问题，从而在 2050 年实现碳中和。日本政府投资设立 2 万亿日元的绿色基金，主要对私营企业的环保发展项目进行支持。韩国政府的"数字和绿色新政"计划中，将拿出 73.4 万亿韩元用于住房与公用建筑节能、电动汽车和可再生能源的研究开发。德国 2020 年对电动汽车的补贴达到 6.52 亿欧元，比 2019 年的 0.98 亿欧元增长了 6.65 倍。

2. 节能减排的环境税收激励政策

各国政府一般通过行政手段、财税措施、市场机制等综合运用，并努力提高各类措施的协调效果，以确保节能减排任务的完成。尽管政府手段的自上而下有效性较高，但在具体实施过程中，政府部门往往仍需要通过财税政策进行引导。如芬兰、荷兰、德国、美国等均对环境税税收减免项目和环境税返还项目予以明文规定。

3. 实施严格的能耗效率管制

制定较严格的生产效率和能耗准则是强调低碳经济发展的各国所采取的普遍措施，借此迫使企业降低生产能耗，创新低能耗产品，以适应制度环境。例如，推行建筑设计与住宅翻修的能耗效率指标；引进节能灯具，逐渐取代白炽灯；针对电冰箱、电脑等贸易商品，政府执行了较高的节能要求，以降低交通工具运力能源消耗，促进低碳能源的高效应用；强化环境污染控制和监督，确保清洁能源有效使用；鼓励政府部门身先士卒，积极实施节能减排的措施。下面以意大利和日本的能源管理为例说明。

意大利自 2005 年起实施"白色证书"体系，即企业最低能耗的认证体系。行政机构在核定了企业最低的环保目标后，对其授予"白色证书"。"白色证书"也可以买卖，但主管部门可以根据市场行情调节交易价格。节能达标的企业可以通过市场交易获得一定的经济报偿。没有达标的企业可以在市场上采购"白色证书"，为此付出经济成本。另外，政府增加了强制性规定，在企业实施节能计划时，至少有一半是自己主动降耗而实现的，购得的"白色证书"不可超过节能目标的一半。

日本则通过《节能法》，在能源效率方面采取强制标准，即对空调、汽车、新建房屋等及其配套设施等行业，强制将能源效率最好的产品作为整个行业的标准。

五、积极发展排污权交易

2002 年英国正式实施了碳排放权交易机制，成为首个在国内实施碳排放交易的国家。英国的目标一方面是大幅减少碳排放的绝对数量，另一方面是在碳排放交易方面积累经验。设在英国伦敦的欧洲气候交易所（European Climate Exchange，ECX）是目前全球最大的碳排放权交易所，全世界 60% 的碳排放权，欧洲约 90% 的碳排放权都在此交易。

德国、欧盟、美国和日本则紧随其后，全力推进碳排放权交易。德国自 2002 年开始排放权交易的准备工作，现已形成了相对健全的法规机制和管理体系。欧盟确立了温室气体排放交易体系，向其各成员国力推碳排放权交易，并逐渐拓展其交易领域。2005 年，欧盟开始推行公司级排放交易，并取消了排放权许可配额的规定，转而采用排放拍卖机制。美国政府于 2003 年建立了芝加哥气候交易所，并开启了区域温室气体排放交易和减排计划。日本已于 2008 年 10 月开始试点企业间温室气体排放权交易机制，并着手研究可再生能源的收费标准系统。

六、持续鼓励低碳交通运输

各国政府出台了许多的节能立法和财政税收优惠，以大力支持低碳交通的发展。美国在节能立法方面，先后制定了《清洁空气修正案》《乙醇发展规划》《新一代汽车伙伴计划》，以推动燃气汽车、电动汽车、燃料电池汽车等清洁能源汽车开发。而美国联邦运输部在制定五年发展战略规划时，也围绕着环境管理的核心目标，力推建设多式联运和综合交通运输体系，以提升交通体系的能源效率，减少碳排放。同时配套资金补助、税费减免、低息贷款等支持性的财税制度政策，以期达到更好的效果。

欧盟及其成员国主要从节能立法、减排标准、碳税政策及政策措施体系等多方面，建立了低碳交通运输系统。提出"环境行动方案"后，对交通运输领域的节能减排工作进行了整体规划。针对汽车尾气排放，先后推出了从欧 I 到欧 V 的一系列汽车尾气排放标准。在政策支持领域，充分发挥市场机制的功能，采取碳税等财税措施，激发全民节能减排主动性。另外，欧盟还形成了 ASI 政策与行动机制。这个机制包括由一个政策矩阵所组成的 15 种核心策略和方法，它有三个不同的实现途径，即避免（A）、转换（S）、改进（I）和规划（P）、制度（R）、经济（E）、信息（I）、技术（T）五种措施组成，相应制定详细的低碳政策。

日本的低碳交通建设起步较早。通过统筹规划城市交通综合路网、力推绿色智能交通建设、实施车辆燃油经济性规范、制定财税政策激励方案，逐步形成了低碳环保交通体系。同时，政府重视相关法律建设，于 1979 年颁布了《节能节约法》，对能耗设备的节能规范与效率提出了更高要求，对不达标者出台具体的惩戒举措。以表现最佳企业为标准，制定燃油经济性指标：先是按照车辆的自重对汽车归类并细分级别，然后再根据各个级别中节油表现最佳车型提出对应级别车型的节油标准，对不符合标准的车辆实施惩戒，从而有效提升了日本车辆的燃油经济性。另外，日本政府实施了绿色税收计划，对新能源和环保车辆实行了税费减免优惠政策，并对电动汽车锂离子电池、太阳能电池等关键行业予以补助，推动技术研发和推广应用。

第六节　中国低碳经济发展政策

我们党始终坚持推进低碳经济发展。习近平总书记提出：尽快形成绿色制造和消费的法规体制和政策导向，构建完善绿色生态低碳循环发展的制度体系。我们要以习近平新时代中国特色社会主义思想为指导，全力推进实践习近平生态文明思想，进一步学习践行党中央、国务院的战略部署，不断奋斗，贯彻落实"生态优先、绿色发展"新发展理念，积极推进绿色技术创新，建设绿色金融，有效赋能节能环保产业、清洁能源产业、清洁制造产业；促进经济向绿色规划、绿色资本、绿色制造、绿色流通和绿色消费模式转型，建设成资源节约型和环境友好型社会；统筹促进高质量增长与高标准环境保护，构建完善绿色生态低碳循环发展的新体制，确保完成碳达峰与碳中和总体目标，促进我国绿色发展再上新台阶。

为清晰地表现出中国碳减排压力的相对大小，图 9–3 中对中国、美国、俄罗斯三国的碳减排幅度变化情况进行分析。

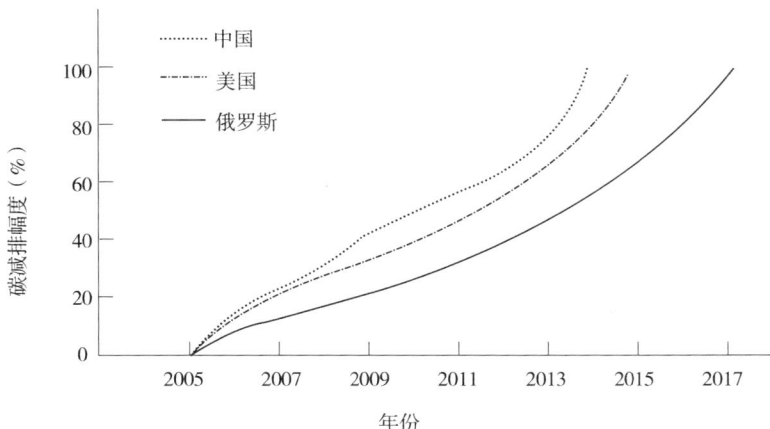

图9-3 中国、美国和俄罗斯的碳减排幅度对比

（来源：张新江，2019）

一、统筹规划引领低碳产业发展

2020年10月中共十九届五中全会审议批准了《中共中央关于制定国民经济和社会发展第十四个五年规划和二〇三五年远景目标的建议》，把"加快推动绿色低碳发展"作为新时期的重要战略蓝图，为中国人民进一步增强新发展理念的能力和形成新型经济发展格局能力，提出了明确奋斗发展方向，指明了基本依据。2021年2月国务院办公厅颁布《关于加快建立健全绿色低碳循环发展经济体系的指导意见》，指出构建和完善绿色低碳循环发展过程的新体制，促进整个经济社会运行的全面绿色转型，是破解当前能源、环境和生态难题的根本之策。

二、我国低碳经济主要建设目标

按照中央的规划目标和指导意见，我国计划到2025年，产业结构、能源结构、交通运输结构明显优化，绿色产业比重将明显提升，社会基础设施绿色化水平将持续增强，清洁生产技术水平将持续提升，生产生活方式的绿色转型将获得明显进展，社会能源资源配置将越来越合理，效率显著提高，重点污染物排放总量不断下降，碳排放强度也将明显下降，自然环境条件持续好转，市场引导的绿色技术创新体系越来越完善，法律、规范和政策制度越来越有效，绿色低碳循环发展的生产体系、商品流通体系、居民消费体系将初步建立。表9-4为近年来我国国家层面低碳经济行业相关政策汇总。到2035年，中国绿色生态经济蓬勃发展的内生动力将显著提升，绿色产业规模迈上新台阶，重要行业、重大产品能源资源利用效率将超过全球先进水准，并普遍建立绿色生产生活方式系统。碳排放量在达峰后将稳中有降，自然环境得到实质性提升，美丽中国的建设目标将基本完成。为上述目标任务的实现保驾护航，切实做好实施保障工作，相关法律法规体系建设必须先行。

表9-4 近年来我国低碳经济行业相关政策汇总（国家层面）

时间	颁布单位	政策措施	内容
2018年2月	国家能源局	《关于印发2018年能源工作指导意见的通知》（国能发规划〔2018〕22号）	全国能源消费总量控制在45.5亿吨标准煤左右。非化石能源消费比重提高到14.3%左右，天然气消费比重提高到7.5%左右，煤炭消费比重下降到59%左右，单位国内生产总值能耗同比下降4%以上。燃煤电平均供电煤耗同比减少1克左右；加快能源绿色发展，促进人与自然和谐共生
2018年3月	全国工商联新能商会低碳减排专委会	《关于碳排放权交易管理条例立法的建议》	应尽快出台《碳排放权交易管理条例》，以立法的形式确定碳排放权交易的制度目标，对碳排放许可、分配、交易、管理、交易各方的权利义务、法律责任等做出规定
2018年4月	国家能源局	《关于减轻可再生能源领域企业负担有关事项的通知》（国能发新能〔2018〕34号）	严格执行可再生能源发电保障性收购制度，电力市场化交易应维护可再生能源发电企业合法权益；减少土地成本及不合理收费，通过绿色金融降低企业融资成本，制止乱收费等增加企业负担行为
2018年4月	国家发改委，教育部等14部委	《关于2018年全国节能宣传周和全国低碳日活动的通知》（发改环资〔2018〕828号）	全国节能宣传周活动的主题是"节能降耗保卫蓝天"。全国低碳日活动主题是："提升气候变化意识，强化低碳行动力度"。节能宣传周期间，国家发展改革委将会同有关单位围绕宣传主题，组织开展相关宣传活动，提升全社会节能意识和节能能力，不断推动生态文明和美丽中国建设。全国低碳日期间，生态环境部将会同有关单位开展"美丽中国，我是行动者"主题实践活动和全国低碳日主题宣传活动，倡导公众选择简约适度、绿色低碳的生活方式
2018年6月	国务院	《关于印发打赢蓝天保卫战三年行动计划的通知》（国发〔2018〕22号）	到2020年，二氧化硫、氮氧化物排放总量分别比2015年下降15%以上，PM2.5未达标地级及以上城市浓度比2015年下降18%以上，地级及以上城市空气质量优良天数比率达到80%，重度及以上污染天数比率比2015年下降25%以上；到2020年，全国煤炭占能源消费总量比重下降到58%以下；北京、天津、河北、山东、河南五省(直辖市)煤炭消费总量比2015年下降10%，长三角地区下降5%；2020年全国电力用煤占煤炭消费总量比重达到55%以上
2018年9月	国务院	《京津冀及周边地区2018—2019年秋冬季大气污染综合治理攻坚行动方案》（环大气〔2018〕100号）	"2+26"城市完成散煤替代362万户，加大燃煤小锅炉淘汰力度，北京、天津、河北省基本淘汰每小时35蒸吨以下锅炉，天津、河北、山东、河南基本完成每小时65蒸吨及以上燃煤锅炉超低碳排放改造
2020年12月	—	中央经济工作会议	要抓紧制定2030年前碳排放达峰行动方案
2020年12月	生态环境部	《碳排放权交易管理办法(试行)》（生态环境部令第19号）	重点排放单位应当控制温室气体排放，报告碳排放数据，清缴碳排放配额，公开交易及相关活动信息，并接受生态环境主管部门的监督管理；纳入全国碳排放权交易市场的重点排放单位，不再参与地方碳排放权交易试点市场

续表

时间	颁布单位	政策措施	内容
2021年1月	生态环境部	《关于统筹和加强应对气候变化与生态环境保护相关工作的指导意见》（环综合〔2021〕4号）	明确了统筹和加强应对气候变化与生态环境保护的主要领域和重点任务，推进生态环境治理体系和治理能力稳步提升，为实现二氧化碳排放达峰目标与碳中和愿景提供支撑
2021年2月	国务院	《关于加快建立健全绿色低恢循环发展经济体系的指导意见》（国发〔2021〕4号）	到2025年，主要污染物排放总量持续减少，碳排放强度明显降低，生态环境持续改善；到2035年，广泛形成绿色生产生活方式，碳排放达峰后稳中有降，生态环境根本好转，美丽中国建设目标基本实现
2021年3月	人大会议	《2021年政府工作报告》	加强污染防治和生态建设，持续改善环，扎实做好碳达峰、碳中和各项工作，继续加大生态环境治理力度
2022年1月	国务院	《国务院关于印发"十四五"节能减排综合工作方案的通知》（国发〔2021〕33号）	到2025年，全国单位国内生产总值能源消耗比2020年下降13.5%，能源消费总量得到合理控制，化学需氧量、氨氮、氮氧化物、挥发性有机物排放总量比2020年分别下降8%、8%、10%以上、10%以上
2022年2月	国家发改委	《关于完善能源绿色低碳转型体制机制和政策措施的意见》（发改能源〔2022〕206号）	到2030年，基本建立完整的能源绿色低碳发展基本制度和政策体系，形成非化石能源既基本满足能源需求增量又规模化替代化石能源存量、能源安全保障能力得到全面增强的能源生产消费格局
2022年3月	国家发改委、国家能源局	关于印发《"十四五"现代能源体系规划》的通知（发改能源〔2022〕210号）	展望2035年，能源高质量发展取得决定性进展，基本建成现代能源体系。能源安全保障能力大幅提升，绿色生产和消费模式广泛形成，可再生能源发电成为主体电源，新型电力系统建设取得实质性成效，碳排放总量达峰后稳中有降
2022年5月	国务院办公厅	《关于促进新时代新能源高质量发展的实施方案》（国办函〔2022〕39号）	要实现到2030年风电、太阳能发电总装机容量达到12亿千瓦以上的目标，加快构建清洁低碳、安全高效的能源体系
2022年5月	生态环境部	关于印发《国家适应气候变化战略2035》的通知（环气候〔2022〕41号）	提出"到2035年，气候变化监测预警能力达到同期国际先进水平，气候风险管理和防范体系基本成熟，重特大气候相关灾害风险得到有效防控，适应气候变化技术体系和标准体系更加完善，全社会适应气候变化能力显著提升，气候适应型社会基本建成"
2022年6月	国家发改委、国家能源局	《关于印发"十四五"可再生能源发展规划的通知》（发改能源〔2022〕1445号）	展望2035年，我国将基本实现社会主义现代化，碳排放达峰后稳中有降，在2030年非化石能源消费占比达到25%左右，和风电、太阳能发电总装机容量达到12亿千瓦以上的基础上，上述指标均进一步提高

续表

时间	颁布单位	政策措施	内容
2022年10月	中国共产党第十九届中央委员会	《中国共产党第二十次全国代表大会上的报告》	中国式现代化是人与自然和谐共生的现代化。""尊重自然、顺应自然、保护自然，是全面建设社会主义现代化国家的内在要求。必须牢固树立和践行绿水青山就是金山银山的理念，站在人与自然和谐共生的高度谋划发展

（资料来源：观研天下，2021）

三、各地因地制宜、分类施策，完善"双碳"政策体系

在中央的顶层设计和规划部署下，全国各地版本的碳达峰和碳中和的"双碳"政策体系纷纷落地，以促进低碳经济发展，全方位全过程推进经济社会发展的整体绿色转型，完成主要建设目标任务。表9-5为近年我国地方政府层面的低碳经济行业部分机关政策汇总。

表9-5 近年我国低碳经济行业部分相关政策汇总（地方政府层面）

颁布单位	政策措施	内容
北京市	《北京市朝阳区节能减碳专项资金管理办法》	制定年度节能资金预算安排，专项资金支持范围包括：节能低碳试点、示范项目；节能技术改造项目；节能新产品、新技术应用及推广、储能技术项目；新能源、可再生能源开发利用及推广项目，分布式光伏电站项目；能源审计、清洁生产项目；循环经济和资源节约项目；建筑节能项目；能源管控平台建设项目；节能考核奖励、节能宣传；区政府批准的其他节能减碳支出
	《北京市统计局关于公布2017年北京市重点排放单位及报告单位名单的通知》	固定设施和移动设施年二氧化碳直接排放与间接排放量5000吨（含）以上，且在中国境内注册的企业、事业、国家机关及其他单位为重点排放单位，需履行年度控制二氧化碳排放责任；年综合能源消费总量2000吨标准煤（含）以上，且在中国境内注册的企业、事业单位、国家机关及其他单位为报告单位，应在规定的时间内按照要求向市发展改革委提交上一年度碳排放报告
湖北省	《湖北省2017年碳确定排放权配额分配方案》	344家企业作为2017年纳入碳排放配额管理的企业，涉及电力、钢铁、水泥、化工等15个行业，确定2017年碳排放配额总量为2.57亿吨
山东省	《山东省人民政府办公厅关于印发山东省节能奖励办法的通知》	省节能奖励包括2个类别、4个子项；山东省节能突出贡献单位、山东省重大节能成果每年评选一次，各不超过5个名额，给予每个获评单位、成果100万元奖励；山东省节能先进单位、山东省优秀节能成果每年评选一次，各不超过50个名额，每个山东省优秀节能成果10万元奖励
陕西省	《陕西省"十三五"控制温室气体排放工作实施方案》	推进低碳能源体系建设，强化能源消费总量和强度双控，推进能源节约，加快发展非化石能源；控制重点领域碳排放，建立企业碳排放权市场交易机制等措施，到2020年，全省单位地区生产总值二氧化碳排放比2015年下降18%，碳排放总量得到有效控制。氢氟碳化物、甲烷等非二氧化碳温室气体控排力度进一步加大

颁布单位	政策措施	内容
福建省	《关于做好2016、2017年度碳排放报告与排放监测计划制定工作的通知》	福建省行政区域内石化、化工、建材、钢铁、有色、造纸、电力、航空、陶瓷9个重点排放行业，2013—2017年中任意一年温室气体排放量达2.6万吨二氧化碳当量（综合能源消费总量约1万吨标准煤）以上（含）的企业或者其它经济组织，核算2017年度温室气体排放量及相关数据，并通过福建省碳交易信息管理与在线报送平台编制年度碳排放报告
广东省	《关于开展参与全国碳交易市场广东企业2016、2017年度温室气体排放信息报告核查工作的通知》	广东省内(深圳市除外)石化、化工、建材、钢铁、有色、造纸电力、航空等行业中，2013—2017年任一年温室气体排放量达2.6万吨二氧化碳企业单位，核算和报告企业2016、2017年度温室气体排放量及相关数据，并于2018年3月15日前上报广东省发改委
	《广东省2018年度碳排放配额分配实施方案》	2018年度纳入碳排放管理和交易范围的行业企业分别是电力、小泥、钢铁、石化、造纸和民航六个行业企业。确定2018年度感配额总量为4.22亿吨，其中，控排企业配额3.99亿吨，储备配额0.23亿吨，储备配额包括新建项目企业有偿配额和市场调节配额
海南省	《关于印发海南省"十三五"控制温室气体排放工作方案的通知》	加强能源碳排放指标控制，到2020年能源消费总量控制在2600万吨以内，非化石能源占一次能源消费比重达到17%；大力推进能源节约，发展非化石能源，促进工业农业领域低碳产业发展，参与全国碳排放权交易市场；到2020年，单位地区生产总值二氧化碳排放比2015年下降12%，碳排放总量得到有效控制，氢氟碳化物、甲烷、氧化亚氮等非二氧化碳温室气体控排力度明显加大
上海市	《关于开展本市纳入碳排放配额管理的企业2017年度碳排放报告工作的通知》	各纳入本市碳排放配额管理的企业应于2018年3月31日前完成2017年度碳排放报告的编制和报送工作
	《关于印发上海市2018年节能减排和应对气候变化重点工作安排的通知》	2018年，全市能源消费增量控制在240万吨标准煤以内，二氧化碳排放增量控制在515万吨以内，煤炭消费总量控制在4400万吨左右，单位生产总值（GDP）综合能耗、二氧化碳排放量分别比上年下降3.6%左右；二氧化硫、氮氧化物、化学需氧量、氨氮排放量分别比上年下降4%、4%、2%、2%，细颗粒物（PM2.5）浓度力争比上年有所下降，挥发性有机物（VOCs）排放量继续下降
天津市	《关于开展2018年度天津市绿色工厂、绿色园区创建工作的通知》	2018年，创建30～40家市级绿色工厂和2～3个市级绿色园区，开展信息交流传递、示范案例宣传活动，培育专业化绿色制造服务机构，发挥财政奖励政策的推动作用和试点示范的引领作用，初步建立绿色制造体系
四川省	《四川省落实全国碳排放权交易市场建设方案(发电行业)工作方案》	2018年，优化升级我省碳交易平台，确保与全国碳市场数据报送系统、注册登记系统、交易系统和结算系统以及全国公共资源交易平台顺利对接。研究制定碳排放权交易管理办法；2019年，组织发电行业重点排放单位参与配额模拟交易，提升企业等各类主体参与全国碳交易的能力和管理水平。完善碳市场管理制度和支撑体系；2020年及以后，组织发电行业重点排放单位参与配额现货交易。根据国家统安排，推动交易范围逐步扩大至其他高耗能、高污染和资源性行业，丰富交易品种和交易方式

颁布单位	政策措施	内容
江苏省	《关于深入推进绿色金融服务生态环境高质量发展的实施意见》	暂停对环保等级红色、黑色企业的贷款；奖励绿色企业上市和再融资活动；对绿色债券，绿色ABS提供30%的贴息；对中小企业绿色信贷第三方担保机构提供1%的风险补偿；奖励绿色债券第三方担保机构；建立中小企业绿色集合债担保风险补偿机制

（资料来源：观研天下，2021）

2021 年，上海出台"碳达峰、碳中和"的推进文件，国家碳排放交易市场在上海上线；四川省制定了 18 条扶持环保低碳产业高质量增长的措施；在黑龙江省成立低碳企业联盟；甘肃省建成了"碳达峰、碳中和"项目机制，将第一批 19 个省电力企业正式引入国家碳市场交易；重庆市出台了"碳达峰、碳中和"项目计划，整改了 122 个市"两高"项目，并发行绿色债券 142 亿元；湖北省建设和执行国家碳排放权登记系统，碳市场配额交易数量列全国前列；江西省顺利完成了"碳达峰、碳中和"总体设计，并发行了全国有色金属行业首次碳中和债券。

2022 年，山西省制定碳达峰实施方案，以细化"碳达峰、碳中和 1+X"政策体系；吉林省预建立健全的"碳达峰、碳中和"政策保障体系；江苏省编制碳达峰行动实施方案，并制定了与减污降碳效果相关的财政政策；山东省建设覆盖重要领域的能耗情况监控系统；海南省制定项目引进低碳指南。

四、各地推进绿色低碳产业发展重点

全国各地以发展绿色低碳产业为重点，通过促进传统产业的加快转型，因地制宜，找准绿色低碳产业发展方向，积极促进风能、光伏发电等可再生能源以及氢能、核电等清洁能源建设，将推动绿色生产建设和重点领域环保改造成为经济发力重点。

广东省推动了工业园区的循环化发展，并要求开展绿色制造工程等关键领域环保化改革；河北省规划建设风电、光伏、氢能等新能源项目，促进了新型储能的开发；重庆市则以打造绿色生态建筑产业园区为目标，着力扶持发展循环经济、生态产业和节能环保建筑业；四川省围绕清洁能源领域，积极推进水、风、气、氢、多能源整合开发；宁夏则通过详细的产业控制目录，力促重点项目的节能评估与产能置换；贵州省等相对落后地区则以煤电和新能源项目的优化组合为重点，积极开发可再生能源项目，开拓泵送蓄能领域发展。

五、建立完善的低碳考核制度

2022 年 2 月，国家发展改革委、国家能源局发布《关于完善能源绿色低碳转型体制机制和政策措施的意见》，特别指出健全资源绿色低碳转型监督综合评估体系。着重分析衡量地区能源消费强度、能源消费总量、非化石能源和可再生能源消费需求比例、能源消费碳排放系数等方面，考评能源绿色低碳转型有关管理机制、优惠政策的实施情况和效果。

健全能源绿色低碳发展考评体系，根据《国民经济和社会发展计划纲要》《年度计划》《能源规划》等政策制定的能源发展有关约束性指标加强考评。鼓励各地采取区域合作或进行可再生能源电力消纳量交换等方法，实现符合国家确定的可再生能源消费最低比例等指标要求。

六、注重低碳政策的国际协调

低碳经济是未来国际经济竞争的新平台。同时，环境与气候变化成为全世界存在的共同难题。各国可利用政府和非政府组织、协会之间的交流与协作、科技国际转让与推广等手段，联合研究，提升国内技术能力，缩短各国之间的科技差距。习近平总书记提出的"合作共赢、各尽所能""奉行法治、公平正义""包容互鉴、共同发展"的全球气候治理理念深入人心。在《巴黎协定》框架内，我国积极建设性地加入了世界气候治理，探索建立低碳经济的国际合作框架和平台，建立应对气候变化合作对话机制、磋商和协调机制，通过论坛、研讨会、政策对话等形式，加强中国与世界各国的国际合作与交流。

思考题

1. 讨论低碳经济政策对中国低碳经济增长的影响。
2. 新时期我国发展低碳经济的主要财政与金融政策有哪些？
3. 发达国家发展低碳经济的财政政策及启示。
4. 低碳产业政策主要是哪四种？

第十章　前沿文献导读

【学习目标与任务】

1. 了解低碳经济学研究的前沿动态；
2. 了解全球变暖对物种和生活环境带来的危害；
3. 了解碳核算方法及脱碳的相关路径；
4. 掌握可持续发展的六种协作生产模式；
5. 了解食物系统对气候变化的影响；
6. 熟悉"低碳城市"概念；
7. 把握中国"碳达峰、碳中和"政策的相关进程和主要实现路径。

文献一　生命的最高温度阈值

温度影响许多生命过程，但它的影响在生活环境相似的真核生物之间可能存在不同。来自《柳叶刀·星球健康》的研究回顾了有关人类、牲畜、家禽、农作物和渔业的温度阈值的文献发现，对人类、牛、猪、家禽、鱼和农作物来说，适宜的温度范围为 17 ~ 24℃。同时湿度越大，温度阈值越低。

很多生物如果长期暴露在 25℃ 以上的高湿度环境中，会出现热应激；短时间暴露在 35℃ 以上的高湿度环境或 40℃ 以上的低湿度环境中，对于它们来说可能是致命的。人类、牲畜、家禽、鱼类和农作物在致命温度下暴露频率和持续时间的加长会增加生理压力和身体伤害。如果其他物种不能避开、迁移，或以其他方式保护自己免受极端温度的压力，它们将会因为持续的全球变暖而灭种。因为适应当前气候变化速度的基因通常需要许多年才能形成，而对于许多复杂的生命形式来说可用的时间太短了。

如果目前朝着所谓的温室地球的轨道继续下去，该研究中讨论的大多数生物，以及更多的生物，都可能受到严重影响或完全消失。2018 年，一场温度超过 42℃、持续两天的热浪导致澳大利亚 1/3 的蝙蝠（2.3 万只）死亡。高温持续时间对人类、牲畜和农作物的影响在不同的生物体中是相似的。然而，全球变暖对生物体的影响可能因地理区域而有很大的不同。尽管热带地区的变暖程度低于其他地区，但由于高温对新陈代谢的非线性影响，比起高纬度地区，热带地区受全球变暖的影响更大。

目前，全球 12% 的陆地面积受到对人类致命气候条件的影响。根据典型气候路径情景，到 21 世纪末，这一比例将增加到 45.70%。在未来，75% 的人口（预计将在现有人口的基础上增长 35%）将长期受到高温的影响，预计家畜、家禽、农作物和其他生物的热暴露也会增加。预计到 21 世纪末，在人口稠密的农业区，南亚、恒河和印度河流域，约有五分之一的人口将面临频繁的致命热浪和高于 35℃ 的湿球温度。因为适应当前气候变化速度的基因通常需要许多年，而对于许多复杂的生命形式来说，可用的时间太短了。如果目前朝着所谓的温室地球的轨道继续下去，此文观点中讨论的大多数生物，以及更多的生物，都可能受到严重影响或完全消失。

文献二　零碳可持续城市的碳分析

全世界有 500 多个城市已经制定了低碳和净零碳目标，以期推进气候适应、健康和社会公平，从而达到联合国的可持续发展目标。然而，关于如何衡量城市碳排放以实现脱碳，人们几乎没有共识。目前不同城市碳分析方法有诸多争议，且缺乏一个将城市碳核算与多种可持续发展目标系统联系起来的分析框架。发表在《自然·可持续性》的文章中，Ramaswami 等人将四种不同的城市温室气体核算方法与城市脱碳政策的四个不同方面对应起来，提出了基于零碳城市基础设施转型的碳测量和碳分析法的新方向。

一、四种城市碳核算方法对应城市脱碳政策的不同方面

目前城市尺度有四种碳核算方法。每种方法各有优缺点，不同方法产生的数据对应了城市脱碳政策不同方面（见表 10-1）。

表10-1　不同城市脱碳政策与碳核算方法

城市脱碳政策方面	碳核算方法	净零碳排放的相关概念
监测温室气体和空气污染物的特定位置来源	纯粹基于区域源的核算（仅关注温室气体的直接排放源）	净零区域排放（无供应链）
设计社区范围的一体化城市基础设施转型（净零碳城市、弹性城市、健康城市、智慧城市等的多部门整合）	关键供应系统的社区基础设施供应链足迹：能源、流动性、建筑、水、废物/污水管理、绿色基础设施和食品系统（跨界；将这些部门的生产与家庭消费和出口企业联系起来）（范围1和2）	净零碳社区基础设施和食品供应系统（包括关系互动和供应链）
向家庭通报减少碳足迹的情况（分析关键供应系统以外的所有消费者支出）	纯粹基于消费的碳足迹（跨界；将所有部门的生产与家庭消费联系起来；不包括出口企业）	净零碳家庭支出
去碳化贸易：了解地方到全球的贸易联系（除了关键供应系统）	总供应链足迹（跨界；生产与消费和出口的联系；所有部门）	净零碳贸易

第一种方法是基于城市领域内排放源的核算方法。该方法核算城市内温室气体排放源

产生的排放量。这种方法可以用于衡量城市脱碳政策对本地大气污染控制的影响。

第二种方法是基于城市基础设施服务供应的碳足迹核算方法。该方法核算支撑城市中居民、工业和商业活动的重要基础设施（能源、交通—通信、建筑材料、水供应、垃圾和污水处理、绿色基础设施、食物供应）的使用和供应过程产生的直接和间接碳排放量。这种方法可以用于分析城市脱碳政策和各种基础设施转型（比如智慧城市和健康城市）的联系。

第三种方法是基于居民和政府消费活动的碳足迹分析方法。该方法核算居民和政府消费活动带来的直接的碳排放和隐含的碳足迹。该方法可以告知居民非基础设施消费中隐含的碳足迹。

第四种方法是城市全供应链碳足迹。这种方法核算城市不同活动部门，包括居民、工业和商业活动等，带来的本地碳排放量以及基础设施和非基础设施服务所带来的碳排放量。这种核算方法用于分析地方—全球贸易脱碳化对城市脱碳的影响。

这四种方法并不是互相冲突，而是互相补充的关系。这四种方法在各自的方法论上都是完整的，因此，讨论哪种方法最优并没有多少意义，且不利于推进城市零碳化发展。事实上，零碳城市不是一片没有直接碳排放源的土地，也不是只准入零碳排放的家庭。城市对贸易政策影响力有限，因此很难从零碳贸易的角度来实现低碳化。但是当所有的基础设施系统都实现零碳，城市系统的零碳化发展就会变得容易起来。因此从基础设施的角度推动零碳城市化对城市规划和城市政策而言是可行的，同时这也需要城市与国家政府合作。

二、城市碳测量和分析的前景

从基础设施的角度出发，城市碳测量和碳分析可以从三个方面展开。

第一，城市迫切需要更精确的使用和活动数据，主要是有关能源、水、建筑材料、食品、移动服务和垃圾回收的数据。目前在估算建筑材料、食品和燃料使用的实际流量时存在很大的不确定性。新兴的城市数据革命提供了一些创新思路，例如，通过卫星数据、热燃烧遥感和手机移动数据估算电力的使用。城市的三维成像可以对建筑材料进行细粒度的评估，而废水分析有助于量化营养和食物流。这些数据可以将人类活动与来自城市的物质流联系起来，用于详细评估城市的消耗。将人类活动与来自城市的物质流入 / 流出联系起来。这些数据创新告诉我们，城市行动，如紧凑型增长和健康饮食计划，对于减少城市资源消耗、实现净零碳未来至关重要。

第二，分析城市数据对于减少不平等和气候行动的过渡至关重要，因为追踪化石燃料以及其他资源，如土地、水、生物材料和嵌入跨界供应链的矿物，能够确保城市转型有益于气候以及与水和土地相关的其他可持续发展目标。同样，将食品系统转型、电力流动、循环经济与碳排放和空气污染联系起来的模型对于人类健康至关重要。

第三，碳测量和多重可持续发展目标分析必须有能力覆盖所有符合国家能源和材料使用的城市地区。这些努力将有助于测量和分析全球大小城市实现净零目标的具体情况，并制定符合国家现状的目标。推进这一新的方向需要在从业者和科学家之间建立沟通的桥梁，超越学科界限，并建立世界各地的城市之间国际伙伴关系。

文献三　可持续发展的六种协作生产模式

协作生产是一个快速发展的概念，目前已在健康、发展、教育、气候变化、工业生产和可持续性等领域得到了广泛的应用。这种方式旨在将研究人员与不同的社会行动者联系起来，以合作和迭代的方式产生知识、促进行动和社会变革。协作生产具有光明的前景，然而其含义和结果却模糊不清。与协作生产类似的概念多种多样，如协同治理、社会学习、协作设计、跨学科和参与式行动研究等，这些概念本身不够清晰，目前的知识也缺乏对协作生产结果的系统性实证分析，这导致人们有可能把协作生产当成万能药来使用。

发表在《自然·可持续性》上的一项研究系统地绘制和分析了来自六大洲的 32 项旨在管理生态系统以促进可持续发展的协作生产案例，为认识协作生产的模式和结果提供了重要见解。通过迭代定性分析和层次聚类分析，研究人员确定了六种协作生产模式。

一、模式1：研究解决方案（Researching Solutions）

在科学家或决策者定义主题的相对权力方面，案例各不相同，但涉及行动者的社会多样性相对较低。这些项目产生的证据可以为具有环境动机的决策者提供方法上的信息支撑。这在制度环境中是最有效的，它支持行动者随着时间的推移不断更新关系、问题和方法，并适应不断变化的政策环境。

然而，这种方法在改变决策者的战略和优先事项方面不太有效，因为他们更容易接受有助于而不是反对其计划的知识。因此，这些项目强调缺乏知识是谋求改变的主要障碍。案例也难以支持紧急目标。赋予科学知识权力的努力有可能使其他行动者（和知识系统）的声音边缘化，这些行动者被排除在进程之外，但却受到建议的影响。

二、模式2：赋予话语权（Empowering Voices）

相关案例也是由跨学科的研究人员与社区、政府行动者一起协作生产知识以解决生态系统管理和政策挑战。

与模式 1 不同的是，该模式明确打算赋予相对边缘化的行动者以话语权，从而扩大社会多样性，例如支持当地居民的倡议。案例为当地行动者创造了有意义的解决方案，并产生了科学，以对抗进一步加剧生态系统退化和社会不平等问题。

与模式 1 相比，这些案例强调过程，通过更积极地参与政策和管理环境，产生更大的影响。将过程学习和质量列为优先事项，逐步发展多尺度伙伴合作关系。然而，这种模式强调了产生和赋权特定知识的形式，可能被高层决策者忽视，从而限制了倡议对社会公平性更广泛的影响。

三、模式3：权力代理（Brokering Power）

该模式是最小的，也是非常独特的。与模式1和模式2相比，模式3的案例促进了围绕综合知识的对话，并采取了直接的政策和管理行动，而不是主要产生科学知识。这两个案例都同样侧重于重构问题和寻求解决方案，但方式截然不同。其中一个案例为国际CEO们和科学家创造了一个安全的空间，让他们重新审视海洋可持续性问题的观点，从而制定治理解决方案。另一个案例采取集体行动修复了一条受污染的河流，将共同关注作为一条途径，在跨境冲突中建立信任，重塑两极关系。

鉴于身份和利益冲突的可能性很大，这些案例利用第三方中介和精心控制的参与来促进安全的对话空间。跟踪过程结果对于培养持续的用户黏性和在使用强大角色的语言和试图重构思维之间取得平衡至关重要。由于更强调科学/技术专业知识（而不是当地知识和关切），这些案例有使现有权力关系合法化的风险。

四、模式4：权力重构（Reframing Power）

这些案例让相对边缘化和强大的行动者（例如，当地社区和全国性NGO和政府行动者）参与进来，以重塑技术官僚的叙述，并改变将社会问题边缘化的做法和政策。

与模式3一样，这些案例由研究人员和相对强大的实践者共同领导。然而，相反的是，研究人员明确寻求将权力从强势的行动者手中转移到边缘化的行动者身上，他们使用"相对主义"的批判性社会科学方法对这些行动者的观点进行探讨。因此，在这种情况下，一些主流观点可能会发生重构。

然而，案例很难创造出"足够安全的空间"来做到这一点。这部分是由于在相对较短的时间内跨越了多种文化、部门和身份，部分是由于他们强调生产知识（如模式1和2），而很少关注制度建设（与模式3不同）。这将如何达到权力的平衡的挑战转向了研究人员：既要保持对权力关系的批评，又要试图将权力让渡给以解决方案为导向的行动者，以促进实践的达成。只有那些具有强大的现有制度根基或多标量网络的案例才能够在一定程度上促成这样的改变。

五、模式5：驾驭差异（Navigating Differences）

相比于模式1至模式4，这种模式更强调管理相互联系、学习和赋权的过程，而不是生产和传递关于人类生态系统相互作用的科学知识。

研究人员使用了更多的"相对主义"方法，但与模式4相比，他们拥有更少的权力。促进技术和边界对象被用来连接利益相关者群体，探索冲突和重构视角，同时允许新的制度、法规和实践出现。这些过程重视所有形式的专业知识，并有效地将等级制度降到最低，以便直接与不同权力的行动者接触。

这个模式展示了有希望的重构证据，例如，通过将固定的"利害关系"概念转变为更加动态的"利害关系"，将科学知识从主导地位转变为更加民主的地位。早期对重构的关注（而不是产生解决方案）使行动者能够驾驭冲突的身份，建立长期（平均八年）、互补的自下而上和自上而下的进程。这使得政策和管理取得了更好的成果。一些案例还通过学习网络将不同的地方协作生产努力联系起来。少数案例被不支持的高层行动者阻止，这凸显了管理这些风险和建立跨权力差异信任的重要性。

六、模式6：重构机构（Reframing Agency）

模式6的案例中很少关注到通过协作生产来解决预定义问题的情况，相反，这些案例更多地由系统思维背景的研究人员领导，旨在确定能够解决系统治理问题的集体形式机构。

这些案例不是为了赋予特定知识以权力，而是允许表达不同形式的知识。为了创造一个安全的环境，组织者邀请当地有环境动机的变革者参与，这降低了身份和文化冲突的可能性。

尽管持续时间相对较短，但这些案例最有效地触发了重构，说明了创造没有明确解决方案议程的空间的价值。例如，在一个案例中，参与者意识到他们自己的叙述和实践之间不协调，导致他们将重点从农业技术转移到促进社会团结上。这些案例还训练参与者在自己的工作中采用协作生产方法。这些案例在吸引有影响力的行动者方面最为艰难，并有可能造成"回音室效应"（即人们遇到的观点主要与自己的观点一致的空间）。

文献四　饮食变化对健康和气候变化的共同影响

我们所吃的食物极大地影响着人体健康和环境可持续。最近的研究强调了减少饮食中动物性食品的比例对健康和环境的双重好处。发表于PNAS上的研究构建了一个基于饮食和体重相关风险因素、排放核算和经济估值模块的特定区域全球健康模型，以量化饮食变化对健康和环境的关联后果。

该研究使用耦合建模框架分析2050年四种饮食情景对环境和健康的影响。第一种方案是根据联合国粮食及农业组织（REF）的预测作出的参考方案，其中的调整考虑到了不可食用和浪费食物的比例。第二种情景是关于健康饮食的全球饮食指南（HGD），并且人们摄入刚好足够维持健康体重的卡路里。后两种情景也假设了健康的能量摄入，但基于观察到的素食饮食情况，又分为乳蛋素食者（VGT）和纯素食者（VGN）。该分类不是要在全球层面上实现饮食结果的全覆盖，而是旨在探索逐步从人类饮食中排除更多动物源食品，以衡量可能产生的环境和健康边界。

研究发现，饮食变化对环境和健康的影响在不同地区差别很大。发展中国家的饮食变化对环境和健康的绝对益处最大，而西方高收入和中等收入国家的人均受益最大。与2050年的参考情景相比，向符合标准饮食指南的更多植物性饮食转变可使全球死亡率降低6% ~ 10%，与食物相关的温室气体排放降低29% ~ 70%。同时发现，改善健康的货币化价值将与环境惠益的价值相当，或超过环境惠益的价值。总体来说，该研究估计改善饮食的经济效益为1万亿 ~ 31万亿美元，相当于2050年全球国内生产总值的0.4% ~ 13%。

文献五　碳中和进程中的中国经济高质量增长

气候危机是人类面临的共同挑战，全球所有国家都无法置身事外。中国拥有全球最庞大的能源系统，其中化石能源占比84%，要在2030年实现碳达峰和2060年实现净零碳排放的目标，需要届时能源结构中非化石能源占比将达80%以上。在这一转型过程中，我国面临着许多困难和挑战。首先，经济需要大幅增长，经济增长与能源、电力消费增长高度相关；其次，我国产业结构以工业为主，能耗高，电力需求大；同时，我国能源结构以化石能源主导，碳排放量高；最后，我国作为发展中国家，消费者支付能力较弱，能源市场化改革相对缓慢。

针对以上问题，来自《经济研究》的文章提出，为实现碳中和进程中的经济高质量增长，需实现经济增长需求与化石能源消费和电力消费的"双脱钩"。文章提供了兼顾供给侧与需求侧的碳中和系统性解决方案与市场化的关键配套方案，同时讨论了如何在兼顾成本的同时保障安全稳定的能源供应。

一、碳中和系统性解决方案需兼顾供给侧与需求侧

本研究以2020年为起点，分析2030年碳达峰时的电力结构变化趋势，对不同电力需求增长下的电力结构变动进行分析。2020年电力供应结构里火电占比最高；风电、光伏装机量大于水电，然而发电量仅为水电的一半。

本研究分别以电力需求年平均增长率3%和5%为假设，对电力结构变化进行了预测。结果表明，到2030年，煤电依然会是主要供电电源。同时通过对比可发现，在电力需求快速增长的情况下，清洁能源（包括风电光伏）增长不能满足电力需求增量，仍然需要煤电来保证电力的安全稳定供给，导致煤电占比依然居高，整体电力结构清洁化程度下降。因此，仅靠供给侧规划目标难以推进电力结构的清洁化进程，电力需求变动能够很大程度上决定未来的电力结构和碳达峰的峰值。

二、兼顾供给侧与需求侧的碳中和系统性解决方案

基于以上研究结果，文章提出了兼顾供给侧与需求侧的碳中和系统性解决方案。

一是提高能源效率，通过节能政策与能源市场化改革将排放成本内部化，同时让市场

在围观的能源投资决策方面发挥更大作用。

二是建设清洁电力为主体的能源系统。中国的高质量经济增长要求 GDP 增长尽可能与化石能源脱钩，即建设以清洁能源为主体的电力系统，风电光伏将是主要增长力量。然而风电光伏的不稳定特征，将会对电网造成冲击，大幅提升用电成本。

三是利用储能、数字化、智能化提高能源系统效率。为保证未来能源能稳定运行，配合风电光伏大规模发展和高比例接入储能、数字化和智能电网将成为必要手段，然而较高的成本是储能发展的主要阻碍。

四是驱动产业结构调整和升级。为尽快实现经济增长和能源消费脱钩，中国经济增长需要在提升第三产业在 GDP 占比的同时，抑制第二产业尤其是高耗能行业的能源电力消费规模。

五是鼓励消费者行为的低碳绿色化。未来政策设计需要加大对消费侧碳排放的关注，选择具有减排效率、可操作性和可接受性的措施。

六是倡导循环经济的发展。循环经济是解决消费增长与碳排放之间矛盾的一个重要途径，通过对资源利用及使用过程中从源头到末端的约束，在没有降低消费的同时减少了资源消耗的总量，从而相应减少了隐含的碳排放。

文章指出，应该先立后破，在碳中和进程中保障安全稳定充足的能源供应。在能源转型的过程中，中国可以依托现存新建立的且先进的煤电机组进行 CCUS 技术改造，在大比例风电光伏并网的背景下，降低对储能系统的需求和压力，以较低的成本支持经济增长和实现碳中和目标。

文献六　中国"低碳城市"政策与能源效率

中国是世界上最大的能源消耗国，能源消费总量从 1980 年的 6.02 亿吨（标准煤）增加到 2020 年的 49.8 亿吨，并在全球各国能源消耗总量中占比第一。为履行全球环境治理责任，中国于 2016 年 4 月在联合国签署了《巴黎协定》，并在 2020 年 12 月举行的气候雄心峰会上，承诺到 2030 年将单位 GDP 二氧化碳排放量在 2005 年的基础上减少 65% 以上，并将非化石能源和一次能源消费的比例提高到 25% 左右。如何在经济增长和国际减排协议的双重压力下，提升能源利用效率成为中国各界关注的重点课题。"低碳城市"试点旨在推动中国低碳发展，倡导低碳生活。尽管一些研究证实了该政策有助于减少碳排放，但其对城市能源效率的影响尚未得到全面评估。研究这一问题，对中国城市实现可持续发展具有重大意义。

基于此背景，该文章以中国 2010 年开始逐步实施的"低碳城市"试点为一次准自然实验，基于 2006—2019 年中国地级市面板数据，运用双重差分法探讨了低碳城市建设对于城市能源效率的影响以及可能的影响机制。进一步地，该文研究了政策效果在不同城市经济情况、城市规模和城市类型的异质性。

一、低碳城市政策对绿色全要素能源效率的影响

研究发现，"低碳城市"试点对城市绿色全要素能源效率有显著的提升作用。相比非试点城市，试点城市能源效率提升了3.6%。这一结论通过了政策时间随机性的安慰剂检验，并在排除"新能源汽车试点城市"和"碳排放权交易试点"等能源政策的干扰，剔除未试点省份的观测值，更换能源效率测算方法的一系列稳健性检验后仍然成立。传导机制分析表明，该政策可以通过绿色技术创新驱动和产业结构升级驱动来影响城市能源效率。

其次，不同城市经济发展水平、城市发展规模和城市发展类型呈现出差异化政策效果。分别以城市人均生产总值三分位数为依据，将样本划分为城市经济发展水平低、中、高三组；以2014年中国国务院发布的《关于调整城市规模划分标准的通知》为依据，将样本划分为中小城市、大型城市、特大型城市三组；以《关于印发全国资源型城市可持续发展规划（2013—2020）》为依据，将样本按照资源型城市和非资源型城市分组，其中，资源型城市又包括成长型、成熟型、衰退型和再生型四种类型。结果表明，试点政策对于能源效率的促进作用在经济发展水平较高的城市、特大型城市和衰退型资源型城市更显著。具体而言，经济集聚和人口集聚带来的规模效应、技术溢出效应和节能效应使政策更好发挥节能减排作用。另一方面，资源型城市倾向于发展资源型行业，劳动力、资本等生产要素投入发生倾斜，试点政策在该类城市的推行有利于发挥协同效应，通过能源偏向型技术创新和发展绿色可再生能源提升城市能源效率。

二、政策启示

第一，加强低碳城市建设和发展，扩大试点范围，以提升城市能源效率。发挥试点城市的示范效应和引领作用，促进低碳社会建设和市民绿色生活方式的形成，进而推动低碳经济发展方式的转变。

第二，通过合理的政策引导更好地发挥低碳城市政策对能源效率的提升效果，并关注相关配套措施。比如，通过补贴和税收优惠鼓励研发投入，引进清洁生产和末端治理技术，并合理运用技术溢出效应促进欠发达地区的低碳发展。激励产业结构升级和能源结构优化，淘汰高污染、高能耗企业，同时引导资本流入清洁技术产业，加快交通等污染部门脱碳进程。

第三，针对不同城市发展情况进行差异化的低碳建设政策安排，改进顶层设计。针对经济欠发达城市，注重人才引进和教育系统建设来推动科研发展；针对小规模城市，合理分配生产要素，优先发展新兴技术产业；针对资源型城市，完善支持政策和保障措施，促进低碳城市与资源型城市建设相辅相成，重点关注衰竭型城市的发展方式改革。

文献七　中国实现碳排放达峰的路径

根据《巴黎协定》，为了将全球升温控制在 2℃以下，越来越多的国家承诺到 2050 年实现不增加大气碳浓度的净零排放系统。然而，全球排放量仍在继续，2019 年达到创纪录的 3330 万吨。虽然这一趋势在新冠肺炎疫情期间已经逆转，与 2019 年的平均水平相比，全球日排放量减少了 17%，但这种减少可能是暂时的，因为在工业生产活动恢复后，可能会发生报复性排放。因此，通过减少工业排放来减缓全球变暖仍然是全球环境治理长期战略的首要任务。

为完成这一目标，中国应该在 2030 年之前停止其与能源相关的碳排放量增加。鉴于工业特定排放在国家排放清单中的主导地位，探索中国不同工业部门排放的潜在达峰路径是必要的。因此，来自 Applied Energy 的研究通过计算 1995—2017 年中国八个部门的碳排放量，使用自回归分布滞后模型（ARDL）和蒙特卡罗模拟调查中国各工业部门的碳排放轨迹，以确定不同部门达到排放峰值的理想途径，并对中国八个部门的环境库兹涅茨曲线（Environmental Kuznets Curve，EKC）假说进行检验。

一、八大部门的碳排放量构成及其趋势预测

在过去的几十年里，工业化推动了中国碳排放量的快速增长。1995—2017 年，制造业，采矿业，电力、热力、燃气及水生产和供应业等重工业部门的排放量从 0.21 亿吨上升到 18.1 亿吨，占八个部门总排放量的 70% 以上。

就人均排放量而言，制造业，采矿业，电力、热力、燃气及水生产和供应业，运输业是前四大排放行业，年均增长率分别为 7%、5%、14% 和 17%。农业和建筑行业的年增长率最低和最高，分别为 2% 和 18%。截至 2017 年，制造业的人均排放量是商业的 145 倍。

二、政策启示

农业极有可能在 2030 年之前达到排放峰值，为防止人均峰值排放量过高，需要向绿色和现代农业系统过渡。运输业和建筑业更有可能在 2035 年左右达到排放峰值，通过技术创新和应用，可以实现其他部门排放的高质量峰值，例如，新能源汽车的发展。建筑业的排放份额有所增加，可以开发住宅建筑的节能技术。制造业的排放量是八个行业中最高的，可能会在 2026—2036 年达到峰值，因此，实施的减排政策越多，就越有可能较早地达到峰值。电力、热力、燃气及水生产和供应业和采矿业也是如此，它们分别在 2028—2033 年和 2029—2034 年达到峰值排放。

参考文献

[1] 谢琴.《巴黎协定》与我国气候变化治理制度的完善 [D]. 南昌：江西财经大学，2017.

[2] 吕倩. 中国能源消费碳排放时空演变特征及减排策略研究 [D]. 北京：中国矿业大学，2020.

[3] 徐云鹏. 标尺竞争理论述评 [J]. 河南财政税务高等专科学校学报，2010(4):4.

[4] 薛达元. 实现《生物多样性公约》惠益共享目标的坚实一步：中国加入《名古屋议定书》的必然性分析 [J]. 生物多样性，2013, 21(6):637–638.

[5] 李春林，王耀伟.《巴黎协定》义务的基本构造与制度启示 [J]. 东北农业大学学报：社会科学版，2018, 16(6):7.

[6] 汪波，李朝前. 全球可再生能源发展现状及趋势 [J]. 中国物价，2018(5):4.

[7] 林落. 为发展引擎注入"绿色"活力 [J]. 科学新闻，2017(6):3.

[8] 中国光伏行业协会，赛迪智库集成电路研究所. 中国光伏产业发展路线图（2019年版)[R]. 北京：中国光伏行业协会，2019.

[9] 毕研涛，王丹，李春新，等. 全球可再生能源发展现状、展望及启示 [J]. 国际石油经济，2016(8):5.

[10] 孟照刚，吕鑫，程少丽，等. 基于 Web of ScienceTM 数据库的苹果研究文献计量学分析 [J]. 中国南方果树，2018, 47(1):6.

[11] 李斌. 能源大未来的重新想象 [J]. 新财经，2011, 000(6):90–92.

[12] 马东俊. 提升企业碳循环核心能力的实现路径 [J]. 人民论坛，2022(3):91–93.

[13] 陈张立. 保险在我国碳排放权交易市场的创新性应用前瞻 [J]. 上海保险，2022（ 1):10–14.

[14] 张抗，苗淼，张立勤. 能源转型的赢家攻略 因地因时制宜 [J]. 中国石油石化，2022（ 1):6.

[15] 曾诗鸿，李根，翁智雄，等. 面向碳达峰与碳中和目标的中国能源转型路径研究 [J]. 环境保护，2021, 49(16):4.

[16] 熊文明. 能源互联网十年记 [J]. 法人，2022(1):4.

[17] 王秀强. 新型电力系统构建"源网荷储"新生态 [J]. 能源，2021(7):3.

[18] 张能鲲，张资卓. 中国能源发展巨变与低碳转型新使命 [J]. 新经济导刊，2021(2):8.

[19] 龚浩.应对气候变化背景下我国能源可持续发展探讨 [J]. 重庆山地城乡规划，2020（5）:62-66.

[20] 沈中园.粤港澳大湾区能源与电源发展战略研究 [J]. 2020,9（6）:98-99.

[21] 谭文婷."一带一路"倡议下培养高校跨境人才的新路径 [J]. 求知导刊，2017（6）:59-60.

[22] 杜祥琬.对我国《能源生产和消费革命战略（2016—2030）》的解读和思考 [J]. 中国经贸导刊，2017（15）:2.

[23] 王琴明.工业园区智慧能源管理系统的探索与应用 [J]. 电力需求侧管理，2019,21（1）:4.

[24] 张志雄.山西能源消费现状及其应对措施 [J]. 山西建筑，2019（10）:3.

[25] 刘艳艳.内蒙古低碳经济发展研究 [D]. 北京：中央民族大学，2011.

[26] 史丹.我国能源经济的总体特征，问题及展望 [J]. 中国能源，2007,29（1）:8.

[27] 莫神星.论低碳经济与低碳能源发展 [J]. 社会科学，2012（9）:9.

[28] 莫神星.全球气候变化下的欧盟低碳能源法律政策 [C]// 生态文明与环境资源法 --2009 年全国环境资源法学研讨会（年会）.2009.

[29] 周杰,李金叶.发达国家低碳经济发展战略与中国的策略选择 [J]. 世界农业，2015（2）:5.

[30] 周杰,李金叶.从英国低碳经济发展的国际经验看我国的低碳发展之路 [J]. 科技管理研究，2015,35（17）:4.

[31] 夏太寿,李淑涵.我国低碳技术成果转化影响因素研究——基于主成分分析的实证研究 [J]. 生态经济，2018,34（11）:6.

[32] 张新江.资源约束下低碳经济发展路径研究 [J]. 环境科学与管理，2019,44（5）:5.

[33] 于淼淼.低碳经济政策对中国碳排放的影响机制研究 [D]. 上海：上海财经大学，2021.

[34] 李文晓.能源现状及某些重要战略对策解析 [J]. 化工管理，2021,000（010）: 13-14.

[35] 胡必亮,刘清杰.新兴市场30国：综合发展水平测算与评估 [J]. 中国人口科学，2021（4）:17.

[36] 王少洪.碳达峰目标下我国能源转型的现状、挑战与突破 [J]. 价格理论与实践，2021（8）:6.

[37] 赵守艳.低碳背景下煤炭产业市场绩效初探 [D]. 太原：山西大学，2011.

[38] 王利宁,彭天铎,何征艰,等.碳中和目标下中国能源转型路径分析 [J]. 国际石油经济，2021，29（1）:2-8.

[39] 王思琦.中国光伏产业发展前景浅析 [J]. 环球市场，2016（8）:1.

[40] 梁少东，汤璀．浅析煤化学的发展 [J]. 化学工程与装备，2010(11):110–111.

[41] 观研天下数据中心．中国石油产业分析报告——市场深度调研与发展商机研究 [R]. 北京：观研天下数据中心，2021.

[42] 罗东晓．天然气汽车的安全性分析 [J]. 上海煤气，2007(2):4.

[43] 华云云，毕向芬．新能源为未来汽车提供绿色动力 [J]. 中国新技术新产品，2009(5):1.

[44] 杨彤．生物质能源的利用和发展 [C]// 2011 甲醇燃料及添加剂制备技术与应用交流研讨会．中国化工学会；中国石油和化学工业联合会；中国资源综合利用协会，2011.

[45] 薛晶晶．基于公正报酬率的生物质能源行业政府规制研究——以燃料乙醇为例 [D]. 上海：上海财经大学，2008.

[46] 黄雪雯．固体酸水相催化液化纤维素的研究 [D]. 南昌：南昌大学，2008.

[47] 佚名．浅谈我国生物质能源的发展 [J]. 新西部（下半月），2009(4):39–41.

[48] 湛轩业．烧结砖行业使用生物燃料的前景 [J]. 砖瓦世界，2015(2):40–42.

[49] 谭雪松．碳纳米管负载金和钌催化纤维二糖转化制葡萄糖酸和山梨醇的研究 [D]. 厦门：厦门大学，2009.

[50] 赵颖．独立运行光伏发电系统的研究 [D]. 大连：大连理工大学，2009.

[51] 龙平．独立运行风 / 光互补监测系统研究 [D]. 北京：中国科学院研究生院（电工研究所），2004.

[52] 王虎．沿海风能资源开发利用策略研究 [J]. 中国设备工程，2019(22):2.

[53] 孙力．太阳能发电在内河船舶上的应用 [J]. 科技致富向导，2015(17):1.

[54] 于静，车俊铁，张吉月．太阳能发电技术综述 [J]. 世界科技研究与发展，2008, 30(1):4.

[55] 廖锦城．计算机控制双轴太阳跟踪系统及其偏差检测 [D]. 武汉：武汉理工大学，2008.

[56] 翟志淳．溶液法制备聚合物太阳能电池阳极界面层的研究 [D]. 苏州：苏州大学，2013.

[57] 何道清，何涛，丁宏林．太阳能光伏发电系统原理与应用技术 [M]. 北京：化学工业出版社，2012.

[58] 张甲，席静，胡久平．新能源技术的研究综述 [J]. 山东化工，2018, 47(19):2.

[59] 林丽，郑秀华，詹美萍．地热能源利用现状及发展前景 [J]. 资源与产业，2006, 8(3):4.

[60] 李春叶．微网的建模及并网运行方式研究 [D]. 太原：太原理工大学，2010.

[61] 刘圣，卢治达．气候变化对可再生能源行业金融风险的影响 [J]．华北金融，2020
（12）:5.

[62] 孙骁睿．建筑工程中竖向钢筋偏位的原因、防治及处理措施探讨 [J]．黑龙江科技
信息，2010（36）:317-317.

[63] 王首鹤．关于核电汽轮机与火电汽轮机的比较研究 [J]．科研，2016（5）: 50-150.

[64] 刘英祥．我国天然气价格与天然气发展问题研究 [J]．企业经济，2009（4）:4.

[65] 叶奇蓁．我国核电及核能产业发展前景 [J]．南方能源建设，2015, 2（4）:4.

[66] 中国市场调研在线．2020 年中国海洋能行业市场行情动态及投资规模预测报告 [R]．
北京：中国市场调研在线，2020.

[67] 雷庄妍．我国海洋可再生能源开发利用法律制度的建设与完善 [D]．厦门：厦门大学，
2009.

[68] 黄炜．浮力摆式波浪能发电装置仿真与实验研究 [D]．杭州：浙江大学，2012.

[69] 王永奕．漂浮式波浪发电装置实海况试验及电能处理 [D]．大连：大连海事大学，
2013.

[70] 余伟成．超级电容器直流储能单元研究与应用设计 [D]．保定：华北电力大学（河北），
2007.

[71] 戴丽．储能决定可再生能源发展水平 [J]．节能与环保，2018, 287（5）:25-26.

[72] 刘霞．含多种分布式电源和储能的微电网控制技术 [D]．杭州：浙江大学，2012.

[73] 陈仁君，钱久函，石磊，等．基于改进粒子群算法的微电网的优化调度 [J]．现代信
息科技，2019（18）:3.

[74] 周燕芳，钟辉．锂离子电池正极材料的研究进展 [J]．材料开发与应用，2003, 18
（2）:6.

[75] 陈景文．光储直流微网容量优化配置与协调控制策略研究 [D]．西安：陕西科技大学，
2020.

[76] 杭州先略投资咨询有限公司．储能行业数据深度调研分析与发展战略规划报告 [R]．
杭州：杭州先略投资咨询有限公司，2022.

[77] 中研普华产业研究院．2017—2022 年中国氢能发电行业市场调研与投资预测分析
报告 [R]．北京：中研普华，2016.

[78] 尚晓莉．我国发展氢能源的优劣势分析 [C]// 第二届国际氢能论坛青年氢能论坛论
文集．2003.

[79] 中国产业研究报告网．2017—2023 年中国氢能源市场深度评估与发展策略咨询报
告 [R]．北京：中国产业研究报告网，2017.

[80] 于娇娇．铁氧化物循环裂解水制氢还原反应研究 [D]．天津：天津大学，2012.

[81] 瞿晨瑶 . 轴流泵站水能利用分析与研究 [D]. 扬州：扬州大学 , 2014.

[82] 牛文娟，吴晨，薛贵元，等 . 面向新型电力系统的江苏省电力市场发展路径研究 [J]. 广东电力 , 2022，35(3):1–10.

[83] 周勤勇 . 如何构建符合"双碳"目标的新型电力系统 [J]. 能源 , 2021(10):5.

[84] 顾承红 . 电力系统中分布式发电优化计算 [D]. 上海：上海交通大学 , 2007.

[85] 秦丹丹 . 节能减排政策下的年度发电计划研究 [D]. 合肥：合肥工业大学 , 2009.

[86] 柏林 . 分布式发电及其对电力系统的影响 [J]. 化工管理 , 2017(14):2.

[87] 曹晓东 . 我国电力工业和发电技术未来发展趋势 [J]. 区域治理 , 2018, 000(015):171.

[88] 何勇健 . 我国可再生能源的战略使命与实现路径 [J]. 电力设备管理 , 2020(2):3.

[89] 薛立林，肖岚 . 对制定中国能源低碳"十四五"及中长期发展规划的认识和建议 [J]. 国际石油经济 , 2020, 28(12):10.

[90] 曹培 . 低碳经济下的智能需求侧管理系统研究 [D]. 杭州：浙江大学 , 2012.

[91] 张峰 . 石油价格变动对我国通货膨胀的影响 [D]. 天津：南开大学 , 2011.

[92] 伊然 . 成品油价与国际油价接轨的三阶段 [J]. 石油知识 , 2017, 183(2):51.

[93] 杨岱旻 . 我国能源消费的价格弹性分析 [D]. 青岛：青岛大学 , 2011.

[94] 李晓博 . 中国石油价格机制存在的问题及改革策略 [J]. 学理论 , 2010(15):3.

[95] 周晓龙 . 汽车照明光源新产品 D5S 的市场营销策略研究 [D]. 上海：上海交通大学 , 2012.

[96] 孙素苗，迟东训，于波，等 . 构建新型电力市场体系及电价机制 [J]. 宏观经济管理 , 2021(3):7.

[97] 李虹，李晨光，王帅，等 . 电价水平与中国省际绿色全要素生产率关系实证研究 [J]. 经济问题探索 , 2022(3):68–86.

[98] 王永超，陈正飞 . 输配电价改革试点中的关键问题研究 [J]. 中国电力企业管理 , 2020(31):58–61.

[99] 谷万江，金宇坤，李增，等 . 新形势下电力市场营销体系问题研究和探讨 [J]. 农业经济 , 2019(2):2.

[100] 陈达，赵东兴，王立强 . 供电企业电价管理现存的问题及对策 [C]// 第三届全国电力营销技术与管理交流研讨会论文等 , 2008：1056–1061.

[101] 张世翔，苗安康 . 中国电价市场化改革现状及模式探索 [J]. 价格月刊 , 2017(3):5.

[102] 魏彤 . 我国可再生能源输电定价机制探索 [J]. 中国工程咨询 , 2020(7):4.

[103] 黄栋，杨子杰，王文倩 . 新发展格局下新能源产业发展历程、内生逻辑与展望 [J]. 新疆师范大学学报：哲学社会科学版 , 2021, 42(6):11.

[104] 叶钰童，王宝，杨敏，等 . 电力供需新形势下地区季节性尖峰电价机制研究 [J]. 安

徽电气工程职业技术学院学报，2021,26（4）:18-22.

[105] 王薇 . 分时电价背后的环保逻辑 [J]. 西部大开发，2021（9）:4.

[106] 张福征，王长山 . 综合智慧能源的内涵与能源低碳发展路径 [J]. 中外能源，2020,
25（7）:6.

[107] 董霜 . 综合智慧能源发展现状及关键技术的研究 [J]. 中国工程咨询，2017（4）:3.

[108] 陆王琳，陆启亮，张志洪 . 碳中和背景下综合智慧能源发展趋势 [J]. 动力工程学报，
2022,42（1）:9.

[109] 塔拉 . 综合智慧能源管理系统架构分析与研究 [J]. 2020（24）:250.

[110] 季鹏程 . 基于"十四五"发展背景下的综合智慧能源体系构建 [J]. 2020（48）:59,62.

[111] 曾凡银 . 节能减排的市场机制研究 [J]. 理论前沿，2008（7）:4.

[112] 莫亚琳，刘朝阳，庞富榕 . 广西合同能源管理发展的问题与对策 [J]. 当代经济，
2013（11）:3.

[113] 王一然，卢毅，李靖，等 . 碳排放市场角度下的合同能源管理分析 [J]. 中国资源综
合利用，2021，39（8）:179-181.

[114] 王珏旻，孙小亮，王景雯 . 合同能源管理推广存在问题及改进建议 [J]. 节能与环保，
2022（1）:3.

[115] 姚秋萍，施红 . 能源托管型合同能源管理模式实施路径的研究 [J]. 科技创新导报，
2015（6）:3.

[116] 陈小荣，彭江华，伍培，等 . 合同能源管理在高校推广路径的探讨 [J]. 工业安全与
环保，2017,43（6）:5.

[117] 李雅芳 . 双碳背景下分布式能源发展前景 [J]. 海峡科学，2021（8）:3.

[118] 韩良煜 . 建设绿色电力 发展清洁能源 [J]. 中国资源综合利用，2021,39（10）:3.

[119] 范学志，岳涛，朱涛波 . 电力企业清洁能源的开发与利用途径 [J]. 大众用电，2019
（12）:3.

[120] 黄彦彰，周宇昊，郑文广，等 . 产业园区新型多能联供综合能源服务研究 [J]. 发电
技术，2021,42（6）:734-740.

[121] 薛婧然 . 区域能源多能互补技术和优化管理的研究 [J]. 中国工程咨询，2017（6）:2.

[122] 孙树敏 . 储能在多能互补综合能源系统中应用 [R]. 济南：国网山东省电力公司电
力科学研究院，2019.

[123] 余莉，徐静静，马兰芳，等 . 综合能源服务项目新增热泵系统的案例分析 [J]. 华电
技术，2022，44（1）:72-79.

[124] 张琳，许可，黄耀，等 . 典型园区综合能源系统分析平台研究 [J]. 南方能源建设，
2019,6（3）:5.

[125] 何佳，庞松岭，张进滨，等．多能互补分布式能源系统移动检测平台的研究 [J]．电气时代，2017(11):5.

[126] 郝然．多能互补和集成优化能源系统关键技术及挑战 [J]．能源研究与利用，2018(2):3.

[127] 李健，杨宇全，秦丽杰，等．综合能源服务创新商业模式及应对策略 [J]．价值工程，2020, 39(5):2.

[128] 刘宁，邵山，罗玉琴．多能互补综合能源系统运行优化建议 [J]．电气牵引，2019(1):3.

[129] 霍沫霖，郭磊，张哲．区域能源互联网的发展现状与政策建议 [J]．中国电力，2020, 53(12):7.

[130] 李世旭．电力市场营销存在的主要问题与对策 [J]．科学与财富，2012(12):1.

[131] 刘江华．电力建设项目经济评价与电价测算有关问题研究 [J]．中国核电，2009, 2(4):5.

[132] 张森林，卢智．关于全国统一电力市场框架体系的思考 [J]．中国电力企业管理，2021(1):4.

[133] 薛贵元，吴晨，王浩然，等．"双碳"目标下碳市场与电力市场协同发展机制分析 [J]．电力科学与工程，2022, 38(7):7.

[134] 杨晓巳，陶新磊，韩立．虚拟电厂技术现状及展望 [J]．华电技术，2020, 42(5):6.

[135] 俞庆．综合能源服务四大类商业模式解析 [J]．新能源科技，2021(4):33–35.

[136] 陈美球．低碳经济学 [M]．北京：清华大学出版社，2015.

[137] 薛进军．低碳经济学 [M]．北京：社会科学文献出版社，2011.

[138] 马歆．循环经济理论与实践 [M]．北京：中国经济出版社，2018.

[139] 诸大建．最近 10 年国外循环经济进展及对中国深化发展的启示 [J]．中国人口·资源与环境，2017, 27(8)：9–16.

[140] 诸大建．可持续发展呼唤循环经济 [J]．科技导报，1998(9)：39–42,26.

[141] 曲格平．发展循环经济是 21 世纪的大趋势 [J]．当代生态农业，2002(Z1)：18–20.

[142] 周宏春．循环经济：一个值得重视的发展趋势 [J]．新经济导刊，2002(9)：70.

[143] 陈德敏．循环经济的核心内涵是资源循环利用——兼论循环经济概念的科学运用 [J]．中国人口·资源与环境，2004(2)：13–16.

[144] 杨丰政，王凤．循环经济的理论含义解释 [J]．当代经济，2008(7)：148–149.

[145] 诸大建．从可持续发展到循环型经济 [J]．世界环境，2000(3)：6–12.

[146] 方莉华，张才国．循环经济概念的科学界定及其实质 [J]．华东经济管理，2005(3)：83–85.

[147] 倪维斗，李政，薛元 . 以煤气化为核心的多联产能源系统——资源 / 能源 / 环境整体优化与可持续发展 [J]. 中国工程科学，2000(8)：59-68.

[148] 于成学，武春友，王文璋 . 基于循环经济的中国鲁北生态工业模式选择 [J]. 中国软科学，2007(6):135-140.

[149] 冯久田，尹建中，初丽霞 . 循环经济理论及其在中国实践研究 [J]. 中国人口·资源与环境，2003(2):31-36.

[150] 世界环境与发展委员会 . 我们共同的未来 [M]. 长春：吉林人民出版社，1997.

[151] 叶文虎，栾胜基 . 论可持续发展的衡量与指标体系 [J]. 世界环境，1996(1):7-10.

[152] 叶文虎 . 创建可持续发展的新文明——理论的思考 [M]. 北京：北京大学出版社，1995.

[153] 张坤明 . 可持续发展论 [M]. 北京：中国环境科学出版社，1997.

[154] 吴季松 . 水资源及其管理的研究与应用——以水资源的可持续利用保障可持续发展 [M]. 北京：中国水利水电出版社，2000.

[155] 牛文元 . 可持续发展理论的内涵认知——纪念联合国里约环发大会 20 周年 [J]. 中国人口·资源与环境，2012，22(5):9-14.

[156] 牛文元 . 可持续发展理论的基本认知 [J]. 地理科学进展，2008(3):1-6.

[157] 李强 . 可持续发展概念的演变及其内涵 [J]. 生态经济，2011(7):87-90.

[158] 周宏春 . 低碳经济学：低碳经济理论与发展路径 [M]. 北京：机械工业出版社，2012.

[159] 邬彩霞 . 中国低碳经济发展的协同效应研究 [J]. 管理世界，2021,37(8):12.

[160] 辛章平，张银太 . 低碳经济与低碳城市 [J]. 城市发展研究，2008(4):5.

[161] 樊艳丽 . 基于气候变暖的中国低碳城市研究 [J]. 现代商贸工业，2011,23(17):2.

[162] 夏堃堡 . 发展低碳经济，实现城市可持续发展 [J]. 环境保护，2008(2A)：33-35.

[163] 戴亦欣 . 中国低碳城市发展的必要性和治理模式分析 [J]. 中国人口·资源与环境，2009,19(3):6.

[164] 张军锋 . 低碳城市规划建设的难点与关键问题 [J]. 城市建设理论研究：电子版，2018(9):1.

[165] 谢守红，陈慧敏，王利霞 . 城市居民低碳消费行为影响因素分析 [J]. 城市问题，2013(2):6.

[166] 王雅捷，何永 . 基于碳排放清单编制的低碳城市规划技术方法研究 [J]. 中国人口·资源与环境，2015, 25(6):9.

[167] 陈文婕，颜克高 . 新兴低碳产业发展策略研究 [J]. 经济地理，2010(2):4.

[168] 李金辉，刘军 . 低碳产业与低碳经济发展路径研究 [J]. 经济问题，2011(3):5.

[169] 袁男优.低碳经济的概念内涵 [J].城市环境与城市生态,2010(1):4.

[170] 刘志林,戴亦欣,董长贵,等.低碳城市理念与国际经验 [J].城市发展研究,2009,16(6):1-7.

[171] 李健,徐海成.低碳产业发展问题与对策研究 [J].科技进步与对策,2010,27(22):4.

[172] 刘月仙.全球农业碳排放趋势及中国的应对措施 [J].世界农业,2013(1):4.

[173] 中国国土资源部.六部门联合印发《关于加快建设绿色矿山的实施意见》[J].稀土信息,2017(5):37.

[174] 郭利杰.构建矿业绿色低碳新发展模式 [M].中国有色金属报,2021-7-21(第6版).

[175] 江志斌,林文进,王康周,等.未来制造新模式——理论、模式及实践 [M].北京:清华大学出版社,2020.

[176] Tridech S,Cheng K.Low Carbon Manufacturing: characterisation, theoretical models and implementation[J].International Journal of Manufacturing Research,2011,6(2):110-121.

[177] RITCHIE H. Sector by sector: Where do global greenhouse gas emissions come from? [EB/OL].(2020-9-18). https://ourworldindata.org/ghg-emissions-by-sector.

[178] 郭扬,吕一铮,严坤,等.中国工业园区低碳发展路径研究.中国环境管理,2021(1):49-58.

[179] 王元丰.实现碳中和生活方式也要变 [J].秦智,2021(3):9.

[180] 多金荣."十四五"规划与低碳生活模式 [J].消费导刊,2021(51):118-119.

[181] 郭敏晓,蔡闻佳.全球碳捕捉、利用和封存技术的 发展现状及相关政策 [J].中国能源,2013(3):39-42.

[182] 张贤,李阳,马乔,等.我国碳捕集利用与封存技术发展研究 [J].中国工程科学,2021,23(6):70-80.

[183] 徐士琴.绿色低碳园区的现状与展望 [J].上海节能,2019(6):438-440.

[184] 胡天姣.联合国粮农组织报告:过去 30 年全球粮农生产的温室气体排放量增加 17%[N/OL]. 21 世纪经济报道 [2021-11-09].https://www.21jingji.com/article/20211109/herald/f76cd79f33da5f9977ca3a92d37167b2.html.

[185] 杨长进.碳交易市场助推乡村振兴低碳化发展的实践与路径探索 [J].价格理论与实践,2020(2):18-24.

[186] 江苏省城市经济学会联合调研组.着力打造绿色低碳园区时代标杆——南京江宁经济技术开发区 30 年开放与创新发展情况调查 [J].中国发展观察,2022（ 7 ）:92-96.

[187] LEGGE H, MüLLER-FALCKE C, NAUCLéR T，et al. Despite a daunting timeline, zero-carbon mines are within reach if the right solutions are implemented[EB/OL]. Mckinsey & Company .[2021-06-09].https://www.mckinsey.com/industries/metals-and-mining/ our-insights/creating-the-zero-carbon-mine.

[188] 国家统计局 .2015 年 1 季度我国 GDP（国内生产总值）初步核算情况 [EB/OL]. [2015-04-16].http://www.gov.cn/xinwen/2015-04/16/content_2847636. htm.

[189] 陈美球，蔡海生，廖文梅，等 . 低碳经济学 [M]. 北京：清华大学出版社，2015.

[190] 徐为列 . 宏观经济学 [M]. 杭州：浙江工商大学出版社，2015.

[191] United Nations. System of Environmental Economic Accounting [EB/OL]. [2014-02-01]. https://seea.un.org/content/seea-central-framework.

[192] 赵婕 . 中国绿色 GDP 核算体系基本框架及其分析 [D]. 大连：东北财经大学，2007.

[193] 卢治飞 . 绿色 GDP 核算模式的比较 [J]. 浙江统计，2003(11):14-16.

[194] Organisation for Economic Co-operation and Developmen（OECD）. Green Growth Indicators [EB/OL]. [2011-05-01].http://www.oecd.org/greengrowth/green growthindicators.htm.

[195] 联合国 .2012 年环境经济核算体系中心框架 [R]. 纽约：联合国，2014.

[196] 童超 . 绿色 GDP 核算的理论与方法重构 [D]. 太原：山西财经大学，2020.

[197] 何静 . 环境经济核算的最新国际规范——SEEA2012 中心框架简介 [J]. 中国统计，2014(6):71-79.

[198] 王金南，於方，曹东 . 中国绿色国民经济核算研究报告（2004)[J]. 中国人口·资源与环境，2006，16(6)：11-17.

[199] 倪艳，秦臻 . 绿色 GDP 绩效考核的实践探索与思考 [J]. 经济研究导刊，2019(25):57.

[200] 王微，林剑艺，崔胜辉，等 . 碳足迹分析方法研究综述 [J]. 环境科学与技术，2010，33(7)：71-78.

[201] 耿涌，董会娟，郗凤明，等 . 应对气候变化的碳足迹研究综述 [J]. 中国人口·资源与环境，2010，20(10)：6-12.

[202] 计军平，马晓明 . 碳足迹的概念和核算方法研究进展 [J]. 生态经济，2011(4)：76-80.

[203] 黄祖辉，米松华 . 农业碳足迹研究——以浙江省为例 [J]. 农业经济问题，2011，32(11)：40-47.

[204] 宁淼 . 投入产出模型在工业生态系统分析中的应用 [J]. 中国人口·资源与环境，

2006，16（4）：69-72.

[205] LEONTIEF W. Environmental repercussions and the economic structure：an input-output approach [J]. The Review of Economics and Statistics，1970，52（3）：262-271.

[206] MILLER R E, Blair P D. Input-output Analysis：Foundations and Extensions [M]. New Jersey：Prentice Hall，1984.

[207] WIEDMANN T, MINX J. A definition of "carbon footprint" [M]//PERTSOVA C C. Ecological Economics Research Trends. New York：Nova Science Publishers，2008.

[208] 张琦峰，方恺，徐明，等. 基于投入产出分析的碳足迹研究进展 [J]. 自然资源学报，2018，33（4）：696-708.

[209] 郑颖. 碳税将至！一文读懂碳税的那些事儿 [EB/OL]. 奇点能源 [2022-02-17]. https：//mp.weixin.qq.com/s/EFP1LFRByPFm9wLNev3_Nw.

[210] Tax policy center. What is a carbon tax[EB/OL]. [2020-05-12]. https：//www.taxpolicycenter.org/briefing-book/what-carbon-tax.

[211] Center for climate and energy solutions.Carbon Tax Basics[EB/OL].[2021-06-01]. https：//www.c2es.org/content/carbon-tax-basics/.

[212] SEMIDA S. Bioenergy- realizing the potential[J].Elsevier Science，2005：179-187.

[213] 刘明明. 论中国碳金融监管体制的构建 [J]. 中国政法大学学报，2021,5：10.

[214] 迟春静. 我国碳金融风险的识别与防范 [J]. 国际商务财会，2021,14：10.

[215] 周宏春. 低碳经济学 [M]. 北京：机械工业出版社，2012.

[216] 张叶东. "双碳"目标背景下碳金融制度建设：现状、问题与建议 [J]. 南方金融，2021（11）:23.

[217] 王梦汐. 全球碳市场的起承转合 [EB/OL]. [2021-08-04]. https：//mp.weixin.qq.com/s/UanI_jNKzjEF61stuuCh3w.

[218] International Carbon Action Partnership. ICAP ETS Map[EB/OL]. [2023-02-27].https：//icapcarbonaction.com/en.

[219] 张晗. 全球主流碳市场概览与前沿趋势 [J/OL]. 社会价值投资联盟 [2022-02-12]. https：//mp.weixin.qq.com/s/FbSh4x-anuEIumG-ioaD2g.

[220] 石峰. 英国低碳经济政策的研究 [D]. 长春：吉林大学，2016.

[221] 罗伟. 科技政策研究初探 [M]. 北京：知识产权出版社, 2007.

[222] 伏绍宏，谢楠. 我国低碳经济政策问题研究 [J]. 天府新论，2020,1（7）:124-130.

[223] 柯喜相，石忠义，张谢铭，等. 基于产权理论的低碳经济实施难点及对策研究 [J]. 现代商贸工业，2011,23（1）:2.

[224] 刘海. 发展低碳经济不能忽视配套法规 [J]. 企业技术进步，2010，5:1.

[225] 李阳. 低碳经济框架下碳金融体系运行的机制设计与制度安排 [D]. 长春：吉林大学，2013.

[226] 袁芳. 支持低碳产业发展的政策研究 [D]. 长沙：湖南大学，2014.

[227] 邹耀平，江飞涛. 中国低碳发展产业政策的探讨与建议 [J]. 中国经贸导刊，2017：67.

[228] 胡杉宇. 英国"脱欧"后的气候变化政策 [D]. 北京：北京大学，2021.

[229] 王钰. 低碳经济政策的中外比较研究 [J]. 北方经贸，2013（5）:2.

[230] 樊雅文. 英国低碳经济政策的实施及对中国的启示 [D]. 长春：吉林财经大学，2019.

[231] 刘海龙，单良艳，张汉飞. 低碳经济政策多层比较及其研究进展 [J]. 区域经济评论，2017,1:8.

[232] 观研天下数据中心. 2021 年中国低碳经济市场调研报告——行业运营现状与未来前景研究 [EB/OL].[2021-03-31]. https://www.docin.com/p-2631421157.html.

[233] ASSENG S，SPÄNKUCH D，HERNANDEZ-OCHOA I M. The upper temperature thresholds of life. The Lancet Planetary Health，2021，5（6）:e378-e385.

[234] RAMASWAMI A，TONG K，CANADELL J G，et al. Carbon analytics for net-zero emissions sustainable cities[J]. Nature Sustainability，2021,4（6）:460-463.

[235] CHAMBERS J M，WYBORN C，RYAN M E，et al. Six modes of co-production for sustainability[J]. Nature Sustainability,2021,4（11）:983-996.

[236] SPRINGMANN M，GODFRAY H C J，RAYNER M，et al. Analysis and valuation of the health and climate change cobenefits of dietary change[J]. Proceedings of the National Academy of Sciences，2016,113（15）:4146-4151.

[237] 林伯强. 碳中和进程中的中国经济高质量增长 [J]. 经济研究，2022，57（1）：56-71.

[238] GAO D，Li Y，Li G. Boosting the green total factor energy efficiency in urban China：Does low-carbon city policy matter[J].Environmental Science and Pollution Research，2022,29:1-16.

[239] FANG K，Li C，TANG Y，et,al. China's pathways to peak carbon emissions：New insights from various industrial sectors[J]. Applied Energy，2022（306）:118039.

[240] 陈钦强，王连刚，周体尧. 中国石油 CCUS 专项工程二氧化碳年注入量破百万吨 [EB/OL]. 中国石油新闻中心 [2022-12-12]. http://www.nengyuanjie.net/ article/66267.html.

[241] 全球碳捕集与封存研究院. 全球碳捕集与封存现状 2022：欧洲 [EB/OL]. [2022-

11–17]. https://mp.weixin.qq.com/s?__biz=MzUyNjcyMzMxNA==&mid=22474
84473&idx=2&sn=416b79a90a0a43e16e54300acb3b4967&chksm=fa0b35a4cd7cbcb2
b1a9580df11fa2e9e799cdaeb10f3d2b75ce75154e2dbf62f66337e4bea2&scene=27.

[242] 小岩井忠道. 日本经产省公布二氧化碳捕集与海底封存的 2030 年规划图 [EB/
OL]. 客观日本 [2022–05–12]. https://mp.weixin.qq.com/s?__biz=MzIxNzU1MTc2NA
=&mid=2247512912&idx=1&sn=b43ff58275f370f2185d00daeecf8021&chksm=97faf
5aba08d7cbda45fa9191c2e3fc98cc9876df87fa0845beb0dc50f3570261dd204fdaf7c&s
cene=27.

[243] 郑淑仪. 跨境 CCUS 项目——韩国和东南亚合作 CCUS, 二氧化碳捕集与封存技
术 [EB/OL]. 国家与地方联合工程研究中心 [2022–08–17]. https://ccus.nwu.edu.cn/
info/1011/1681.htm.

[244] 国际船舶网. 全面进军碳捕集与储存市场! 三星重工与 MISC 合作开发 FCSU[EB/
OL]. [2023–01–25]. https://www.sohu.com/a/634292827_155167.

[245] 国际会展网. 印度宣示 2070 年碳中和向富国开口要 1 万亿美元资助 [EB/OL].
[2021–11–02]. http://www.18sz.com/news/show.php?itemid=10799.

[246] 董宣. 俄油将在 2035 年前减少 2000 万吨碳排放 [EB/OL]. 中国石油网 [2021–03–02].
https://m.gmw.cn/baijia/2021–03/02/1302142533.html.

[247] 全国能源信息平台. 南非计划 2023 年试点 CCS 项目 [EB/OL].[2021–09–01].https://
baijiahao.baidu.com/s?id=1709687176677363056&wfr=spider&for=pc.

[248] 郭敏晓, 蔡闻佳. 全球碳捕捉、利用和封存技术的发展现状及相关政策 [J]. 中国
能源, 2013, 35(3):4.

[249] 中国碳排放交易网.解读开展国家低碳工业园区试点的意义 [EB/OL].[2014–10–17].
http://www.tanpaifang.com/ditanshequ/201410/1739264.html.